Battenberg Antiquitäten-Kataloge

Möbel

Battenberg Antiquitäten-Kataloge

MÖBEL

von Gert Nagel

Battenberg Verlag München

Umschlagbild:
Damenzimmer in der Wohnung eines Kunstliebhabers.
Links ein Aufsatzsekretär aus der Werkstatt von Abraham Roentgen für eine kleine Sammlung mit chinesischen und deutschen Porzellanen, rechts eine Kommode aus Potsdam, 1765, mit feuervergoldeten Beschlägen, originaler goldgefaßter Zarge und Intarsien aus Holz und Zinn im Mittelkorpus. Darüber ein gotisches Tafelbildnis aus dem Dürer-Umkreis, 1518 datiert, eine Folge aus dem Marienleben darstellend. Als Bodenbelag dient ein alter Aubusson.
Das Umschlagbild und die Farbtafeln der Seiten 17, 35 und 87 verdanken wir der Zeitschrift »Die Kunst und das schöne Heim«, Thiemig-Verlag, München.
Fotos: Günter von Voithenberg.
Frontispiz: Louis-XVI-Interieur von Delaunay, um 1775

CIP-Kurztitelaufnahme der Deutschen Bibliothek

Möbel / von Gert Nagel. — 1. Aufl. — München: Battenberg, 1977.
(Battenberg-Antiquitäten-Kataloge).
ISBN 3-87045-135-1
NE: Nagel, Gert K.

Reproduktionen: Repro-Center Färber, München
und Photolitho AG, Zürich
Satz und Druck: Offizin Chr. Scheufele, Stuttgart
Einband: Verlagsbuchbinderei Klotz, Augsburg
Gestaltung: Walter Lachenmann, Buchendorf
Printed in Germany
ISBN 3-87045-135-1

Inhalt

Dieser Holzschnitt aus dem Jahre 1531 zeigt eine Gruppe von Zimmerleuten bei der Arbeit. Die beiden Männer rechts sind im Begriff, einen Balken durch »Schnurschlag« der Länge nach in eine gewünschte Stärke zu teilen. Vor der Erfindung der Sägemühle wurden auch die Bretter für den Möbelbau auf diese Weise hergestellt. (Foto: Deutsches Museum, München).

Einführung in das Sammelgebiet

Ein Blick in die Geschichte antiker Möbel

Illustration aus dem »Spiegel menschlicher Behaltnis«, Basel 1476

Bei der Betrachtung von heute im Kunsthandel angebotenen Möbeln sollte man auch einen kurzen Seitenblick auf die Vorläufer dieser Einrichtungsgegenstände werfen. Es ist sicherlich nicht allgemein bekannt, daß unser heutiger Campingstuhl bereits den Ägyptern als Faltstuhl diente und schon den vornehmen Griechen bei ihren Spaziergängen von einem Sklaven nachgetragen wurde. Oder daß bereits in der Romanik fest mit den Wohnräumen verbundene »Einbaumöbel« in Gebrauch waren. Weder Geburtsstunde noch Geburtsort des ersten Möbelstücks sind uns bekannt, doch weisen alte Dokumente darauf hin, daß wir im Mittelmeerraum die meisten Vorläufer unserer heutigen Möbel zu suchen haben. Bereits im 2. Jahrhundert v. Chr. hatten sich zum Beispiel die Ägypter von der urzeitlichen Sitzgelegenheit – dem Fußboden – erhoben und sich auf Hokkern, Stühlen und Sesseln niedergelassen. Dank reicher Grabbeigaben haben sich neben solchen Sitzmöbeln auch Truhen, Liegen, Kopfstützen u. ä. erhalten. Aus Mesopotamien verkünden uns Steinreliefs aus Kujundschuk und vom Palast des Sanherub, daß die Assyrer bereits um 700 v. Chr. Luxusmöbel kannten. Die Griechen kannten Sessel mit Rückenlehnen (Klismos) und hochbeinige Liegen (Kline), die nicht nur zum Ausruhen, sondern auch bei Festgelagen, zusammen mit Beistelltischen, Verwendung fanden. Steinreliefs und Vasenbilder überliefern uns davon realistische Darstellungen. Bei Ausgrabungen in Pompeji fand man Marmortische und Bronzemöbel der Römer.

Im weiteren Verlauf der Geschichte begegnen uns immer wieder Beispiele von seltenen Metallmöbeln, so z. B. die silbernen Tische Karls des Großen oder die Augsburger Barock-Silbermöbel, welche auf einer Versteigerung in Paris ihrer sensationellen Preise wegen viel Staub aufwirbelten. Napoleon ruhte in einem eisernen Bett. In der Gründerzeit schlief man in Messingbetten. Schließlich erinnern wir uns aus jüngster Vergangenheit an schmiedeeiserne Tische, oft mit Kacheln belegt, und an die bereits wieder aus der Mode gekommenen Stahlrohrmöbel der Nachkriegszeit.

In Pompeji gab es zweifellos auch Holzmöbel, die den Lavaregen des Vesuvausbruches zwar nicht überstanden haben, aber wohl genau wie die Bronzemöbel mit Drechslerarbeit verziert waren. Auch für frühchristliche Möbel war der hauptsächliche Werkstoff Holz. Die sich um die Zeitenwende entwickelnde Möbelkunst geht folgerichtig auf antike Formen zurück. Doch bilden bald christliche Themen und Symbole Vorlagen für Dekors. Trotzdem griffen im

Lauf der Geschichte Schreiner immer wieder auf den Formenschatz vorchristlicher Möbel zurück: Akanthusornamente, Klauenfüße, Hermen, Girlanden, Festons, Sphinxe und Adler fanden in der Renaissance ebenso wie im Klassizismus und Empire die vielfältigsten Wiederholungen. Interessant ist, daß die Bildende Kunst, welche mit ihren Genredarstellungen die ergiebigste Quelle der archaischen Möbelforschung ist, die Formen von Tischen und Liegestätten meist durch bis auf den Boden hängende Falten von Tischdecken oder Bettüberwürfen verbirgt. Stein- und Elfenbeinreliefs, Buchminiaturen sowie andere Bildwerke zeigen daneben thronartige, mit reichen Schnitzereien verzierte Sessel oder z. B. einen geöffneten Sakristei-Bücherschrank (Mosaikbild in Ravenna, 5. Jh.), in dem die vier Evangelien liegen. Im christlichen Zentraleuropa wurden die Kirche und ein gefolgstreuer Adel Träger des ersten Kulturstils: der Romanik.

Gotischer Studiersitz mit Schreibzeug und drehbarem Büchergestell (sog. Roë). Nach Viollet-le-Duc.

Die damalige Möbelherstellung nördlich der Alpen war noch eine sehr rohe Angelegenheit. Der Zimmermann fertigte im Anschluß an die Arbeiten beim Hausbau die wenigen Einrichtungsgegenstände. Dabei wurden Bänke, Schlafkojen, Nischenschränke und Regale fest eingebaut. Sie waren meist Teil der hölzernen Innenraumverkleidung und somit keine Möbel im eigentlichen Sinn des Wortes (mobile = beweglich). Dazu gehörten nur der Hocker, der Stuhl, der Armlehnstuhl oder, als wichtigstes Kastenmöbel des frühen Mittelalters, die Truhe. Obwohl bereits die Germanen die Truhe in Form von ausgehöhlten Baumstämmen kannten, geht die romanische Truhe Zentraleuropas auf Vorbilder der Antike zurück: die sogenannten Dachtruhen oder Holzsarkophage. Wie die anderen vorgotischen Möbel sind diese Truhen aus rohen Bohlen unter Zuhilfenahme von Dübeln und Holznieten zusammengefügt. Auch die wenigen mobilen Schränke sind glatte, aus schweren Brettern gebaute hochrechteckige Kästen. Der Tisch bestand meist nur aus einer auf Holzböcken aufgelegten Platte; der Ausdruck »die Tafel aufheben« war damals noch wörtlich gemeint.

Ein für die Möbelkunst entscheidender technischer Fortschritt wurde in der folgenden Stilepoche erzielt. Nach Inbetriebnahme der ersten Sägemühle konnte in der Gotik nördlich der Alpen die Schreinerkunst durch Rahmenwerk und Füllbretter erheblich verfeinert werden. Eine Sägemühle wurde erstmals 1322 in Augsburg erwähnt. Zuvor hatte man die Baumstämme durch »Schnurschlag« der Länge nach in die gewünschte Brettstärke eingeteilt. Die einzelnen Stämme wurden dann über eine mannstiefe Grube gerollt. Zwei Männer, von denen der eine in der Grube, der andere oben stand, zersägten den Stamm mit einem langen, breiten Sägeblatt der Länge nach – eine harte Arbeit, bei der man starke Bohlen, aber keine dünnen Bretter erhielt.

Entscheidend für den nächsten Schritt in der Möbelgeschichte war das machtvolle Erstarken eines zu Reichtum gekommenen Bürgertums in den sich rasch vergrößernden Städten. Die Bedürfnisse dieses auf größere Bequemlichkeit eingestellten neuen Kundenkreises erschlossen neue Absatzmöglichkeiten und der Bürger wurde damit zum neuen, wichtigsten Auftraggeber.

Kunstgeschichtliche Übersicht 1 1350–1600

Die folgenden Tabellen der sich gegenseitig ablösenden Kunstepochen sind als ungefähre Richtschnur zu sehen. In einzelnen Ländern, ja sogar in bestimmten Regionen und Gebieten hat es starke Abweichungen von dieser Zeittafel gegeben, doch insgesamt ergibt das Nachschlagen unter dem jeweiligen Stilbegriff einen guten Überblick über den Ablauf der Geschichte des zentraleuropäischen Möbels.

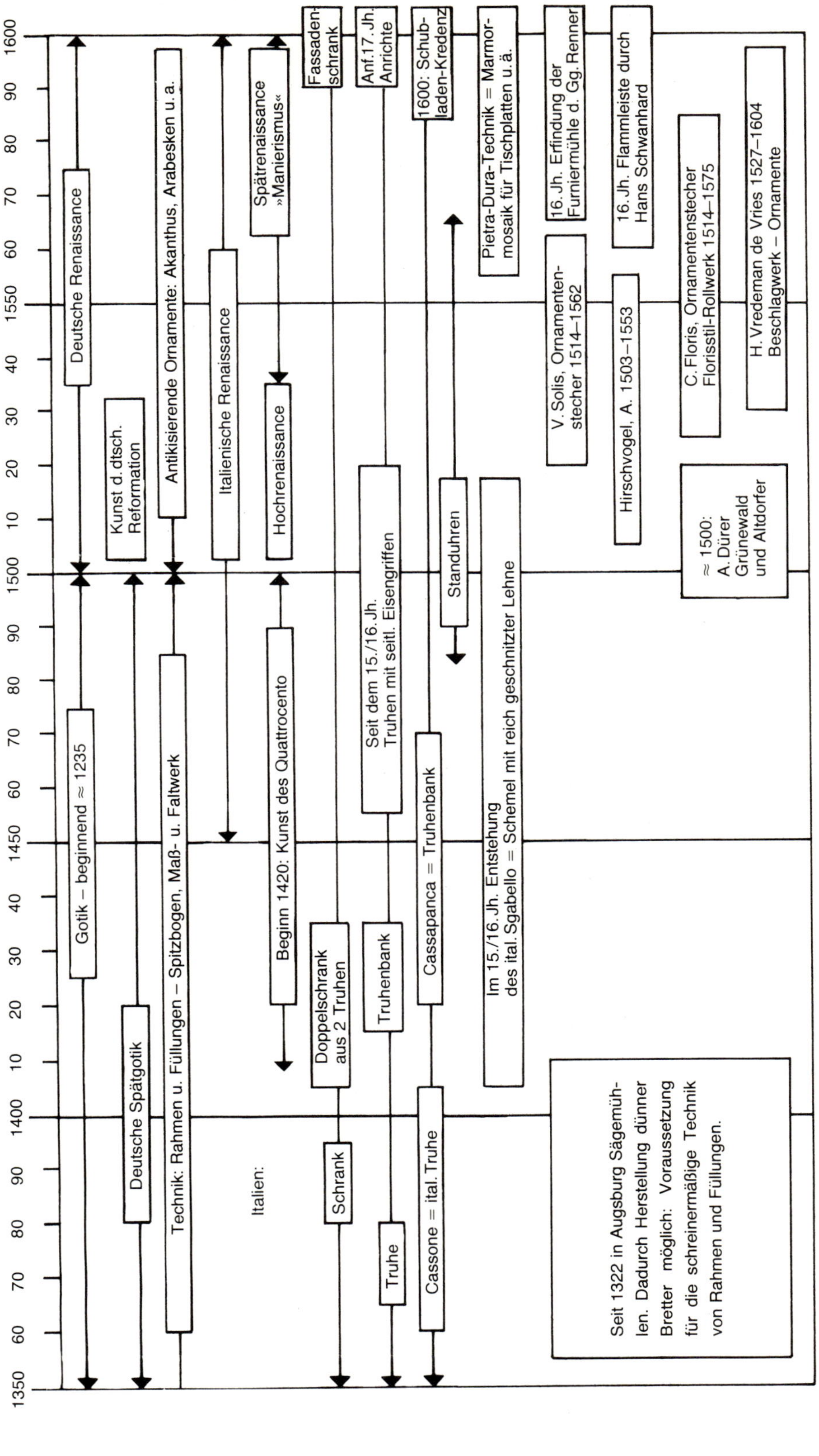

Kunstgeschichtliche Übersicht 2 1600–1800

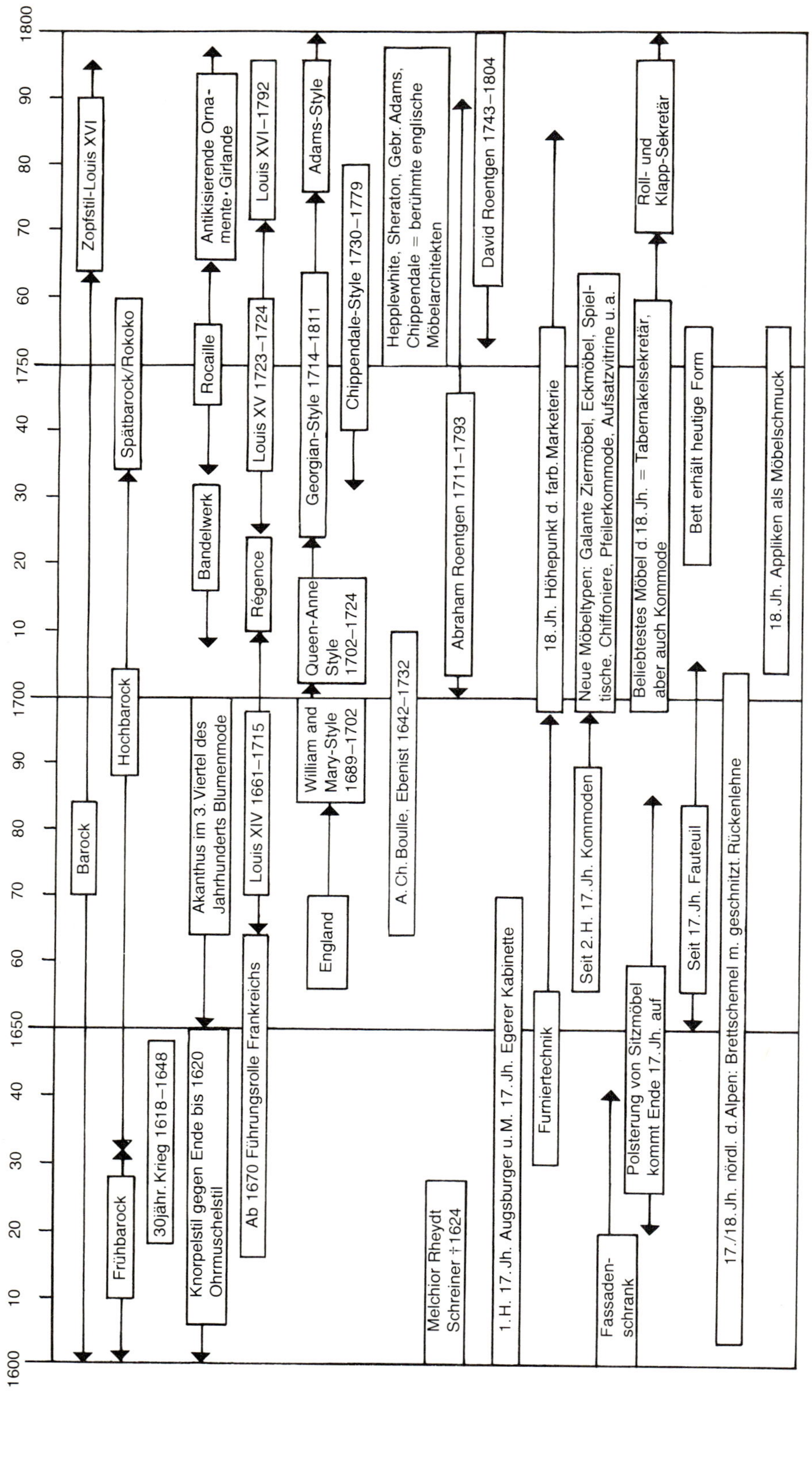

Kunstgeschichtliche Übersicht 3 1780–1920

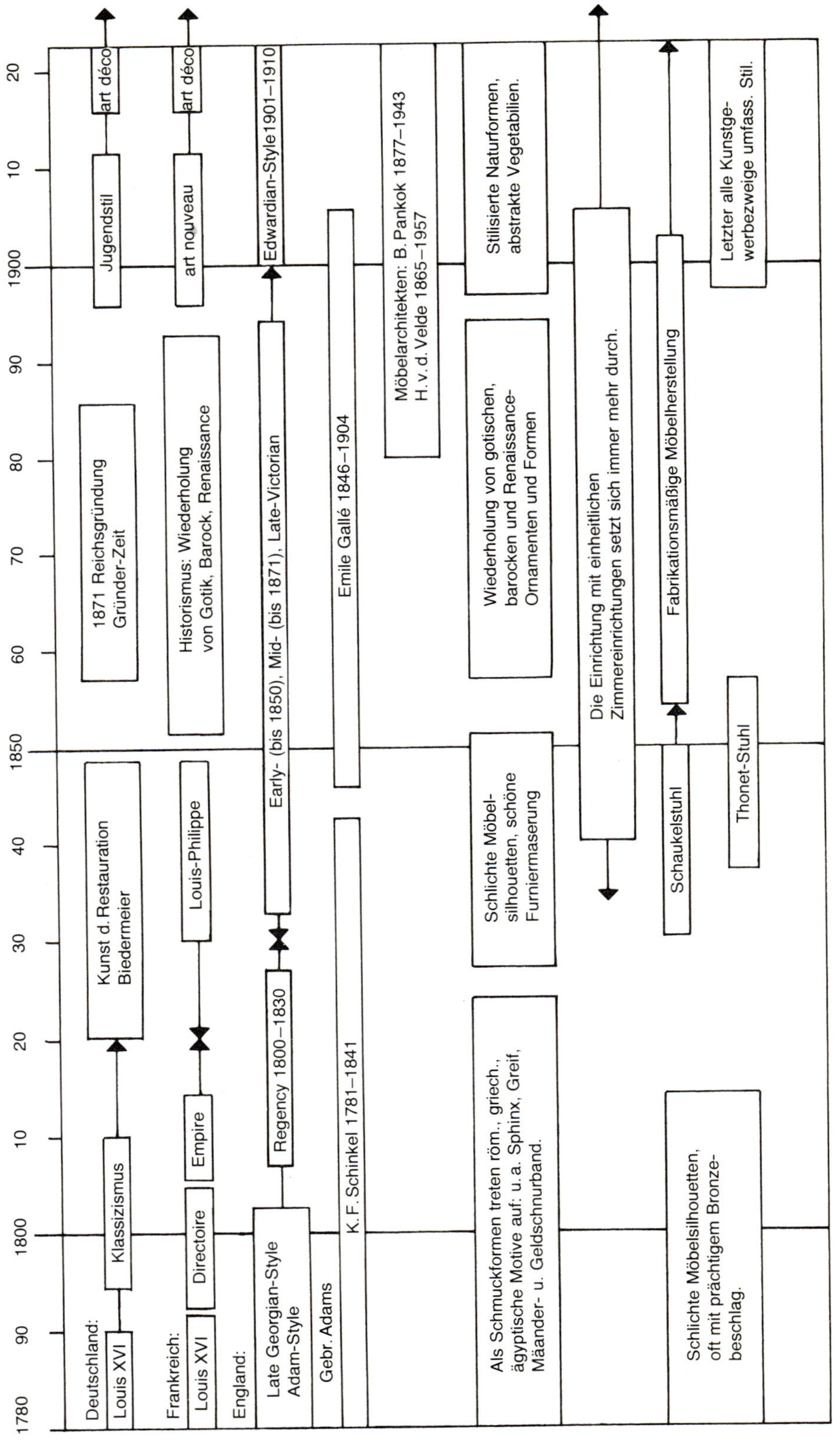

Die zeitliche und regionale Bestimmung von alten Möbeln

Die Stilgeschichte des Mobiliars ist eng mit der allgemeinen Kunstgeschichte verflochten. Kenntnisse über die einzelnen Epochen sind unentbehrlich, um ein Möbel zeitlich richtig einzuordnen. Doch sollte man sich davor hüten, Zuweisungen nur nach stilistischen Merkmalen zu treffen. Hinzukommen muß ein Grundwissen über die Geschichte der Schreinertechniken. Aus beiden ergeben sich jedoch nur Markierungen für die lange, alles umfassende Entwicklung: Kunst- und kulturgeschichtliche Daten können meist nur Anhaltspunkte sein. Eine Kunstrichtung endet nicht heute, und pünktlich morgen beginnt ein neuer Stil! Sicherlich hat es z. B. Jahrzehnte gedauert, bis nach dem Auftauchen der ersten Sägemühle in Augsburg, um 1322, im übrigen Europa durch diese Erfindung dünnere Bretter hergestellt werden konnten.
Alle stil- und kulturgeschichtlichen Angaben bieten uns ausschließlich das Rüstzeug, mit dem wir selbst das Abenteuer der Möbelhistorie nachvollziehen und nachempfinden müssen. Nur im ständigen Umgang mit antikem Mobiliar sammelt man allmählich die Erfahrungen, erwirbt man mit der Zeit das nötige Fingerspitzengefühl und den gewissen Instinkt, die notwendig sind, um all die Imponderabilien zu erfassen, welche alte Stücke wie ein Geheimnis umgeben. Doch gerade darin liegt der große Reiz, der Sammler und Kunstfreunde immer wieder fasziniert.
Neben der wichtigeren zeitlichen Einordnung interessiert den Möbelliebhaber noch die lokale Herkunft eines antiken Einrichtungsgegenstandes. Hierbei helfen Kenntnisse über jeweils landschaftliche Besonderheiten: Einzelne Holzsorten wurden in bestimmten Gegenden bevorzugt. So begann die europäische Schreinerkunst im Süden, vor allem in den Alpenländern, zunächst vorzugsweise mit Nadelholz, im Norden mit Eichenholz; Frankreich und Italien bevorzugten Nußholz. Aber auch für Zeitabschnitte wurden bestimmte Holzarten charakteristisch, beispielsweise das Kirschholz für die Biedermeierzeit. Regionale Formenmerkmale und die Entstehung von landschaftlich gebundenen Möbeltypen ermöglichen dem Fachmann oft die Lokalisierung. So spricht man z. B. vom Kölner Erkerschrank, vom Hamburger Schapp, vom Frankfurter Wellenschrank usw.
Nun wird die Bestimmung antiker Möbel häufig durch allerlei Unregelmäßigkeiten erschwert. Restaurierungen und Ergänzungen entstellen stilreine Stücke gelegentlich so sehr, daß nur der Fachmann noch ihren »guten Kern« erkennt. In solchen Fällen gilt es bei der Begutachtung besondere Sorgfalt anzuwenden, denn es muß ja auch mit späteren Nachbildungen oder Fälschungen gerechnet werden. Da die technische und stilkritische Überprüfung eines Möbels durch weitere Probleme kompliziert werden kann, soll im folgenden an einem Musterbeispiel eine Beurteilung simuliert werden.
Ich hatte öfters das Glück, einem anerkannten Experten bei der Beurteilung von Mobiliar »über die Schulter« sehen zu dürfen. Dabei habe ich eine Systematik beobachtet, die ich auch schon bei anderen Kennern festgestellt habe. Zunächst wird durch eine gedankliche Beschreibung gewissermaßen eine Bestandsaufnahme gemacht, etwa so: Zweitüriger Schrank auf Kugelfüßen, abgeschrägte

Der berühmte Entwurf eines Frührenaissance-Schrankes von dem Meister H. S., um 1530.

Ecken, ausladendes Profilgesims, furniert mit Bandelwerkeinlagen. Schon während dieses »ersten Blickes« laufen die Eindrücke durch den »Computer« des Gutachter-Gehirns. Sie werden dort mit entsprechenden Möbeln der »Gedächtnis-Kartei« verglichen. So wird eine vorläufige zeitliche Einordnung getroffen. Demnach handelt es sich um einen Schrank aus dem frühen 18. Jahrhundert.

Die weiteren Prüfungen dienen nun der Bestätigung oder Widerlegung des ersten »Steckbriefes«. Der Weichholzkorpus ist an den Schauseiten mit 2 bis 3 mm starkem Nußbaumfurnier bedeckt. Diese Stärke entspricht den seinerzeit gebräuchlichen Furnieren. Auch der technische Aufbau mit einem festen Sockel, eingesetzten, verkeilten Seiten und einem aufgesetzten Kopfteil kennzeichnet die barocke Schreinerkunst. Dabei sind die Türen an den Seitenteilen durch reich ornamentierte Beschläge befestigt. Die Schrankrückwand ist mittels Nuten in Sockel- und Kopfteil sowie in die hinteren Seitenteilkanten eingesteckt. Und sie wird in der Mitte durch ein stärkeres Brett, ebenfalls durch Nut-Feder-Verbindung, unterteilt und zugleich verbunden. Bei eingehender Prüfung wird festgestellt, daß diese beiden Teile aus verschiedenen Holzarten hergestellt sind. Innseitig gleichmäßig glatt, zeigt das als original erkannte Teil auf der Rückseite deutlich die Spuren des zu gröberem Glätten benutzten Schrubhobels. (Da das Eisen dieses Hobeltyps leicht gewölbt ist, zeigen sich bei seiner Anwendung in Faserrichtung leichte muldenartige Vertiefungen, flankiert von seitlichen Graterhebungen.) Das wohl später ergänzte Rückwandteil dagegen ist auch rückseitig völlig – wohl maschinell – geglättet und außerdem nicht so stark patiniert. Des weiteren erweist sich einer der vier Keile im Schrankinnern als Ergänzung, da er auffallend von den übrigen, exakt eingepaßten Keilen abweicht. Das gleiche gilt auch für das Schlüsselschild, das zwar gut nachempfunden ist, aber nicht die sorgfältige Verarbeitung aufweist, welche die Türbänder auszeichnet. Es ist undenkbar, daß Originalbeschläge von zwei verschiedenen Metallarbeitern gefertigt sein sollen. Farbliche Nuancen und Maserungsabweichungen lassen außerdem einige unbedeutende Furnierergänzungen erkennen. Da der frühere Holzwurmbefall offensichtlich rechtzeitig gestoppt worden und das Blindholz noch stabil und kräftig ist, kann man – unter Berücksichtigung des Alters – von einem sehr guten Erhaltungszustand sprechen.

Nach Vergleichsstücken aus dem »Gehirnkästchen« oder der Abbildungskartei, die sich jeder Möbelliebhaber anlegen sollte, wird der Schrank zunächst vorsichtig nach Süddeutschland lokalisiert. Die Art des eingelegten Bandelwerkes sowie die dekorativen aufgesetzten Türbänder lassen sogar die Herkunft aus dem Österreichischen vermuten. Abschließend wird nach Erfahrungswerten – bei bedeutenden Stücken auch unter Hinzuziehung von gesammelten Auktionsergebnissen – der Preis bestimmt. Näheres hierzu siehe im Kapitel »Wieviel sind alte Möbel wert?«.

Es zeigte sich, daß der Vergleich von stilistischen Merkmalen und den technischen Gegebenheiten eine meist zutreffende Bestimmung ergibt. Ein Experte muß sich aber außerdem noch zahlreiche Zufälligkeiten und Abweichungen vom Schema vor Augen halten, um seine zunächst auf formliche, stilistische und technische Merkmale gestützte Beurteilung eventuell zu korrigieren. Hierbei

Stuhl der deutschen Spätrenaissance.

sind nicht selten Einfühlungsvermögen und manchmal sogar ein wenig kriminalistischer Spürsinn nötig.
Unabhängig vom schnellebigen Fortschreiten einzelner Kunststile haben sich in ländlichen Gegenden Möbelformen generationenlang hartnäckig erhalten. So finden sich in abgelegenen Dörfern der Alpen noch im 17. Jahrhundert gotische Truhenformen aus dem 14./15. Jahrhundert. Als spätere Erzeugnisse sind sie häufig nur durch den zeitgenössischen Dekor erkennbar. Auch bewahrten dörfliche Schreinerdynastien bis ins 19. Jahrhundert hinein barocke Möbelformen des 17./18. Jahrhunderts. Verständlicherweise ist in solchen Fällen die richtige zeitliche Einordnung schwierig.
Es gilt als Faustregel: Rustikale Möbel sind eher etwas später zu datieren als bürgerliches oder gar höfisches Mobiliar. Reichs- und Residenzstädte waren kulturelle Zentren, dort hatten die Schreiner »ihre Hand am Pulsschlag« der Kunstentwicklung. Auch waren die Wünsche und Ansprüche der meist weitgereisten Kauf- und Handelsleute sowie des Adels höher und modischer. Anders die Kleinstädter oder bäuerlichen Kunden, die gerne am Überkommenen und Erprobten festhielten. Entsprechendes gilt auch für die wenigen datierten Möbel. Elegante Beispiele geben gewöhnlich exakt ihr Entstehungsjahr an und fügen sich ordentlich und richtig in das stilgeschichtliche Schema ein. Daher basiert umgekehrt unsere kunstwissenschaftliche Zeittabelle z. T. auf derartigen datierten Kunstwerken (s. Abb. 15, 102). Bei rustikalen Möbeln kommt es dagegen vor, daß angebrachte Jahreszahlen nicht mit dem entsprechenden Zeitstil übereinstimmen (s. Abb. 100 und 101). Dafür mag das bereits erwähnte »Nachhinken« ländlicher Schreinerkunst verantwortlich sein. Vor allem bei bemaltem Bauernmobiliar wurden Jahreszahlen gelegentlich erst später angebracht, wenn ein Stück weitervererbt oder die »abgewohnte« Bemalung erneuert oder ausgebessert wurde. Vereinzelt wurden Möbel auch viel später – z. B. aus Anlaß eines Jubiläums – datiert. Umgekehrt versuchen Fälscher durch »Vordatieren« ihre Erzeugnisse in die »richtige« Zeit einzuschmuggeln. An diesen Beispielen erkennt man die Schwierigkeiten bei der Begutachtung. Entsprechende Probleme tauchen auch beim Bestimmen von Möbeln nach ihrer Herkunft auf. Bei der Schreinerzunft gehörten Wanderjahre, wie bei allen alten Handwerksberufen, zur Ausbildung des Nachwuchses. Aus den Akten von Porzellan- und Fayencefabriken sind uns die über ganz Europa verstreuten Wegstationen einzelner Keramiker bekannt. Nicht archivarisch erfaßt sind ebensolche abenteuerliche Wanderungen einzelner Schreiner. Was sie dabei auf ihren Reisen Neues gesehen haben, hat sicherlich seinen Niederschlag in späteren Arbeiten gefunden. Hierin mag ein Grund für die gelegentliche Überfremdung landeskundlicher Formen zu suchen sein. Die Folgen häufiger Kriege, deren ständiger Schauplatz vor allem das im Herzen Europas liegende Deutschland war, hatten auf alle Lebensbereiche Auswirkungen. Und dichterische Lebensschilderungen wie beispielsweise Grimmelshausens »Landstörzerin Courage« und »Simplicius Simplicissimus« sollen anstelle der zahllosen Irrwege unbekannter Leidensgenossen während der Wirren des unheilvollen Dreißigjährigen Krieges erwähnt werden. Hierher gehören auch Glaubensverfolgungen, die z. B. die Flucht von Hugenotten aus Frankreich verursachten. Dadurch wurde viel regionales Formengut

Als Marketerie vereinfachte Kartusche mit Rollwerk nach Th. de Bry.

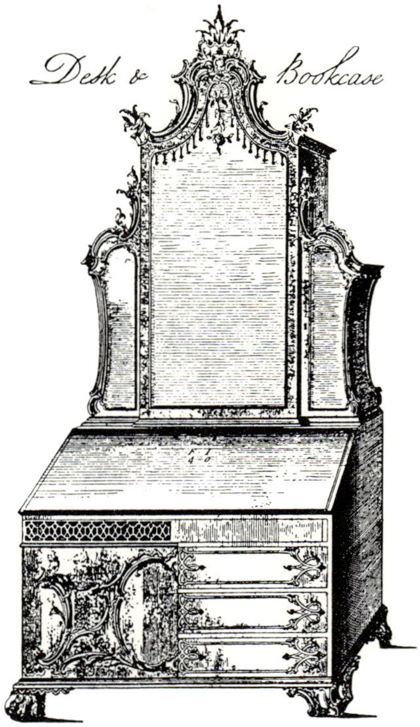

Schreibtisch mit Bücherschrank. Entwurf aus dem Musterbuch »The gentleman and cabinet maker's director« von Thomas Chippendale, 1754.

»verschleppt«. Politische und wirtschaftliche Gegebenheiten sind ebenfalls Gründe für Verschmelzungen ursprünglich fremder Kulturformen. So finden wir im Hannoveranischen seit der verwandtschaftlichen Verbindung mit Großbritannien einen besonders starken englischen Einfluß, vor allem auch beim Mobiliar. Der wirtschaftliche Zusammenschluß der Hansestädte ist sicherlich der Grund dafür, daß in weit auseinander liegenden Städten wie Hamburg und Danzig ein sehr ähnlicher Schranktyp zu finden ist. Machtvolle Herrscher sorgten durch die Berufung ausländischer Künstler dafür, daß sich das Kunstschaffen der europäischen Staaten gegenseitig befruchtete. Mit den Im- und Exporten von bedeutendem Kunsthandwerk und Kunstgegenständen trugen große Handelsfirmen, wie z. B. die Fugger in Augsburg, ebenfalls zu dieser Entwicklung bei. Durch ernsthaften Umgang und intensive Auseinandersetzung mit der Materie wird der Interessierte noch auf weitere Beispiele derartiger Zusammenhänge stoßen.
Fazit: Wichtig für die Beurteilung eines Möbels sind nicht nur die Gesetze und Regeln der Kunstwissenschaften, der Stilkunde und der Geschichte des Schreinerhandwerks, sondern vor allem auch die Berücksichtigung der oben erwähnten Ausnahmen. Nur mit Verständnis für den Zeitgeist wird man einem antiken Kunstgegenstand wirklich gerecht – und hat die Chance, eine Fälschung zu erkennen.

Stilmöbel – Kopien – Fälschungen

Auch ein Laie wird nach dem Vergleich eines originalen Renaissance-Schrankes mit einem »altdeutschen« Stilmöbel – wie sie heute noch auf dem Möbelmarkt angeboten werden – leicht unterscheiden können, welches der beiden Stücke wirklich »aus der Zeit« ist. Solche Nachempfindungen – wozu die zahlreichen, zu Beginn unseres Jahrhunders gefertigten »Chippendale-Speisezimmer« zählen – sind in sehr freier Anlehnung an alte Vorbilder meist fabrikationsmäßig hergestellt. Dabei wird dem in der Mitte des 19. Jahrhunderts aufgekommenen Käuferwunsch nach kompletten Zimmereinrichtungen Rechnung getragen und es werden hemmungslos, ohne jedes Stilgefühl, neue Möbeltypen erfunden – z. B. der fahrbare Teewagen im Barockstil. Derartige »sogenannte« Stilmöbel kann man aus den weiteren Betrachtungen ausklammern, da ihnen kein Kunstwert zukommt.
Aus den verschiedensten Gründen wurden zu allen Zeiten besondere Handwerkserzeugnisse oder Kunstgegenstände kopiert, einmal zur Übung als Lehr- oder Gesellenstücke, ein anderes Mal aus Wertschätzung, ein drittes Mal, um Erbstreitigkeiten um ein antikes Einzelstück zu schlichten, usw. Außerdem gab es immer Zeiten der Rückbesinnung, in denen man sich alten Formen- und Kulturguts erinnerte und wie in der Renaissance oder im Klassizismus darauf zurückgriff. Stilwiederholungen, wie wir sie seit der Mitte des 19. Jahrhunderts in so rapider Geschwindigkeit erlebten, kannte die Kunstgeschichte zuvor nicht. Neo-Gotik, zweites Barock und Neu-Renaissance durchdrangen in knapp einem halben Jahrhundert die meisten künstlerischen Bereiche. Auch das Mobi-

Wohnen mit antiken Möbeln

In den Nachkriegsjahren waren moderne, zweckmäßige Möbel »en vogue«. Einrichtungen konnten nicht sachlich und zweckmäßig genug sein. Die zwischenzeitlich aus der Mode gekommenen Stahlrohrmöbel sind die besten Beweise für den nüchternen Einrichtungsstil von damals. Demgegenüber war das Wohnen in antiken Möbeln zu allen Zeiten beliebt, d. h. stilvolle Einrichtungen oder stilechtes Mobiliar galten immer als geschmackvolle und individuelle Wohnkultur. Dabei müssen es keineswegs hochherrschaftliche Prunkmöbel in prächtigen Schloßräumen sein. Gerade das gemütliche Nebeneinander von bürgerlichem Mobiliar empfinden wir heute als besonders wohnliche Atmosphäre.

Die Farbabbildung zeigt einen Blick in das Wohnzimmer eines Sammlers. Der Raum mit seiner alten Balkendecke und die mit schönen, gegliederten Füllungen eingefaßten Türen sind ein reizvoller Rahmen für die unterschiedlichsten Einrichtungsgegenstände des Hausherrn. Während die beherrschenden Rokokoportraits, die beiden übereinander hängenden Gegenstücke reich staffierter Landschaftsgemälde und eine Portraitminiatur als bildlicher Wandschmuck eine Vorliebe für die Malschule des 18. Jahrhunderts verraten, stammt das Mobiliar überwiegend aus der ersten Hälfte des 19. Jahrhunderts. Zu den Ausnahmen zählt der Ohrenbackensessel (links) mit einem reich gedrechselten und geschnitzten Gestell. Die bewegte Reliefranke auf den Lehnenwangen, sowie die gesamte Form weisen dieses Möbelstück in die Blütezeit des Barocks. Die feinen Intarsien von »Zopf«-Girlanden weisen den dahinter stehenden Konsoltisch dem »Zopfstil« oder, wie diese Epoche gebräuchlicher genannt wird, dem Louis-XVI-Stil zu. Das mit reichen floralen Intarsien eingelegte Rahmenwerk des Sofas legt die Vermutung nahe, daß dieses Möbel in Holland gefertigt wurde; dort waren solche reichen Marketerien sehr beliebt (siehe Katalog, Abb. 179 und 194). Der runde Tisch mit den nach innen gebogt eingezogenen Vierkantbeinen hat ein y-förmig gebogtes Zwischenfach. Der Hocker geht in seiner Grundform auf das antike Faldistorium, den römischen Faltstuhl zurück. Zwar ist die Konstruktionsart mit dem mittleren Verbindungssteg als Drehachse des zusammenlegbaren Sitzmöbels nicht mehr klar ersichtlich, doch vermittelt das Gesamtaussehen noch eine gute Vorstellung von diesem archaischen Sitzmöbel. Seit der Rückbesinnung auf antikes Formengut im Klassizismus tauchten immer wieder derartige »mißgedeutete« Möbel auf. – Die beiden vollgepolsterten Sessel beweisen, daß diese Weise, ein Möbel gänzlich mit Stoff zu überkleiden, solchen Sitzmöbeln einen zeitlosen Charakter verleiht.

Die Wohnlichkeit des Raumes erhöhen die zahlreichen Kleinigkeiten mit denen der Wohnungsinhaber das Zimmer angereichert hat. Man glaubt geradezu das gemütliche Ticken der Empiretischuhr zu hören. Abends spenden die Kerzen von dem Paar Kerzenhalter in Form von Kobraschlangen und der Zinnleuchter einen warmen Schein. Wenn hierzu noch das gedämpfte Licht des radförmigen Lüsters und des Leuchterengels kommt, dann werden sich nur solche Menschen dem Charme und Zauber des Wohnens in antiken Möbeln verschließen können, die bar jeglicher Romantik und Gemütlichkeit sind.

liar erlebte in dieser Zeit des sogenannten Historismus die historischen Stilwiederholungen. Vor allem die nunmehr fabrikationsmäßige Herstellung drückt diesen Stilmöbeln ihre Merkmale auf. Es beginnt das Zeitalter ausgesprochener Serienmöbel. Die Erfindung der Furnierschälmaschine ermöglicht, die teuren Furnierhölzer in Stärken unter 1 mm zu »messern«. Neue technische Möglichkeiten und moderne Maschinen erleichtern und verbessern die Möbelherstellung. Daß dabei vom Ästhetischen her kaum glückliche Erzeugnisse entstanden, mag an der beziehungslosen Übernahme des reinen Formengutes der alten Stile liegen. Originalmobiliar, das früher aus verschiedenen Einzelstücken bestanden hatte, wurde nun stilistisch nachempfunden, wobei man – was sich bereits im Klassizismus anbahnte – die einheitliche Zimmereinrichtung schuf. Dazu gehörten als neue Möbeltypen das Buffet, die Vitrine und der Schaukelstuhl. Kritische Möbelfreunde werfen dieses Mobiliar des Historismus daher mit den oben erwähnten »sogenannten« Stilmöbeln in einen Topf. Die Nostalgie dagegen räumt den Erzeugnissen der historischen Stile wegen ihrer heute nicht mehr geübten guten handwerklichen Verarbeitung und ihrer hundertjährigen Patina einen bescheidenen Platz auf dem Kunstmarkt ein.

Als nächstes gilt es, die heute noch möglichst stilgerecht nachgebildeten Möbel zu untersuchen. Vor allem in Italien, im Elsaß, in der Gegend um Lüttich, aber auch andernorts werden Stilkopien noch hergestellt. Dabei werden alte Vorbilder formal richtig nachgemacht, d.h. zeitgenössische Möbeltypen werden mit ihren stilistischen Merkmalen kopiert. Als Stilmöbel geben sie sich dem Kenner dadurch zu erkennen, daß die Hersteller mit modernen Materialien und in modernen Techniken oft serienmäßig arbeiten. So verraten beispielsweise extrem exakte Ausarbeitung aller Teile die Anwendung modernster Maschinen. Furnierstärken von weniger als 1 mm Stärke deuten auf Schälfurniere hin. Außerdem werden antike Großmöbel den heutigen Wohnverhältnissen entsprechend maßstabsgerecht verkleinert. Für den Kunstmarkt ist diese Art kopierter Stilmöbel nur Gebrauchsmobiliar und ohne Bedeutung.

Im Gegensatz dazu stehen meisterliche Kopien. Sie werden von Schreinermeistern mit höchstens einigen Mitarbeitern nach antiken Möbeln genau kopiert. Dabei wird nicht nur in Form und Stil treffend, sondern auch technisch auf überlieferte Weise gearbeitet. Das heißt, es wird wie früher von Hand gearbeitet, Maschinen werden nur ausnahmsweise benutzt. Meist werden berühmte Modelle kopiert, so daß der kundige Fachmann die Kopie erkennt, vor allem, wenn keine täuschenden Altersspuren angebracht werden. Damit beginnt meist der erste Schritt zum Fälscher. Auch er arbeitet im alten Stil, wobei er sich weniger an bekannte Vorbilder hält. Er bevorzugt als Modelle seinerzeit beliebtes Mobiliar, das früher häufig hergestellt wurde. Er achtet dabei sorgfältig auf die Verwendung möglichst zeitentsprechender Materialien und zeittypischer Schreinertechniken. Seine letzte Arbeit an jedem fertiggestellten Stück ist das künstliche Altern. Dazu gehört es, die frisch bearbeiteten Flächen der Rück- und Unterseite so mit Beize zu tönen, daß es nach Alterung aussieht. Schubladenläufe müssen abgeschliffen werden, daß es nach jahrhundertelanger Benutzung aussieht. Mutwillig angebrachte, unbedeutende Schäden auffällig zu restaurieren, mindert zwar etwas das Aussehen, erhöht aber den Täuschungseffekt. Derartige

Geschnitzte Stühle im Stil der italienischen Spätrenaissance von Alois Überbacher, Bozen, 19. Jh.

Arbeiten sind auch die Spezialitäten von Betrügern, die Möbel nicht in ihrer Gesamtheit fälschen. Sie suchen nach guten, stilechten Kopien und altern sie nur. Das »Schönen« von alten Möbeln ist ihr bevorzugtes Metier. Dabei werden einfache, antike Möbel nachträglich mit reichen Intarsien versehen, oder aus schlecht verkäuflichen Großmöbeln werden gesuchte Kleinmöbel gemacht. Auch ist es für sie leicht, aus einem normalen Schrank ein begehrtes Eckmöbel zu machen. Streng genommen sind diese Verfälschungen von Möbeln ebenfalls Fälschungen, wenn auch die Bedeutung der jeweiligen Veränderungen bedeutungsgemäß berücksichtigt werden sollte. Von diesen Praktiken muß man wissen, um sie gegebenenfalls bei der Untersuchung eines Möbels erkennen zu können.

Die Pflege antiker Möbel

Es klingt zwar unglaublich, doch ist es sicherlich richtig, daß durch unsere Zentralheizungen zahllose antike Möbel größeren Schaden nehmen, als ihnen die Fährnisse der vergangenen Epochen zugefügt haben. Bei Heizsystemen außerhalb des Raumes fehlt eine natürliche Feuchtigkeitsentwicklung, die normalerweise durch das Verbrennen von Holz und sogar von Kohle entsteht. Die Folge ist, daß Möbel aus Massivholz meist an Leimstellen, Türfalzen, aber auch größeren Holzflächen Schwundstellen, d.h. Spalten oder Risse zeigen. Problematischer noch ist es bei furnierten Einrichtungsgegenständen, bei denen das massive Kernholz durch das Austrocknen erheblichen Schwund erfährt, wodurch das aufgeleimte, dünne Furnier »abgesprengt« wird oder reißt und oft in ganzen Partien abfällt. Dieser ständigen Bedrohung sollte der Liebhaber und Besitzer antiken Mobiliars durch gewissenhafte und ausreichende Luftbefeuchtung entgegentreten. Die auf Heizkörpern aufgestellten Verdunstungsschalen sind allerdings nur der berühmte »Tropfen auf den heißen Stein«. Eingesetzte Filz- oder Fließeinlagen in besonders entwickelten Verdunstungsbehältern, meist an den Heizkörpern aufgehängt, sind da schon effektiver. Leider bringt es der hohe Kalkgehalt unseres Wassers mit sich, daß die Poren der Filzpapiere schnell verkalken und damit die Wirkung wieder auf ein Minimum reduziert wird. Sehr zu empfehlen sind dagegen gute – heute im Fachhandel vielfältig angebotene – Verdunstungsapparate. Dabei mag für den normalen Hausgebrauch die einfachste Ausführung, bei der Wasser wie im Kaffeekessel verdunstet und dann durch eine Düse fein in die Luft zerstäubt wird, genügen. Diesen geringen Aufwand kann man als die wohl grundlegende Pflege bei alten Möbeln bezeichnen. Ansonsten sind sorgsam benützte Möbelstücke sehr genügsam. In Terpentin gelöstes reines Bienenwachs, einmal im Jahr mit einem weichen Tuch sparsamst auf die Möbeloberfläche aufgetragen und mit einer Bürste nachbehandelt, ergibt im Laufe der Zeit ein angenehmes, optisch schönes »Cachée«. Vor Jahren haben wir ein herrschaftliches Inventar versteigert, dessen Möbel jahrelang derart behandelt worden sind und ich war durch ihren ausgezeichneten Zustand und die warme Patina sogleich von dieser Pflegemethode überzeugt. Eigene Erfahrungen haben dies noch bestätigt. Im Handel käufliche Möbelpolituren und Politurpflegemittel

sollten gegebenenfalls an seitlichen, nicht auffälligen, kleinen Stellen ausprobiert und erst nach einer entsprechenden Wartezeit, die über die Verträglichkeit Aufschluß gibt, für das ganze Möbel angewandt werden.
Bei schwer gehenden Schubladen sollten die Laufflächen von Zeit zu Zeit mit Kernseife oder Kerzenwachs eingerieben werden, so daß dadurch die unnötig derbe Behandlung unterbunden wird. Von kleinen Leimungen oder Wiederanbringung abgesplitterter Furnierstücke abgesehen, die jeder geschickte Bastler ohne Gefahr für das beschädigte Stück vornehmen kann, sollte ein Möbelfreund höchstens noch die etwas umständliche, aber sichere Vernichtung von Holzwürmern als »do-it-yourself-Arbeit« ausführen. Dabei wird das Möbelstück luftundurchlässig in eine Hülle aus Plastikfolie verpackt. In dieser »Kammer« werden dann im Fachhandel erhältliche Gaspatronen abgebrannt. Das eingeschlossene Gas dringt dann durch die Löcher in die Wurmgänge des Schädlings und vernichtet ihn restlos, was bei den alten Methoden wie dem Auftragen oder Einspritzen von entsprechenden Flüssigkeiten nie erreicht wurde. Beim Vergasen ist nur darauf zu achten, daß kein Gas verwandt wird, das eventuell die Politur oder die Holzoberfläche im Aussehen beeinträchtigt.
Grundsätzlich bin ich der Meinung, daß es unsinnig ist, Restaurieranleitungen für Möbel zu geben, da ein Laie normalerweise dabei eher Schaden anrichten wird. Es ist für die Erhaltung vorhandener Substanz sicherlich richtiger und letzten Endes auch preiswerter, wenn man die Wiederherstellung beschädigter Stücke einem erfahrenen Fachmann überläßt. Allerdings ist heutzutage das Suchen eines solchen Experten ein großes Problem. Die Zahl fachkundiger Schreiner nimmt ständig ab, dabei sind die Chancen für einen gutausgebildeten Nachwuchs auf dem Gebiet der Möbelrestauration wesentlich sicherer und größer als in der überlaufenen Sparte der Gemälderestauratoren.

Wieviel sind antike Möbel wert?

Es ist überliefert, daß bereits der römische Konsul Cicero für einen mit Citrusholz intarsierten Tisch eine Million Sesterzen (etwas über DM 100000,–) bezahlt hat. Das Testament Karls des Großen führt »silberne Tische« auf und ist also ein Dokument dafür, daß auch um das Jahr 800 Kunstmöbel besonders geschätzt waren.
Die heute noch aus vielen Epochen erhaltenen antiken Möbel sind sichtbare Beweise für ihre Wertschätzung. Sie wurden seit altersher gepflegt, aufbewahrt und weitervererbt. In der zweiten Hälfte des 19. Jahrhunderts wurde jedoch der Wunsch nach überkommenem Formengut so allgemein, daß im Zuge der historisierenden Bewegung erstmals auch Mobiliar in den alten Stilen nachgeahmt wurde. Da die Nachfrage groß blieb, werden bis heute »Stilmöbel« fabrikationsmäßig hergestellt.
Während bis in die Mitte des 19. Jahrhunders die antiken Möbel meist aus Achtung und Pietät vor dem ererbten Kulturgut geschätzt und bewahrt wurden, brachte der Historismus nacheinander verschiedene Stile »in Mode«, d. h. während eines Zeitabschnittes wurden Möbel eines bestimmten Stils besonders be-

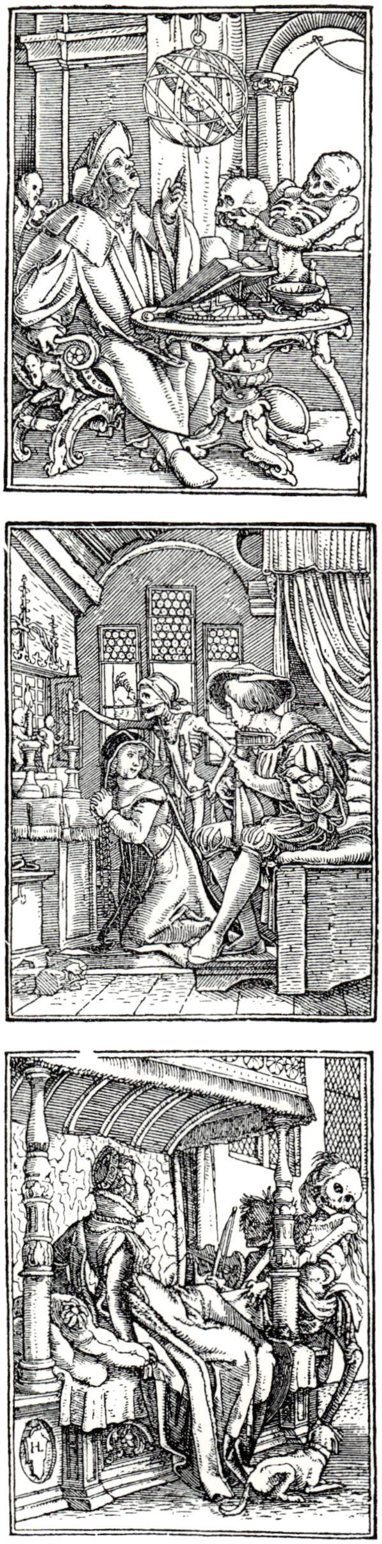

Aus Holbeins »Todtentanz«, 1525.

vorzugt. Beispielsweise schätzte man vor 1850 besonders die frühen Schnitzmöbel der Gotik, Ende des 19. Jahrhunderts schwärmte man für das schwere Renaissance-Mobiliar. Nach dem Zweiten Weltkrieg waren hauptsächlich Möbel des 18. Jahrhunderts und der Biedermeier-Zeit begehrt. Seit einigen Jahrzehnten verhilft ein Trend zu Landsitzen und Ferienwohnungen alten Bauernmöbeln zu besonderem Wertanstieg. Erst die in den letzten Jahren anrollende nostalgische Welle sorgte dafür, daß überhaupt alles, was alt ist, auch gekauft wird.
Allgemein muß aber festgestellt werden, daß Möbel verschiedener Stilepochen bei insgesamt steigenden Preisen trotzdem einer wechselnden Bewertung unterworfen sind. Berücksichtigt man, daß der üblicherweise zur Möbelherstellung verwandte Werkstoff Holz einerseits preiswert, andererseits bei ständiger Benutzung starkem Verschleiß ausgesetzt ist, so muß man darin die Gründe für eine ständige Dezimierung alter Stücke sehen. Daneben sind auch Kriegseinwirkungen, Brandkatastrophen, Zerstörungswut, Unverstand und ähnliches in Betracht zu ziehen, wodurch vieles verloren ging. Die besonders großen Verluste alter Möbel während der beiden letzten Weltkriege haben die Bedeutung und den unersetzlichen Wert dieses Kulturgutes erkennen lassen und dadurch die nicht mehr zum Stillstand kommende Preisschraube in Bewegung gesetzt. Der Wirtschaftler erklärt diese Entwicklung nach der Kaufmannsregel Nummer 1, wonach Angebot und Nachfrage den Preis bestimmen. Im Falle alter Möbel steht einem begrenzten, sich sogar dezimierenden Warenangebot ein stetig wachsendes Käuferinteresse gegenüber. Da sich das in Zukunft kaum ändern wird, kann man antikes Kunstgewerbe insgesamt als eine sichere und gute Wertanlage ansehen.
Bei der individuellen Bewertung eines Möbels sind zahlreiche Faktoren entscheidend. Wegen der früher vorherrschenden Einzelfertigung ist selten ein Stück mit dem anderen unmittelbar zu vergleichen, so daß es nicht möglich ist, eine Preistabelle für Möbeltypen und Stilformen aufzustellen. So unterschiedlich wie beispielsweise die im 18. Jahrhundert besonders beliebten und daher häufig gefertigten Aufsatzsekretäre in Ausführung und Erhaltung sind, so sehr differieren auch ihre Preise. Und selbst bei zwei einander gleichenden Möbeln kann der Erlös beachtlich schwanken, sofern einerseits bei einem eiligen Notverkauf der Käufer den Preis diktiert oder andererseits sich zwei Liebhaber gegenseitig hochbieten. Deshalb kann auch der folgende Preiskatalog für antike Möbel nur ein Leitfaden sein. Die dabei angegebenen Werte sind auf Auktionen erzielte oder vom Handel geforderte Preise. Der zuerst angegebene Preis ist die mittlere Marktbewertung, die zweite Zahl gibt einen Liebhaberpreis an. Die Werte haben Gültigkeit für das jeweils abgebildete Stück unter Berücksichtigung seiner Qualität und des Erhaltungszustandes. Diese Preisangaben bieten aber Vergleichsmöglichkeiten für entsprechende Stücke, wobei auf folgendes zu achten ist: Zunächst sind alle preisbestimmenden Faktoren zu berücksichtigen. Da ist erstens die Verkäuflichkeit. Möbelstücke im derzeit gefragten Stil und in Kleinformaten sind, wie bereits erwähnt, besser zu verkaufen als Großmöbel aus Epochen, die z. Z. nicht »en vogue« sind. Neben Form und Stil sind natürlich Ausführung und Qualität von Wichtigkeit. Selbst der Herstellungsort eines Möbels kann sich maßgebend auf den Wert auswirken. Während französisches

Barockmobiliar international gefragt ist, werden regionale Möbeltypen im Gebiet ihrer einstigen Herstellung meist sehr viel höher bewertet als anderswo. Besonders preisbestimmend ist natürlich die Erhaltung. Schließlich erhöht es den Preis beträchtlich, wenn der Nachweis erbracht wird, daß ein Möbel aus einer berühmten Sammlung (siehe Nr. 105) stammt oder durch Signatur, aber auch Expertise, als Werk eines bekannten Ebenisten ausgewiesen wird.
Eine Großzahl von Käufern ist außerdem bereit, die Reputation eines Händlers beim Kauf eines Möbels zu honorieren. Und wer schon einmal durch einen scheinbar günstigen »Gelegenheitskauf« viel Lehrgeld bezahlt hat, wird die Echtheitsgarantie eines seriösen Händlers oder die sorgfältige Katalogisierung eines renommierten Auktionshauses zu schätzen wissen.
Die Seltenheit ist bei Möbeln nur bedingt preisbestimmend. Obwohl in der Gotik insgesamt weniger Möbel hergestellt wurden und sich diese kleine Zahl auch noch durch die zahlreichen Verluste in den letzten 500 bis 600 Jahren reduzierte, wird die daraus resultierende Seltenheit nicht entsprechend bewertet. Allerdings kommen meisterliche Möbel dieser Zeit kaum noch auf den Markt. Die wichtigen Stücke sind heute in Museumsbesitz.
Wie bereits angedeutet, haben die Preise für antike Möbel allgemein in den letzten Jahrzehnten einen erstaunlichen Aufwärtstrend erfahren. Folgende Zahlenbeispiele mögen dieses veranschaulichen: Im November 1957 wurde bei Weinmüller, München, ein Braunschweiger Barockschrank für DM 3000,– versteigert, ein fast identisches Stück erbrachte bei Hünerberg, Braunschweig, im September 1962 bereits DM 4400,– und im November 1971 erzielte ein dritter, ebenfalls gleichwertiger Schrank sogar DM 15000,–. Heute muß man für ein solches Möbel auf jeden Fall mit Preisen über DM 20000,– rechnen. – Im Mai 1959 wurde eine intarsierte Kommode des 18. Jahrhunderts bei Knight, Frank & Rutly, London, für £ 920, also knapp DM 5000,–, versteigert. Fischer in Luzern verkaufte ein entsprechendes Stück im Dezember 1963 etwa um den doppelten Preis, nämlich für 10500 Schweizer Franken. Um noch einen Preisvergleich zu zitieren, sei auf einen Artikel »Möbel – Hausrat aus rechtem Holz« (1964 von Peter Koehne) hingewiesen. Dort lesen wir: »Ein Rokokoschreibtisch des berühmten Ebenisten Oeben erreichte 1959 im Londoner Auktionshaus Christie den Spitzenpreis von £ 35700 (rund DM 435000,–), zwei Jahre zuvor wurde ein ähnliches Stück in Paris mit DM 214000,– bezahlt!«
Auch beim bürgerlichen, ja sogar beim rustikalen Mobiliar war die Preissteigerung teils enorm. So verkaufte das Auktionshaus Dr. Nagel, Stuttgart, 1960 einen bemalten Bauernschrank für DM 800,–. Für dasselbe Stück erzielte der Käufer beim Wiederverkauf im September 1974 DM 4400,–.
Eine formschöne Louis-XVI-Kommode – allerdings ohne Signatur – wurde im Juni 1967 bei Koller, Zürich, mit DM 8500,– bewertet. Ein formlich und qualitativ entsprechendes Stück, von Levasseur signiert, erschien im Oktober 1969 im Koller-Katalog bereits für DM 22000,–, wobei der Hinweis auf königlichen Vorbesitz ebenfalls Beachtung fand. Ein Gegenstück mit nur wenigen Zentimetern Größenunterschied und ohne königliche Herkunft wurde im November 1971 von Koller mit DM 24000,– bewertet. Besonders interessant ist der Vergleich, wenn ein und dasselbe Stück wieder verkauft wird. Im Mai 1968 wurden

Entwürfe von historischen Zimmereinrichtungen von Kayser & Großheim/Berlin, 2.H. 19.Jh.

ebenfalls in Zürich ein Paar Eckmöbel mit DM 38000,– offeriert. Genau drei Jahre später lag der Preis für dieselben beiden Möbelstücke bei DM 45000,–. In der Schweiz (bei Stuker, Bern) wurde im November 1973 eine Funk-Kommode für 14500 Schweizer Franken (DM 12000,–) versteigert. Ein formgleiches Möbel, ebenfalls von diesem bekannten Berner Ebenisten (siehe Abb. 105), erzielte im Juni 1975 bei Dr. Nagel, Stuttgart, DM 15000,–, wobei noch zu berücksichtigen ist, daß in der Schweiz diese ortsbezogenen Stücke natürlich höher bewertet werden. Gelegentlich sind auch Preiseinbrüche zu verzeichnen. Das kann mit der Verkäuflichkeit eines Stückes zusammenhängen oder daran liegen, daß die geforderten Preise einfach übersetzt sind. So scheiterte im November 1974 bei Fischer, Luzern, ein meisterlicher Erfurter Schreibsekretär trotz seiner musealen Qualität am hohen Schätzpreis von DM 135000,–. Dagegen fand dieses Meisterwerk in Deutschland 1975 für DM 75000,– einen Liebhaber.
Es könnten noch beliebig mehr Vergleiche angestellt werden. Vielleicht reizt Sie das vorliegende Preisverzeichnis, nun selbst Vergleiche zu ziehen. Vergleichen Sie dabei kritisch und denken Sie daran, daß es sich letztlich doch immer um Einzelstücke handelt.

Stichwort-Lexikon

Die mit * versehenen Begriffe werden im Katalog-Bildteil vor der jeweils ersten, kursiv gedruckten Abbildungs-Nummer erläutert. Näheres im Abschnitt »Zum Katalog und den Preisangaben«, Seite 39.

Aachener Möbel* *1–2*, 215, 328, 501, 502

Adam, Robert (1728–1792) Bedeutender englischer Architekt und Möbelentwerfer, nach dem sogar die Kunstepoche Ende des 18. Jhs. »Adam-Style« genannt wird.

Adlerpult* *3*

Aedikule Nische, die von Gesims tragenden Säulen flankiert wird (siehe auch *Fassadenschrank*). 13, 15, 86, 345

Ahorn Edles Holz mit nicht deutlich abgegrenzten Jahresringen. Wegen seiner Elastizität wird Ahorn gerne für Intarsien und Linien-Einlagen verwandt.

Akanthus Distelartiges, lappiges Blattornament, das seit der Antike Verwendung findet. In der Möbelkunst war es vor allem während der Renaissance und im Barock beliebt. Sowohl als einzelne Blätter, wie auch in Ranken. Am bekanntesten als Säulenkapitell: Akanthuskapitell. 51, 52

Anrichte* siehe auch unter *Kredenz, Halbschrank* und *Buffet*. *4–5*

Anschlagleiste* (Schlagleiste) *6–7*

Apothekenschrank* *8*

Appliken So werden auch ein- und zweiarmige Wandleuchter genannt. Ursprünglich versteht man darunter selbständig gearbeitete Zierstücke, die auf andere Gegenstände aufgesetzt sind. In der Möbelkunst sind dies Beschläge, z. B. Bronzezierat, mit dem vor allem Luxus- und Prunkmöbel des 18. Jhs. verziert wurden. Siehe auch *Beschläge*.

Architrav Dieser aus der antiken Baukunst stammende Begriff gilt für das verbindende Bauelement, das beim Säulenbau die horizontale Auflage und damit Längenverbindung der Säulen darstellt. Im Möbelbau versteht man darunter säulenverbindende Gesimse. 498

Arabeske Streng symmetrisch aus einer Blattvolute entwickeltes Rankenornament.

Arbeiten Darunter versteht man die Eigenschaft des Holzes, auf klimatische Veränderungen durch »Sich-Werfen«, Ausdehnen oder Schwinden zu reagieren. Die Schreinerkunst versucht durch verschiedene Techniken diese Eigenschaften zu unterbinden, z. B. durch Aufdoppelung (Aufeinanderleimen von Brettern in gegeneinandergesetzter Faserrichtung). Aus dieser Technik entstand im 19. Jh. das Sperrholz.

Armoire à deux corps Halbschrank mit schmälerem, zurückgesetztem, zweitürigem Aufsatz. Vorwiegend Frankreich 2. Hälfte 16. Jh.

Armstuhl* *9–12*, 327, 432–444

Aufbauschrank siehe *Überbauschrank* (Vgl. auch das franz. *Armoire à deux corps*). 15

Aufdoppelung Aufeinanderleimen von Brettern mit gegeneinander versetztem Faserverlauf, wodurch das Reißen und Verziehen des Holzes verhindert werden soll (siehe *Arbeiten*).

Aufsatzbuffet* *16*, 102, 168, 169, 293, 294

Aufsatzkommode* *21–23*, 25–33, (45–48), 59, 71, 72, 78–82, 87, 100, 131–133, 160, 162, 166, 190, 191, 201, 253, 266, 267, 298, 306–308, 310, 311, 329, 336, 374, 386, 396, 466–469, 509–513, 525

Aufsatzmöbel* *13–33*, 1, 2, 59, 73, 79, 81, 88, 128, 131, 160, 162, 166, 190, 191, 201, 266, 267, 274, 283, 293, 294, 298, 306–308, 310, 311, 372–386, 396, 399, 468, 469, 502–506, 508–513

Aufsatzschrank* Dieser ursprünglich nur für den Doppelschrank gebräuchliche Ausdruck wird heute für die Vielzahl von Aufsatzmöbeln verwandt, die ein halbschrankförmiges Unterteil haben. *1*, 13–20, 24, 49, 108–111, 179, 188, 198, 274, 283, 296, 300, 324, 372, 373, 502–506, 508, 521

Aufsatzsekretär* (Aufsatzschreibkommode) *30–33*, 2, 36, 45–49, 58, 78–81, 87, 100, 128, 131, 132, 166, 198, 201, 266, 298, 306–308, 329, 333, 336, 337, 368, 372–386, 396, 466–469, 513, 522

Aufsatzvitrine* *16–18*, 1, 21–23, 32, 110, 128, 133, 160, 502, 503, 508

Augsburger Kabinettschrank* *34–35*

Baluster Stark gebauchte kleine Säule oder Doppelsäule. In der Reihung als Geländer oder Brüstung Balustrade genannt. 9, 11, 200, 334, 351, 412

Balustrade siehe *Baluster* 253

Bandelintarsie Vereinfachtes Bandelwerk, siehe *Intarsie*.

Bandelwerk* *36*, 41, 460, 469, 505

Bank* *37–38*, 66, 167, 443–447

Banquette* Bank ohne Rückenlehne, meist auf acht Beinen. 38

Barockstil* *39–52*, 1, 2, 6, 7, 12–16, 34–36, 86, 87, 98, 99, 134, 175–177, 218, 219, 225–239, 257, 258, 261, 274–286, 295, 347–361, 413–418, 430–434, 444, 445, 458–469, 472–477, 489, 501–503, 508, 514

Base (Basis) Säulenfuß.

Bastions- bzw. Festungsfüllungen* *51–52*, 26, 98, 134, 188, 293, 295, 301, 302

Bauernmöbel* *53–54*, 340

Bérain, Jean (1637–1711) Möbelentwerfer und Ornamentenstecher. Ihm wird die Entwicklung des *Bandelwerks* (siehe dort) zugeschrieben. 83, 84

Bergère* *55–56*, 68, 183
Berlin* (Potsdam) *57–59*, (Brandenburg) 45
Beschläge* (Appliken) *60*
Beschlagwerk Aus dem *Rollwerk* entwickeltes Ornament. Es besteht aus symmetrisch angeordneten, gebrochenen Bändern, Leisten und flachen geometrischen Körpern. Erfinder ist der holländische Ornamentenstecher Hans Vredeman de Vries. Sind die Bänder mit Voluten durchsetzt und reich geschwungen, spricht man von Schweifwerk. 305
Betschrank* Kleiner Schrank zur Aufnahme von Gebets- und Gesangbüchern, kombiniert mit einem Betschemel (siehe auch *Prie-Dieu*). *61*, 320
Bett* *62, 63*
Bibliothek siehe *Bücherschrank.*
Bibliothèque basse Niedriges Bücherschränkchen des 18. Jhs., meist mit Glastüren.
Biedermeier* siehe auch *Restauration. 64–75*
Birkenholz Hartes, schön gemasertes Holz. Im 18. und frühen 19. Jh. viel für Furniere verwendet.
Birnbaumholz Dicht, sehr hart, rötlich-gelb bis rotbraun. Ersatz für Ebenholz, da es schwarze Beize gleichmäßig aufnimmt.
Blattgold (Häutchengold) Bis zu einer Dünne von 0,00014 mm ausgeschlagene Goldblättchen, die auch zum Vergolden von Möbeln verwandt werden.
Blindholz Das durch wertvollere Furniere überdeckte, unedle Kernholz bei furnierten Möbeln (siehe *Furniere*).
Bodenseeschrank* *76–77*, 85, 101, 270
Böhmische Möbel* *78–82*, 113, 193, 315, 363, 373, 393, 467, 469
Bonheur-du-jour Kombinierter Damenschreib- und Toilettentisch, meist mit zurückgesetztem Aufbau. Um 1760 in Mode. 178, 401
Bosse Buckel, welcher der Verzierung dient; kräftig ausgebildet nennt man sie bei Füllungen »Kissen«.
Boulle, André Charles (1642–1732) Einflußreichster Ebenist unter Louis XIV. Berühmt geworden durch die nach ihm benannte *Boulle-Technik* (siehe dort).
Boulle-Technik* *83–84*, 367
Brandmalerei* *85*, 76, 77, 202, 247
Braunschweiger Möbel* *86–88*, 224, 226
Brauttruhe (Hochzeitstruhe) Besonders reich ausgeführte Bauerntruhen, welche die Braut mit der Aussteuer erhielt. Meist deutet der Dekor die Bestimmung an (siehe auch *Hochzeitsschrank).*
Brettschemel siehe *Schemel.*
Briefpaneel Holländisch für *Faltwerk* (siehe dort).
Bronzemöbel In Pompeji gefundene Liegen aus Bronze zeugen in ihrer fein gegliederten Form davon, daß die Römer auch Möbel aus Metall gekannt haben müssen. Erst im 19. Jh. z. B. kam das Messingbett wieder in Mode.
Bronzeschuhe Umkleidung der Füße vor allem bei Kleinmöbeln, im Barock, besonders aber im Rokoko. 93–96, 144–147, 203, 229, 232, 233, 237
Brotschrank* *89*
Buche (Rotbuche) Sehr hartes Holz, das vor allem für Stuhlgestelle und Schrankfüße sowie einfache Möbel verwandt wird (siehe *Thonet*).
Bücher- oder Bibliotheksschrank* *90–91*, 18, 111, 119, 151, 262
Buffet* *92*, 102
Bugholz Von *M. Thonet* (siehe dort), in den 30er Jahren des 19. Jhs. entwickeltes Verfahren, bei dem unter Wasserdampf meist Ahorn- oder Buchenholz gebogen und zu Stühlen verarbeitet wurde.
Bureau siehe *Schreibmöbel.*
Bureau-plat* *93–95*, 371
Bureau-toilette siehe *Bonheur-du-jour.*

Cabinet d'Allemagne siehe *Kabinett.*
Cabinet-maker (joiner) Englisch für Kunstschreiner im Gegensatz zum einfachen *chair-maker.*
Cabriole-leg (= Bocksfuß) Geschweifter Fuß an englischen Möbeln.
Canapé Deutsche Schreibweise: »Kanapee«. Breites Sitzmöbel mit Rückenlehne und offenen oder geschlossenen Seitenlehnen. Seit der 2. Hälfte des 17. Jhs. in Frankreich und Deutschland (siehe auch *Sitzmöbel*).
Cartapesta Vortäuschen von Schnitzerei durch Reliefauflagen aus *Papiermaché* (siehe dort).
Cartonnier (serre-papier) Gestell mit Schubladen für Schreibgerät, das meist auf den Schreibtisch aufgesetzt wurde (18. Jh.).
Cartosina-Technik Zusammenfügen getönter Bein- und Ebenholzplättchen zu geometrischen Ziermustern. Besonders in der Renaissance und vorwiegend in Italien beliebt.
Cassapanca Italienische Truhenbank mit Seitenlehnen und überhöhter Rückwand, nach unten eingezogener Truhenkasten. Ende des 15. Jhs. aus der Kombination von Truhe mit Thronsitz entstanden. Im 16. Jh. edelstes Möbel der ital. Renaissance. Ihrem Umriß nach entsprach sie formlich dem späteren *Sofa.*
Cassetone siehe *Anrichte.*
Cassone Italienische Prunk- oder Brauttruhe, die im 14. Jh. mit vergoldeten Stuckreliefs, im 15. Jh. mit Bemalung und im 16. Jh. mit Architekturgliederung vorkommt. Um 1600 erhält der Cassone barocke Formen.
Causeuse Von frz. causer = plaudern. Kleines Sofa oder breite Bergère, in der zwei Personen Platz haben.
Chair-maker Einfacher englischer Möbelschreiner (siehe auch *Cabinet maker*).
Chaiselongue Aus dem Stuhl durch Verlängerung der Sitzfläche entstandenes Ruhebett (siehe *Duchesse*).

Chiffonnière *Pfeilerkommode.* Schmales, hohes Möbel des 18. Jhs. mit bis zu zwölf Schubladen. Es stand meist vor Pfeilern zwischen Fenstern.
Chinoiserien Im 18. Jh. verbreitete Ornamente und Dekors, die ostasiatische Vorbilder nachahmten. 83, 84
Chippendale, Thomas (1718–1779) Bedeutendster englischer Möbelschöpfer, seit 1753 in London. Er beeinflußte maßgeblich die englische Möbelkunst des 18. Jhs. unter Verwendung ostasiatischer, neugotischer und französischer Elemente (Mid-Georgian-Style). Bekannt auch sein Vorlagenwerk: »The Gentleman and Cabinet-Maker's Director«, London 1754. (Abb. Seite 15)
Claw-and-ball-foot Von Tierkrallen umspannter Kugelfuß bei englischen Sitzmöbeln im 18. Jh.
Club-foot Keulenförmiger Fuß an englischen Sitzmöbeln des 18. Jhs.
Contour à l'arbalète (frz. = Armbrustbogen) Wie der Bogen einer Armbrust geschwungene Zarge im Rokoko. Siehe *Bureau-plat.* 93, 94, 371

Dachtruhe (Dachstollentruhe) Frühmittelalterliche Truhe mit Klappdeckel als Satteldach aus Nadelholz.
Damensekretär* (siehe auch *Schreibmöbel*) *96–97*
Danziger Schrank* *98*
Danziger Tisch* *99*
Datierung* *100–102*
Day-bed Bank mit sechs Beinen, an einer Schmalseite hoher, zurückgelehnter Stuhlrücken, meist mit Polsterung. Typisches englisches Möbel des späten 17. Jhs.
Directoire siehe *Klassizismus.*
Docke siehe *Baluster.*
Doppelschrank siehe *Aufsatzschrank, Aufsatzmöbel.* 13, 14
Drechseln Seit dem Altertum ist diese Technik bekannt. Durch Bearbeiten der in die Drehbank eingespannten rotierenden Holzstücke entstehen Säulen, Baluster, Knäufe, Kugeln, sowie die reich gegliederten ornamentierten Stäbe für die »gedrechselten Stühle«.
Dressoir Vom frz. dresser = anrichten. Später entwickelte sich daraus die Anrichte, Kredenz oder Buffet. Ursprünglich (15. und 16. Jh.) diente das Dressoir der Schaustellung prächtiger Silbergeschirre: Auf einen Halbschrank war ein treppenartiges Regal von Stellbrettern gesetzt. Die Anzahl dieser Regalbretter zeigte den Rang des Besitzers an und unterlag zeitweise sogar höfischen Vorschriften.
Duchesse Chaiselongue des 18. Jhs. Ruhesitz aus einer Bergère und einem Fußschemel (Tabouret) bestehend. Sofern beide fest verbunden sind, nennt man diese Ruheliege »lit de repos«.

Ebenholz Sammelbegriff für verschiedene, sehr dunkle, schwere und harte exotische Holzarten. Wegen der hohen Polierfähigkeit gern für Prunkmöbel des 16. und 17. Jhs. verwandt (siehe auch *Augsburger Kabinett*).
Ebenist* *103–107*
Eckschrank* *108–112,* 118, 283, 296, 300
Eckstuhl Schreibtisch-Stuhl des 18. Jhs. mit über Eck gestelltem Sitz.
Edelholz Wegen ihrer Schönheit und ihres Wertes zu Furnier und Marketerie oder Intarsien verwandte, exotische Hölzer.
Egerer Kabinett* *113*
Eiche In Europa weit verbreitete Holzart. Blaßbraun bis braungelb, mit deutlich markierten Poren, die wie mit einer Nadel geritzte Linien aussehen. Eines der härtesten Hölzer, das massiv verarbeitet, naturbelassen, gebeizt, gewachst oder als Blindholz furniert wird. Selten als Furnier verarbeitet. Bei antiken Möbeln vor allem in Nordeuropa verwandt.
Eierstab Antikes Leistenprofil in Form von aneinandergereihten Eiern (Perlstab).
Einlegearbeiten (Einlagen) siehe *Intarsien.*
Eisenbeschläge Vor allem bei frühen und rustikalen Möbeln vorkommender Beschlag aus getriebenem, geschnittenem, teils gebläutem, aber auch verzinktem Eisen (siehe *Beschläge*).
Elfenbein In dünne Scheiben geschnitten fand Elfenbein bereits bei den Römern für Möbelschmuck und Kleinkunst Verwendung. Als Elfenbein-Intarsien auch in der späteren europäischen Möbelkunst gebraucht (siehe *Augsburger Kabinette, Braunschweiger Möbel* u. a.).
Empire* *114–126,* 5, 18, 28, 33, 56, 63, 92, 97, 103, 111, 135, 149, 250–252, 256, 259, 291, 365, 409, 410, 439–441, 446, 447, 450, 481, 507
Encoignure Halbhohes Eckschränkchen, vorwiegend in der 2. Hälfte des 18. Jhs. gebräuchlich (siehe *Eckschrank*).
Englische Möbel* *127–131,* 18, 397, 500
Erfurter Möbel* *132–134*
Erkerschrank siehe *Stollenschrank.*
Eschenholz Bräunlich-gelb, schön gemasert, hart und elastisch, daher gerne für Möbel- und Drechslerarbeiten verwandt.
Etagère* *135,* 183

Fadeneinlagen (Linien-Einlage) Linienförmige Intarsien. Vor allem bei klassizistischen Möbeln beliebte Dekorart, wobei dünne, helle Streifen in dunkles Mahagonifurnier eingelegt wurden (siehe *Einlagen*).
Faltstuhl Mittelalterlicher Stuhl; Form und Name stammen vom römischen faldistorium (Sitz des Consuls und der Prätoren). Im Mittelalter repräsentativer Sitz für Fürsten und geistliche Würdenträger. Besteht aus zusammenklappbaren Kreuzstäben, die oben und unten durch Querhölzer verbunden sind. An den oberen sind die Tragegurte und die Ledersitzfläche befestigt (früheste Beispiele 13. Jh.). Die italienische Renaissance bildete ihn zum Faltsessel mit Arm- und Rückenlehne und meist nicht mehr beweglichem Sitz aus. In Deutschland wurde der Faltstuhl auch als »Lutherstuhl« bezeichnet.

Faltwerk* *136*, 37, 343, 455
Fassadenschrank* *137–138*, 345, 346
Faßmaler Der Meister, der Holzskulpturen, aber auch wertvolle »gefaßte« Möbel bemalt und vergoldet (siehe *Fassung*).
Fassung 1. Bemalung bzw. Vergoldung von Skulpturen und Möbeln, wobei als Malgrund eine Schicht aus Kreide oder Gips dient. 3, 183, 207, 208, 415, 420, 421, 435, 436. – 2. Außerdem versteht man darunter einfassende Metallbeschläge auf Möbeln und bei Kunstgewerbe.
Fauteuil* siehe auch *Bergère*. *139*, 167, 181, 182, 432–444
Fauteuil de bureau Schreibtischsessel des 18. und 19. Jhs., wobei die halbrunde Rückenlehne in die Armstützen übergeht.
Fenstersofa (engl. window-stool) Sofa ohne Rückenlehne mit schrägen Armlehnen.
Feston Girlande, Gehänge aus Blumen und Früchten, oft von Bändern umwunden, deren Enden herabflattern. Beliebtes Schmuckmotiv klassizistischer Epochen, wie des Louis XVI und des Empire.
Fichtenholz Langfaseriges Nadelweichholz, das nur für Bauernmöbel, als Blindholz, für Innenteile wie Schubladen u. ä. Verwendung findet.
Filet Gegeneinander gestellte helle und dunkle Furnierflächen.
Flachschnitt Reliefverzierung spätgotischer Nadelholzmöbel in Süddeutschland und den Alpenländern. Das florale Ornament aus Bändern und Ranken wurde mit dem Geißfuß ausgestochen und dann mit dem Meisel ausgesprengt, manchmal bemalt.
Flammleiste Wellige, profilierte Zierleiste, angeblich von dem Nürnberger Schreiner Hans Schwanhard im 16. Jh. erfunden. Vor allem als Einfassung bei den Kabinett- und Zierkästen des 17. Jhs. benützt (siehe *Eger-Kassetten*).
Frankfurter Schrank* *140–143*, 40, 292, 353, 372, 456, 514
Französische Möbel* *144–154*, 42, 56, 60, 83, 84, 93–95, 97, 103, 104, 120, 121, 123, 124, 173, 176, 178, 179, 180, 185, 205, 207, 220, 221, 225, 227, 231, 232, 237, 254, 338, 339, 371, 404–408, 430, 433, 440, 443, 446, 477, 479, 504, 524
Fries Schmaler Flächenstreifen, meist zur Abgrenzung oder Umsäumung einer Fläche (Borde, Bordüre).
Frisiertisch* *155*
Füllungen Dünne Bretter, die mittels einer Nut in einen Rahmen eingepaßt sind, so daß sie »arbeiten« können, ohne zu reißen (siehe auch *Rahmenkonstruktion*).
Furnieren* *156–157*
Fuß- und Beinformen* Geschmack- und Modewandel in der Schreinerkunst haben unterschiedliche Fuß- und Beinformen entstehen lassen. Zu den gebräuchlichsten zählen: Baluster-, Birn-, Bocks-, Klauen-, Kugel-, Kufen-, Stollen-, Vierkant-, Voluten-, Wangen- und Zargenfüße, bzw. -beine. Die geschweiften Beine sind beispielsweise für das Spätbarock, die Vierkantspitzfüße für den Louis-XVI-Stil charakteristisch. *158–166*
Gallé, Emile (1846–1904) Kunstgewerbler in Nancy, der neben den weltbekannten Gallé-Gläsern auch Möbel gefertigt hat. Diese hat er ebenso wie seine Gläser und Fayencen signiert. Seine Möbelerzeugnisse sind charakteristische Jugendstil-Schöpfungen. 204, 205
Garnitur* *167*, 443, 444
Gebaucht Konvexe Schwingung und Schweifung von Möbelflächen.
Gehrung Auf Gehrung geschnitten nennt man die Verbindung von zwei im rechten Winkel aneinanderstoßenden Brettern oder Leisten, deren Schnittkante im Winkel von 45 Grad verläuft.
Geißfuß 1. (frz. pied de biche = Rehbein) Möbelfüße des Rokoko, mehr oder weniger deutlich als »Bocksbein« zu erkennen, oft in einem deutlichen Huf endend. Im frühen 18. Jh. ersetzte er an Tischen und Stühlen den schweren Balusterfuß des Louis-XIV-Stils. – 2. In der Schreinerei gebräuchliches Stechwerkzeug mit winkeliger Schneide zum Ausheben von Fugen.
Gekröpft oder verkröpft nennt man ein über die senkrechte Gliederung herausragendes vorgezogenes Gesims.
Geldschnur Ornamenten-Relief in Form von aufgereihten, gelochten Münzen, im Louis-XVI beliebt.
Geschirrschrank* *168–169*, 293, 294
Gesims Waagrechter, ausladender, meist profilierter Streifen in der Möbelkunst (Architektur), der ein Möbel horizontal gliedert. Auch als unterer oder oberer Möbelabschluß in einfacher oder gestufter, profilierter Form vorkommend.
Giebel Dachförmiger Abschluß eines Möbels. »Gebrochen« nennt man den Giebel, wenn die Spitze abgeflacht ist. Bei dem »gesprengten Giebel« ist die glatte Dreieckform oben derart ausgespart, daß zwei seitliche Giebelspitzen entstehen, zwischen denen eine meist ornamental gestaltete Aussparung entstand.
Giebelschrank Auf antike Vorbilder zurückgehender mittelalterlicher Schrank in Form eines »Schilderhäuschens«, jedoch mit zwei übereinander liegenden, schmalen Türen.
Girlande siehe *Feston*.
Gobelins So nennt man in Deutschland alle mit der Hand gewirkten Bildteppiche. In Frankreich sind Gobelins nur die Erzeugnisse der »Manufacture des Gobelins«, die ihren Namen von dem Pariser Stadtteil hat, in dem sie sich befindet. Alle anderen nennt man »tapisseries«. In beiden Techniken wurden im 17. und 18. Jh. gerne Sitzmöbelbezüge hergestellt. 167, 181, 443
Gotik* *170–172*, 37, 136, 341–343, 455, 483–485, 495
Graphikschrank siehe *Kartenschrank*.
Gros-point (frz.: großer Stich) Einfache Kreuzstich-Stickerei, die im 17. und 18. Jh. auch für Möbelbezüge verwandt wurde. Wird der zweite kreuzende Stich weggelassen, so spricht man von »Petit-point« (siehe *Point-Bezüge*).
Groteske Antikes Ornamentenmotiv, das in der Renaissance wieder aufgenommen wurde. Aus der Arabeske entwickelt, tritt das Rankenwerk zurück, dafür werden Figuren, Tiere und Fa-

belwesen hinzugefügt. Um 1700 kommt die Groteske durch das Bandelwerk wieder in Mode. 342

Guéridon Nach einem berühmten schwarzen Sklaven benannte Anbiete-Tischchen des 17. Jhs. in Form von tabletthaltenden Mohren. Seit dem 18. Jh. versteht man darunter auch zierliche, hohe, meist runde Tischchen.

Gurtgesims Waagrechtes Schrankgesims.

Halbsäule (Dreiviertelsäule) Nur halb (bzw. zu drei Vierteln) aus der Wand hervortretende Säule.

Halbschrank* *173–174*

Hamburger Schapp* (Hamburger Schrank) *175*

Hammer Neben dem Hammer zum Nageln verwendet der Schreiner zum Einpassen und Ausstemmen noch den hölzernen Klüpfel.

Hepplewhite, George (gest. 1786) Londoner Kunstschreiner, dessen von antiken Vorbildern inspirierter, schlichter Möbelstil durch sein Werk »The Cabinet Maker's and Upholsterer's Guide«, London 1788, berühmt wurde. 129

Herme Tragende Halbfigur oder Büste. Seit der griechischen Antike in der Architektur und im Kunstgewerbe gebräuchlich. 34

Hirnholz (Querholz) Rechtwinklig zum Faserlauf geschnittenes Holz.

Historismus* *176–184*

Hobel Als Symbol der Schreiner bekannt, was für die Bedeutung dieses Werkzeuges spricht. Seit der Antike zum Glätten und zur Herstellung von Profilen benutzt. Man unterscheidet den Profilhobel (speziell Fasson-, Karnies- und Kehlhobel) für Profilleisten, den Schrupphobel zum groben Vorarbeiten, die sehr lange Rauhbank für große, ebene Flächen und den Schiffshobel für muldenförmige Flächen.

Hobelbank Stabile, tischartige Werkbank, in welche die zu bearbeitenden Hölzer eingespannt werden können.

Hochbarock siehe *Barockstil.*

Hochzeitsschrank* *185*, 153

Hochzeitstruhe siehe *Brauttruhe.*

Hocker (Schemel) Eines der ältesten europäischen Sitzmöbel mit niedrigem Sitz, ohne Rückenlehne (drei- oder vierbeinig). Im 17. und 18. Jh. auch als höfisches und bürgerliches Möbel gebraucht, wobei sich die Ausführung den Stühlen anpaßte.

Holländische Möbel* (Niederlande, Flandern) *186–192*, 3, 13, 22–24, 28, 37, 136, 160, 162, 167, 172, 179, 221, 274–276, 324, 342, 343, 412, 414, 417, 432, 455, 489, 492, 511

Holz Der Werkstoff Holz ist seit der Antike für die Möbelkunst unersetzlich. Seine positiven Eigenschaften sind die leichte Bearbeitungsmöglichkeit, die Mannigfaltigkeit der verschiedenen Sorten, seine Elastizität und Widerstandskraft. Dagegen ist das »Arbeiten« des Holzes einer der wenigen, aber auch größten Nachteile. Zu allen Zeiten hat man deshalb versucht, dieses »Arbeiten« zu unterbinden. Erst der zeitgenössischen holzverarbeitenden Industrie ist es durch die Herstellung von Spanplatten gelungen, den Werkstoff so zu verändern, daß er nicht mehr »arbeitet«. Das Holz alter Möbel – gleichgültig aus welcher Stilepoche – dagegen »lebt«, d. h. es verändert unter verschiedenen klimatischen Bedingungen seine Form, es dehnt sich bei hoher Luftfeuchtigkeit, es schrumpft bei Trockenheit. Siehe hierzu das Kapitel »Die Pflege alter Möbel«.

Inkrustation Darunter versteht man Steinintarsien, wobei oft Marmor und Halbedelsteine verwandt wurden.

Inneneinrichtung Bei Schreib- und Kabinettschränken hinter der Außentür verborgene reiche Einrichtung mit zahlreichen Schublädchen und Fächern.

Intarsien* *193–196*

Italienische Möbel* *197–202*, 174, 217, 232, 325–327, 388, 389, 411, 470, 471, 486, 487

J.M.E. »Jurés Menuisiers Ebenistes«. Kontrollstempel der Pariser Tischlerzunft. Kommt auch als Zusatz der Pariser Ebenisten-Signaturen vor. Siehe *Ebenist.* 42

Jugendstil* *203–205*

Kabinett* siehe *Augsburger* und *Egerer Kabinett. 206–208*, 367, 368

Kabinettschränkchen* *209–213*, 34, 35, 113, 206–208, 367

Kahnbett Bett mit kahnartig gebildeten Seitenwänden. Besonders im Empire nach antiken Vorbildern gefertigter Bett-Typ.

Kaminumrandung* *214–215*, 275

Kannelierung Durch senkrechte Rillen gegliederte Fläche. Meist wurden Säulen oder Pfeiler kanneliert.

Kapitänskommode Kleinformatige englische Kommode, meist aus Mahagoni mit Messingbeschlägen und den typischen Messingecken. Im 18. und 19. Jh. auf den Schiffen gebräuchlich.

Kapitell Der obere ausladende Teil einer Säule oder eines Pfeilers. Im Mittelalter sind neue Kapitellformen ausgebildet worden. Die Möbelkunst der Renaissance hat wieder auf griechisch-römische Säulenformen zurückgegriffen.

Karnies Doppelt gekrümmte Leiste, die ein S-förmig geschwungenes Profil hat. 208, 254, 255

Kartenschrank (Graphikschrank) Für die Aufbewahrung von Karten bzw. Graphiken mit zahlreichen, flachen Schubladen eingerichtetes Möbel. 28

Kartusche* *216–217*, 1, 198, 215, 299, 325, 328, 441, 502

Karyatide Stützfigur anstelle einer Säule. 14, 117, 188, 325, 327

Kassettenfüllung* siehe auch *Füllung. 218–219*

Kastensitz Kastenförmiges Sitzmöbel. Seit dem 13. Jh. mit Schnitzereien im Flach-Relief geschmückt, blieb bis zur Renaissance in Gebrauch.

Kastenschrank siehe auch unter *Gotik.* 341

Kastentisch Vom 15. bis 17. Jh. gebräuchliche Tischform, bei der die Tischplatte auf einem rechteckigen Kasten liegt, der sich herausziehen oder von oben durch Aufklappen oder Verschieben der Tischplatte öffnen läßt. Kastentische waren in den Alpenländern und in Süddeutschland verbreitet, kamen aber auch im Rheinland, in Mittel- und in Norddeutschland vor. Sie lebten im bäuerlichen Bereich als sog. Rhöntische bis ins 18. Jh. fort. 472

Kastentruhe Seit dem 15. Jh. schreinermäßig hergestellter Truhentyp, wobei die waagrecht laufenden Seitenbretter durch Nut und Feder verbunden sind. Siehe auch unter *Truhe.*

Kaunitz siehe *Zylinderbureau.*

Kehlung Rillenartige Vertiefung, vor allem bei Leisten, Profilen und Rahmen.

Kirschbaum Bräunlich bis rotbraunes, hartes Holz, mit teils vornehm schöner Maserung. Vor allem in der Biedermeierzeit für Furniere verwandt.

Kissenfüllung Hocherhabene Füllung im Aussehen von Auflagekissen. Schränke mit solchen Füllungen werden daher auch Kissenschränke und solche »Kissen« Bosse genannt. 186, 187

Kistenmacher Bis ins 14. Jh. für Möbelschreiner gebräuchliche Bezeichnung. Danach Differenzierung der Holz-Handwerker.

Klappsekretär* siehe *Schreibmöbel. 220–223,* 145, 148, 149

Klassizismus Darunter versteht man allgemein alle der klassischen Antike nachempfundenen Kunstbestrebungen. Insbesondere versteht man darunter antikisierende Kunstströmungen, die erstmals um 1560 in Italien einsetzten und im 17. Jh., vor allem aber im späten 18. Jh. besonders in Frankreich und England anzutreffen sind. Im engeren Sinn umfaßt der Klassizismus die Zeit von etwa 1790 bis 1820. Die Frühphase vor 1800, in der noch Louis-XVI-Elemente weiterleben, wird in Frankreich nach dem Direktorium der Revolution »Directoire« genannt. Die beiden folgenden Jahrzehnte werden auf dem Kontinent allgemein nach dem napoleonischen Kaiserreich als Empire (siehe dort) bezeichnet. Als Schmuckformen treten römische, griechische und ägyptische Motive auf. Trotz der Versuche Napoleons, zahlreiche Kunstgewerbezweige neu zu beleben, erlebte das Kunsthandwerk durch die Französische Revolution und die Revolutionskriege einen Niedergang. Als stärkste Gattung erwies sich die Möbelkunst. Hier brachte das Biedermeier nochmals eine Blütezeit hervor.

Knorpelstil (Knorpelwerk) Knorpelartig verdickte Ornamentformen, die häufig Masken und andere groteske Formen bilden. Im frühen 17. Jh. in Frankreich, den Niederlanden und Deutschland verbreitet. Im späten 17. Jh. änderte sich der Ornamentenstil zu weicheren Formen, die Ohrmuscheln gleichen, woher der Name Ohrmuschelstil rührt.

Kölner Intarsienmöbel Um 1600 wurden in Köln Eichenmöbel (Truhen, Schränke und Betten) reich mit Intarsien in der süddeutschen Art geschmückt: Architekturbilder, Wappen, Vasen mit Blütenranken u. a.

Koffertruhe* *224,* 488

Kommode* *225–256,* 22–29, 33, 42–44, 48, 57, 69, 73, 75, 82, 106, 112, 117, 122, 127, 130, 131, 133, 144, 145, 156, 157, 160–164, 176, 177, 190–192, 194, 199, 200, 202, 225–256, 263–265, 277–282, 289, 297, 314–316, 458–464, 518, 519

Konsole Aus einer Mauer vortretende Abstell- oder Ablage-Fläche (siehe *Konsoltisch*).

Konsoltisch* *257–259,* 450, 494

Korinthische Säule Sie trägt ein Akanthusblatt-Kapitell, an dessen vier Ecken kleine diagonalstehende Voluten auskragen (siehe auch *Akanthus* und *Säule*).

Korpus Allgemein versteht man darunter den Körper von Kastenmöbeln, aber auch das unedle, nicht sichtbare Kernholz bei furnierten Möbeln (siehe *Blindholz*).

Kredenz Von ital. credenzone = Anrichte. Halbschrank zur Aufbewahrung des Tischgeräts (credenza), das auf dem Schrank angerichtet wurde. Ein beliebtes Möbel der italienischen Renaissance, meist ein- oder zweitürig und mit geschnitzten Architekturmotiven verziert. Im späten 16. Jh. wurden über den Türen Schubladen eingefügt, woraus schließlich um 1600 die Schubladenkredenz (cassettone), eine Vorstufe der Kommode, entstand. Im England des 17. Jhs. war die Kredenz als »court cupboard« (Hofschrank) bekannt. In Deutschland und Frankreich finden wir sie zu dieser Zeit und vor allem im 18. Jh. als Halbschrank. Besonders beliebt war dieser Möbeltyp in Lothringen, Aachen und Lüttich. 4–5

Kufen Auf dem Boden aufliegende kufenartige Hölzer, die als Möbelfüße von schweren Schränken und Truhen für bessere Standfestigkeit sorgen. Bei den schweren frühen Truhen wurde durch die Kufenfüße auch die Beweglichkeit erhöht. 285, 292, 293

Kunstschrank siehe *Kabinettschrank.*

Lackarbeiten Wurden im 17. und 18. Jh. aus Ostasien importiert. Sie tragen zur Entstehung der europäischen Chinamode (Chinoiserien) bei. Gleichzeitig begann man, ostasiatische Lackarbeiten auch nachzuahmen. Ihre Blüte erlebte die europäische Lackkunst im 18. Jh.; so wurden in Amsterdam Kabinettschränke in Schwarz und Gold gefertigt. London wurde für sein leuchtendes Englisch-Rot berühmt, außerdem bemalte man in England Eisenblechgeschirre mit Lackmalerei. Venedig arbeitete farbig lackierte Rokoko-Kommoden. Bekannt waren auch die Gebrüder Martin (Vernis Martin) in Paris mit ihrer Lackkunst auf Papiermaché und in Dresden der hervorragende Lackkünstler Martin Schnell durch einen besonderen Rotlack-Schreibschrank. In Braunschweig pflegte Stobwasser die Lackmalerei auf Papiermaché für Dosen. 207, 442

Lackmöbel Im Zuge der Chinamode wurden bevorzugt auch rohe Möbelstücke mit in Lösungsmitteln und Bindemitteln gelösten Lacken bemalt. Bei richtiger Anwendung erhielt das Mobiliar damit einen farbig glänzenden, dauerhaften Überzug. Mit der Übernahme der Technik wurden meist auch asiatische Ornamente und Bildmotive nachgeahmt (siehe *Lackarbeiten*).

Lisene Flache, senkrechte, meist schmale Wandvorlage zur Gliederung einer Fläche.

Lothringer Möbel* *260–262*, 19, 89, 91, 152, 169, 173

Louis-Philippe-Stil Nach Louis Philippe, dem Bürgerkönig (1830–1848), benannter französischer Stil, der wieder Rokokoformen des 18. Jhs. – wie anschließend der Historismus – aufgreift. In Deutschland entspricht ihm zeitlich der *Biedermeierstil* (siehe dort).

Louis-XVI-Stil* siehe *Klassizismus*. *263–272* 4, 17, 20, 28, 85, 90, 104–107, 145, 148, 164, 195, 220, 221, 225, 241–248, 253, 285–288, 290, 311, 316, 322, 362–364, 394–396, 402–408, 419–424, 435, 438, 453, 454, 480, 504, 510, 512, 520, 522–524

Lübecker Schrank siehe *Hamburger Schrank*.

Lüneburger Schrank Um 1500 in Lüneburg entstandener spätgotischer Schrank. Bis ins 17. Jh. blieb er vor allem in Schleswig-Holstein beliebt. Man nennt ihn auch Schenkscheibe oder Schenkschieve. Zwischen den zweitürigen Ober- und Unterteilen befindet sich eine von Eisenstäben gehaltene Klappe. Dadurch ähnelt er den späteren Aufsatzsekretären. Die Schenkschieve dient wie der Stollenschrank zum Aufbewahren und Anrichten des Geschirrs. Die schönsten Beispiele sind mit geschnitzten biblischen Szenen dekoriert.

Lüneburger Truhe Sie besteht aus vier Eckstollen mit eingenuteten Eichen-Brettern. In Niedersachsen vom 13. Jh. bis ins 16. Jh. in gleichbleibender romanischer Konstruktion verbreitet.

Lüsterweibchen* *273*

Lütticher Möbel* *274–276*, 167, 432, 501

Luxus-Möbel Über den reinen Gebrauchswert gehendes Möbel, das vor allem der Repräsentation diente. Die Stollenschränke werden daher als erste Luxusmöbel bezeichnet. Meist sehr aufwendig ausgestattet.

Mäanderband Antikes Bordürenmuster, das vor allem im Klassizismus zu Einfassungsintarsien diente.

Mahagoni Exotisches Holz, das seit dem späten 17. Jh. importiert und vor allem zu Furnieren verarbeitet wurde. Da es sich nicht wirft und außerdem gut polieren läßt wurde es gerne verwandt. Zunächst in Frankreich, England und in Norddeutschland, später im übrigen Europa bürgerte sich dieses Furnierholz im Louis-XVI-Stil ein und wurde besonders in der Empire-Epoche beliebt.

Mainfränkische Möbel* *277–286*, 47, 196, 230, 238, 348

Mainzer Möbel Vor allem im 18. Jh. war Mainz ein Zentrum für die Herstellung meisterlicher Möbel im typischen Geschmack der Zeit, wovon bewegte Aufsatzsekretäre und prächtige Schränke zeugen. Ein besonderes Charakteristikum der Mainzer Schränke sind häufig ihre reich verzierten Anschlagleisten. 347

Marburger Finkentruhe* *287*

Marketerie* *288*, 130–132, 230, 231

Marmor Im späten 17. und 18. Jh. wurde es bei Prunkmöbeln wie Tischen und Kommoden vor allem in Frankreich üblich, anstelle der hölzernen Platten solche aus Marmor zu verwenden.

Maserfurnier Quer zum Stamm geschnittenes Furnier, daher mit besonders schöner wolkiger Zeichnung.

Maserung ist die durch den unterschiedlichen Verlauf der Holzfasern verursachte Zeichnung und wechselnde Tönung. Sehr schön gemasert sind z. B. Nadelhölzer, aber auch Nußbaum, Birke und Esche. Die aus dem untersten Stammbereich gewonnenen Wurzelfurniere zeigen eine besonders lebhafte Maserung.

Maskaron Dekorativ verwendete Maske, vor allem im späten 17. und 18. Jh. beliebt.

Maßwerk »Gemessener« d. h. mit dem Zirkel gezeichneter Dekor der Gotik. Bei Möbeln als Füllungsornamente eingeschnitzt. 483

Menuisier Französischer Begriff für Tischler, d. h. den einfachen Möbelschreiner, im Gegensatz zum Ebenisten, dem Kunstschreiner. Ursprünglich unterschied man zwischen Stuhlmacher (menuisier d'assemblage) und Kastenmacher (menuisier de placage et de marqueterie). Nachdem seit der Mitte des 17. Jhs. die Bezeichnung »ébéniste« (siehe Ebenist) aufgekommen war, bedeutete »menuisier« nur noch Hersteller von einfachen Massivmöbeln. Die menuisiers unterlagen wie die Ebenisten im 18. Jh. dem Markenzwang (siehe *Möbelsignaturen*).

Meuble d'entre deux Halbhoher Schrank oder Kommode, gerahmt von höheren Seitenteilen, meist mit offenen Fächern. Bewegtes Möbel, das vor allem um die Jahrhundertwende wieder beliebt wurde.

Mitteldeutsche Möbel Hierzu zählen die sächsischen Schreinererzeugnisse mit den Herstellungszentren Dresden und Erfurt. 36, 43, 49, 52, 57–59, 98, 99, 132–134, 156, 166, 234, 236, 318, 329, 375, 378, 415

Modellkommode* *289*

Möbel (lat. mobilis = beweglich) Darunter versteht man heute die Vielzahl von Einrichtungsgegenständen, die zur Aufbewahrung der Habe und zum Wohnen entwickelt wurden. Im Gegensatz zur Mehrzahl der beweglichen (mobilen) Möbel stehen die vereinzelt fest mit dem Raum verbundenen Einbauten.

Möbelbezüge Neben Leder und einfachen Stoffen dienten im 18. Jh. vor allem die in Beauvais (Frankreich) gewirkten Bildstoffe als Möbelbezüge. Außerdem sind *Gobelins* und *Point-Stickereien* (siehe dort) zu erwähnen.

Möbelfüße siehe *Fußformen*.

Möbelsignaturen Die französischen Ebenisten und menuisiers des 18. Jhs. waren durch Zunftgesetz verpflichtet, ihre Möbel zu signieren. Ausgenommen waren nur Kunstschreiner, die in direktem königlichem Auftrag oder für die königliche Kammer, das »Garde-Meuble de Paris«, arbeiteten. Viele französische Möbel des 18. Jhs. sind daher durch die Brand- und Blindstempel ihrer Meister gekennzeichnet, die an unauffälligen Stellen (unterhalb der Zarge oder an den hinteren Beinen) angebracht sind. Man kann sie in entsprechenden Markenbüchern nachschlagen. 42, 103, 104, 204, 205, 339, 408, 440

Montafoner Tisch Rustikaler Tisch auf einem Gestell mit ausgestellten, meist gedrechselten Beinen. Die Tischplatte mit Holzrand hat in der Mitte meist eine Schieferplatte eingelassen. 473

Münzschrank (frz. = médaillier) Schrank zur übersichtlichen Aufbewahrung einer Münzsammlung. Zunächst dienten dafür die Kabinette mit ihren vielen Schubladen. Im 18. Jh. entstand ein dreiviertelhoher Schrank mit zahlreichen flachen Schüben, die durch zwei Türen verschlossen werden.

Nachttisch* *290*

Nadelhölzer Fichte, Tanne und Kiefer, weiche und langfaserige Holzarten, die vor allem in Süddeutschland und den Alpenländern für frühe und rustikale Möbel Verwendung gefunden haben. Später meist als »Blindholz« verwandt; daher auch als unedles Holz bezeichnet.

Nähtisch* *291*, 68, 271

Nasenschrank* siehe *Frankfurter Schrank. 292*

Neu-Barock Neo-Gotik und Neo-Renaissance siehe *Historismus.*

Niederländische Möbel siehe *Holländische Möbel.*

Norddeutsche Möbel* *293–300*, 5, 21, 26, 30, 33, 41, 46, 48, 108, 110, 111, 114, 118, 161, 163, 168, 175, 214, 223, 226, 249, 293–300, 313, 335, 351, 352, 355, 365, 374, 376, 384, 447, 457

Nürnberger Schrank* *301–302*, 184, 334, 354

Nußbaum Beliebtes Edelholz der deutschen und französischen Kunstschreinerei im 17. und 18. Jh. In Längsrichtung zersägt entsteht das gewöhnliche, hellbraune Nußbaumfurnier mit schwärzlicher Maserung. Quergesägt ergibt es das Maserfurnier mit schwarzer wolkiger Zeichnung. Sägt man den inneren Kern des Stammes in Querrichtung, so erhält man das dunkle Wurzelmaserfurnier. Meist wird Nußbaum als Furnier verwendet. Bei starker Sonnenbestrahlung bleicht es aus.

Nut, Nute Längliche Vertiefung, in welche das sie ausfüllende Konstruktionsteil (Keil, Feder) zur Befestigung eingefügt wird. Die Nut wird durch den Nuthobel ausgehoben. Nut und Feder waren die Voraussetzung zur Rahmenkonstruktion in der Möbelkunst.

Österreichische Möbel* *303–311*, 90, 229, 271, 321, 336, 337, 341, 366, 385, 468, 483, 484, 491, 506

Ofenschirm* *312–313*

Ohrenbackensessel siehe unter *Stuhl* bzw. *Sessel.* 431

Ohrmuschelstil (1620–1650) siehe *Knorpelstil* und *Barockstil.*

Ornamentstiche (Vorlagenstiche) Grafiken mit Ornamenten und Kunstgewerbe-Entwürfen, die Kunsthandwerkern als Vorlagen dienten. Seit dem 15. Jh. bekannt, entstanden vor allem im 17. und 18. Jh. ganze Vorlagenwerke. Siehe *Hepplewhite* und *Chippendale.*

Palisander Hartes und gut zu verarbeitendes exotisches Holz. Dunkelbraun bis violett, mit tiefschwarzen Adern im Längsschnitt.

Paneels Glatte Holzfüllungen in Rahmenkonstruktionen von hölzerner Wandvertäfelungen.

Papiermaché Heißt im Französischen wörtlich: »gekautes Papier«. Aus zerkleinertem, in Wasser aufgeweichtem Papier und Leim hergestellter Werkstoff. Leicht formbar, kann er nach dem Erhärten bemalt, lackiert oder vergoldet werden. Vor allem in Italien seit dem 15. Jh. bekannt. Papiermaché wurde in der Mitte des 19. Jhs. besonders in England zur Dekorierung von Möbeln und zur Reliefierung bei Rahmen verwandt.

Paravent (frz. = »Windschutz«) Bei uns oft auch »Spanische Wand«. Stellwand aus mehreren hochrechteckigen Feldern, die durch Scharniere beweglich miteinander verbunden sind.

Pfeifendekor Gerade Kannelüren nennt man Pfeifen, während die geschweiften als Melonenrippen bezeichnet werden.

Pfeiler Kantige Stützen im Gegensatz zu den stets runden *Säulen.*

Pfeilerkommode* *314–316*

Pfosten Senkrechtes Rund- oder Kantholz mit tragender Funktion.

Pied-de-biche siehe *Geißfuß.*

Pietra-dura-Inkrustation Marmormosaik aus farbigen Marmorplättchen. Diese ursprünglich italienische Einlegearbeit fand zu Beginn des 17. Jhs. an deutschen Fürstenhöfen (München, Kassel, Braunschweig) zur Verzierung von Prunkmöbeln Anwendung.

Pilaster Wandpfeiler.

Point-Bezüge Sitzmöbelbezüge in Stickerei-Technik. 430

Pommerscher Kunstschrank siehe *Augsburger Kabinettschrank.*

Poudreuse* *317–319*, 155

Prie-Dieu* siehe *Betschrank. 320*, 61

Profil In der Möbelkunst versteht man darunter Gesimse, Leisten u. ä. von unterschiedlich gerillter Form. Glatte Leisten werden mit dem Profilhobel profiliert.

Prunkmöbel Besonders aufwendig und prächtig gearbeitete Repräsentationsmöbel (siehe *Kabinettschrank* und *Luxusmöbel*).

Psyche In der Möbelkunst versteht man darunter ein Rahmengestell mit einem drehbaren Standspiegel. Dieser Spiegeltyp war im Empire und Biedermeier verbreitet.

Pultmöbel* *321–323*

Pyramidenfurnier Es entsteht dadurch, daß der Schnitt durch die Ausgabelung eines Stammes geführt wird.

Queen-Anne-Style Dieser englische Stil entspricht etwa dem kontinentalen Barock und Rokoko (siehe *Englische Möbel*).

Rahmenkonstruktion In Mitteleuropa seit dem späten Mittelalter angewandte Konstruktion, bei welcher ein aus Kanthölzern gebildetes Rahmengestell mit Füllungen (dünnen Brettern) geschlossen wird. Dabei haben die schwachen Füllungsbretter in der Nut des starken Rahmenwerkes soviel Spielraum, daß das Holz der Füllungen »arbeiten« kann, ohne Risse zu bekommen.

Raspel und Feile Werkzeuge zum Glätten von geschweiften Kanten und Flächen oder zum Versäubern von Löchern und Vertiefungen.

Récamier Liegebank des Empire. Sie erhielt ihren Namen nach Julie Récamier (1777–1849), in deren Salon sich das geistige Paris der Revolutions- und Restaurationszeit traf.

Regal Einfaches Gestell mit mehreren Zwischenfächern.

Régence siehe *Barockstil.*

Regency siehe *Englische Möbel.*

Relief Von lat. relevare = erheben. Aus der Fläche erhaben vortretende figürliche oder ornamentale Schnitzereien. 216

Renaissance* *324–327*, 138, 213, 411, 412, 487

Restauration Die Kunst der Restauration (1820–1850) nennt man in Deutschland nach dem »Biedermann«, *Biedermeier* (siehe dort).

Rhöntisch siehe *Kastentisch.*

Rocaille* Frz. = Grotten- und Muschelornament. *328*

Roentgen, Abraham (1711–1793) Bekannter Kunstschreiner. Seit 1750 in Neuwied bei Koblenz tätig, wo sein Hauptauftraggeber, der Kurfürst von Trier, lebte. 1772 gab er die Leitung der Werkstatt an seinen Sohn David ab, war jedoch noch bis 1775 tätig. Seine Möbel zeigen schweren, kraftvollen Aufbau und verleugnen seine holländisch-englische Schulung nicht.

Roentgen, David (1743–1807) Berühmtester deutscher Kunstschreiner, Sohn von Abraham. In Paris errichtete er Filialwerkstätten. Bei Fürsten und Künstlern seiner Zeit stand Roentgen in hohem Ansehen. Ab 1770 wird die Bildintarsie eine Spezialität seiner Werkstatt. Viele Entwürfe lieferte der Maler Januarius Zick. Ab 1778/79 arbeitete Roentgen in Louis-XVI-Formen und führte das Mahagoni in Deutschland ein. Berühmt waren seine Schreibtische. An Feinheit der Details und Raffinesse des Mechanismus überragen sie alle zeitgenössischen deutschen Möbel. Als die Franzosen im Jahr 1795 Neuwied besetzten, mußte David Roentgen seine Werkstatt schließen. 106, 107, 476

Rokoko* Spätbarock, siehe *Barockstil. 329*, 1, 2, 29, 61, 96, 132, 133, 144, 237, 238, 275–283, 315, 339, 399–401, 449, 451, 452, 475, 499

Rolladenverschluß* *330–332*, 97

Rollbureau siehe *Zylinderbureau* und *Schreibmöbel.*

Rollwerk Ornamentensystem aus Bändern und Stegen mit eingerollten Enden. Seit der Mitte des 16. Jhs. allgemein in Europa gebräuchlich. Gelegentlich auch Floris-Stil genannt, nach dem Antwerpener Ornamentenstecher Cornelis Floris (1514–1575), der mit mehreren Stichfolgen wesentlich zur Verbreitung des Rollwerk-Ornaments beitrug.

Romanischer Stil (Romanik) Der erste Europa umfassende Kunststil des Mittelalters (ca. 1030–1200).

Saarländische Möbel* *333*

Säge Mit dem Hobel wichtigstes Werkzeug des Schreiners. Für verschiedene Arbeiten wurden unterschiedliche Typen entwikkelt. Die Handsägen werden in gespannte und ungespannte Sägen unterteilt. Es gibt Schlitz-, Absetz-, Schweif-, Gehrungssägen, ferner Fuchsschwanz-, Fein- und Stichsägen. Neben diesen Handsägen wurden im Lauf der Zeit auch unterschiedlich große Sägemaschinen entwickelt: 1322 entstand in Augsburg die erste Sägemühle, womit die Herstellung dünner Bretter möglich wurde. Ebenfalls in Augsburg erfand der Tischler Renner im 16. Jh. die Feinsäge, zur Herstellung feinerer Furnierhölzer. Daneben gibt es neuerdings die Band-, Kreissägen usw.

Säulen* *334–335*, 121

Säulenkommode In Form eines Säulenstumpfs gearbeitete Zierkommodenform des Klassizismus. 122, 256

Sakristeischrank* *336–338*, 21

Satztisch* *339*, 204

Schälfurnier Seit dem 19. Jh. wird Furnierholz nicht mehr gesägt, sondern vom sich drehenden Stamm »abgeschält«. Dadurch wurde es möglich, die Furnierstärke sehr zu reduzieren (Schälfurnier bis zu 0,05 mm Feinheit).

Schapp siehe *Hamburger Schrank.*

Schaufelstuhl Biedermeierstuhl mit oben breiter, seitlich in Voluten abgerundeter Lehne. 428

Schaukelstuhl Ein bequemer, durch gebogte Kufenfüße schaukelnd zu bewegender Armlehnstuhl. Seit der Biedermeierzeit bekannt, wurde er durch den Produzenten Thonet zunächst in Europa, dann besonders in Amerika sehr beliebt.

Schemel siehe *Hocker.*

Schenkschieve Im 16./17. Jh. gebräuchlicher norddeutscher Schranktyp (siehe *Lüneburger Schrank*).

Scherenstuhl siehe *Faltstuhl.*

Schlagleiste siehe *Anschlagleiste*

Schlagstempel siehe *Möbelsignaturen.*

Schnitzereien* *340*

Schrank* *341–366*, 6, 7, 8, 14, 15, 39–41, 51–54, 61, 76, 77, 83, 85, 86, 88–91, 98, 101, 119, 121, 134, 137, 138, 140–143,

150–154, 158, 159, 175, 184–188, 193, 195, 196, 218, 219, 260–262, 268–270, 284–286, 288, 292, 295, 300–305, 309, 324, 325, 328, 334, 338, 372, 498, 514

Schreibkasten siehe *Kabinett.*

Schreibkommode Im späten 18. Jh. aufkommende Kommode, deren oberste Schublade herausgezogen, mit herunterklappbarem Vorderteil als Schreibplatte diente. Später wurde anstelle der Klappschublade ein kleiner Aufbau mit schräger Schreibklappe hinzugefügt. Siehe auch unter *Schreibmöbel.*

Schreibmöbel* *367–410,* 2, 30–33, 36, 45–49, 59, 78–81, 83, 87, 93–97, 100, 103, 106, 107, 114–116, 120, 127, 128, 131, 132, 145, 146, 148, 149, 166, 180, 198–201, 220–223, 266, 298, 299, 306–308, 321–323, 329, 331–333, 336, 337, 367–410, 465–469, 513, 520–525

Schreibschrank Auch Aufsatzsekretär (Tabernakelschrank) mit kommodenartigem Unterteil und giebelbekröntem Aufsatz (mit Schließfach und Schüben). Dazwischen ist ein mit kleinen Schubfächern versehenes Mittelteil eingeschoben, dessen Pultdeckel als Schreibklappe heruntergeklappt werden kann. Im frühen 18. Jh. in England geschaffen, wurde er zum meist verbreiteten Möbel in Deutschland. Besonders in Würzburg, Mainz und Dresden wurde es zum Prunkmöbel ausgebildet. In seiner Zeit wurde es Trisur genannt (siehe *Schreibmöbel*).

Schuppentruhe siehe *Truhen.* 491

Schweifwerk siehe *Beschlagwerk.*

Sécrétaire à deux (à trois) corps Zweiteiliger bzw. dreiteiliger Aufsatzsekretär (siehe dort).

Sécrétaire en armoire Hochrechteckiger Schreibschrank mit zweitürigem Unterteil. In der Mitte senkrechte, herausklappbare Schreibplatte, dahinter reiche Inneneinrichtung. Oben als Abschluß Schublade. Dieser um 1760 in Frankreich ausgebildete Grundtyp war in nur geringfügig abgewandelter Form bis ins Biedermeier gebräuchlich (siehe *Klappsekretär*).

Sécrétaire à cylindre In Deutschland haben die in der Mitte des 18. Jhs. entstandenen frühesten Beispiele einen Halbzylinder als Rollverschluß. Bei späteren in Frankreich entwickelten Exemplaren bewirkte das Zurückschieben des Zylinders gleichzeitig das Vorrücken der Schreibplatte (siehe *Zylinder-* oder *Rollsekretär*).

Sécrétaire en pente Um 1730 in Frankreich aufgekommener Pultschreibtisch mit schräger Schreibklappe. 400

Sekretär Von Oeben und Riesener ausgebildet, lebte er bis ins 19. Jh. fort und gehörte zu den Lieblingsmöbeln des Empire und Biedermeier (siehe *Sécrétaire en armoire* und *Schreibmöbel*).

Servante Kleiner, zum Servieren gedachter Beistelltisch.

Sessel siehe *Sitzmöbel* und *Stuhl.*

Settee Doppelsitz. Kleines englisches Canapé des 18. Jhs. Eine kleine Settee heißt Love-Seat und entspricht der französischen *Causeuse* (siehe dort).

Sgabello Reich ausgebildeter italienischer Schemel (s. S. 18/19).

Side-board (Side-table) Niedrige, englische Kredenz (Kredenztisch) des 16. Jhs. 129

Signaturen Mit dem Namen des Schreiners signierte Möbel kommen selten vor. Nur in Paris war im Barock das Signieren üblich (siehe unter *Ebenist*).

Silbermöbel Bereits das Testament Karls des Großen erwähnt Silbermöbel. Um 1700 ließen sich verschiedene europäische Höfe in Augsburg Tische und Stühle aus massivem Silber arbeiten. Von Anfang an zog man dabei die Möglichkeit in Betracht, sie in Notzeiten wieder einschmelzen zu können – ein Schicksal, dem nur wenige dieser Möbel entgangen sind.

Sitzmöbel* *411–448,* 9–12, 37, 38, 58, 64–68, 104, 123, 125, 126, 139, 165, 167, 181–183, 203, 272, 326, 411–448

Sofa Ende des 17. Jhs. unter türkischem Einfluß aufgekommenes Sitzmöbel mit Arm- und Rückenlehne. Für bis zu sechs Personen ist das Sofa meist breiter als das Canapé. 183, 445–448

Spätbarock (Rokoko) siehe *Barockstil.*

Spätgotik Die letzte Phase der *Gotik* (siehe dort).

Spanische Wand siehe *Paravent.*

Spiegel* *449–450,* 75

Spieltisch* *451–454,* 477

Spindler, Johann Friedrich (gest. nach 1793) Einer der bedeutendsten Ebenisten. 1754 mit seinem jüngeren Bruder Heinrich Wilhelm in Bayreuth tätig, wo er Möbel für das neue Schloß arbeitete, die durch meisterliche Marketerie und Bronzen im französischen Stil auffallen. Seit 1762 in Berlin, wo er mit seinem Bruder Kommoden, Schränke und Tische für das Neue Palais in Potsdam schuf, die sich durch kühne Umrisse und vorzügliche Marketerie in holzfremdem Material auszeichnen.

Splintholz Randteile des Holzstammes, die das Kernholz umgeben.

Stech- und Stemmeisen Damit wurden Nut, Schlitz u. ä. ausgehoben sowie Vertiefungen für eingelassene Beschläge und Schlösser ausgestemmt.

Stein- und Marmormöbel Bereits bei den Römern wurden Möbel aus Stein gefertigt. Später wurde dieses Material fast ausschließlich für höfische Gartenmöbel verwandt.

Stilmöbel Möbel die zu einer späteren Zeit im Stil, d. h. mit den stilistischen Merkmalen einer früheren Epoche – in diesem Stil – gefertigt sind (siehe *Historismus*).

Stollenschrank* *455–456,* 136, 172, 189, 443

Stollentruhe* *457,* 484

Stuhl (bzw. Sessel mit Armlehnen) Das wichtigste von allen Sitzmöbeln. Im Mittelalter war er Ehrensitz (siehe *Faltstuhl* und *Kastensitz*). Den Stuhl mit vier gedrechselten Beinen, wovon die hinteren in die Lehne übergehen, hat die italienische Frührenaissance ausgebildet. Im 16. Jh. begann man diese Möbel durch verzierte Füllbretter zu verzieren, und gegen Ende des Jahrhunderts wurden sie leichter gestaltet. Im 17. Jh. kam die Polsterung von Sitz- und Armlehnen auf. Um 1700 entwickelte man neue, be-

Stilecht

Die Nüchternheit unserer heutigen Zweckbauten und ihre oft sterilen, pflegeleichten und rein auf Zweckmäßigkeit ausgerichteten Einrichtungen haben viel zu der in den letzten Jahren alles überrollenden nostalgischen Modewelle beigetragen. Obwohl nun ein mit allem möglichen »alten Plunder« angehäuftes Zimmer sicherlich gemütlicher ist als ein nüchterner moderner Raum, so kommt die Schönheit antiker Einrichtungsgegenstände doch am vornehmsten und augenfälligsten zum Ausdruck, wenn Mobiliar stilecht zusammengestellt ist.

Die Farbabbildung des nebenstehend wiedergegebenen Biedermeier-Schlafzimmers ist ein gelungenes Beispiel für einen stilecht eingerichteten Raum. Dabei spielt es keine Rolle, daß beispielsweise der Kristallüster noch dem Empirestil zugeordnet werden muß, denn auch in der Biedermeierzeit wird ein »neumöblierter« Raum sicherlich Accessoires aus früheren Epochen enthalten haben. Und Perfektion ist noch nie gleichbedeutend mit Harmonie gewesen. Unter diesem Gesichtspunkt müssen auch die Tapeten und die Vorhänge beurteilt werden. Sie sind Produkte unserer Zeit und entsprechen eher Stilnachahmungen als Stilkopien biedermeierlichen Ausstattungszubehörs. Der mit seinem durchgemusterten Fond sehr zurückhaltende Perserteppich fügt sich gut in die Gesamtwirkung des Stilzimmers ein. Dieser Orientteppich beweist, daß Bodenteppiche aus Persien, der Türkei und dem Kaukasus, soweit sie richtig ausgewählt werden, eine behagliche Bereicherung für eine Einrichtung sind. Dies hat auch maßgeblich zum Siegeslauf des »echten« Teppichs in Europa beigetragen. Dieser Tatsache und seiner Qualität verdankt der Orientteppich das eigentlich sinnlose Attribut »echt«, denn logischerweise ist jeder Bodenteppich ein echter Teppich.

Das Mobiliar selbst ist nicht, wie dies zur Biedermeierzeit bereits Mode war, eine einheitliche Einrichtung, sondern die aus der Zeit zwischen 1810 und 1830 stammenden Möbel verschmelzen durch ihren einheitlichen Zeitstil zu einem harmonischen Ganzen. Daher fällt dem Betrachter auf den ersten Blick überhaupt nicht auf, daß es sich um ein »zusammengewürfeltes« Zimmer handelt. Würde es sich um eine einheitliche Einrichtung handeln, so wäre beispielsweise die Fußform von Tisch und Stühlen gleichartig. Die Abbildung zeigt deutlich ein Paar Stühle mit Vierkant-Spitzfüßen, während der als Toilettentisch verwandte kleine rechteckige Tisch vor dem Fenster nach unten verjüngte Rundbeine hat. Die Einrichtung besteht aus

- *Bett mit rechteckigen brettartigen Stollenfüßen; oben sind Kopf- und Fußteil nach außen ausladend geschweift. Die elegante Linienführung wird durch aufgesetzte halbrunde Leisten entlang den Seitenkanten betont.*
- *Nachttisch. Säulenform auf quadratischer Standplatte. Durch Lisenen und umlaufende Kante gegliederte walzenförmige Wandung.*
- *Tisch auf verjüngten Rundbeinen, Zarge mit Schublade, glatte rechteckige Tischplatte.*
- *Paar Stühle mit vierkantigen Spitzbeinen, die hinteren nach rückwärts ausgestellt. Rückenlehne mit ovaler Mittelzunge, flankiert von entsprechend gebogten Vierkantstäben. Nach hinten gebogter oberer Lehnenabschluß. Sitz gepolstert.*

quemere Sesseltypen. Farbige Bezüge (Beauvais) spielten eine immer größere Rolle neben dem Schnitzwerk des Rahmens. Im Rokoko löste man das Pfostenwerk in ein ornamental geschwungenes Gestell auf. Vorbildliches an praktischen Sitzmöbeln leistete im 18. Jh. England, das durch die Stichwerke seiner Möbelkünstler Chippendale, Hepplewhite, Adam und Sheraton starken Einfluß auf den Kontinent ausübte. Im letzten Drittel des 18. Jhs. setzten sich auch auf dem Kontinent klare, geschlossene Formen durch. Um 1800 griff man auf antike Sitzmöbel zurück, während das Biedermeier wieder bequeme Stuhlformen entwikkelte, wozu auch der Schaukelstuhl gehörte. *Stuhl:* 50, 65, 67, 123, 125, 165, 182, 183, 203, 272, 327, 411–429. *Sessel:* 55, 56, 64, 66, 68, 104, 139, 181, 182, 430–444. *Armstuhl:* 9–12, 126, 139, 167, 432, 433, 437, 439, 443, 444.

Süddeutsche Möbel* *458–465*, 6, 7, 12, 13, 15, 32, 34, 35, 39, 40, 47, 53, 54, 62, 64, 65, 68, 71, 75–82, 85, 96, 100, 101, 112, 113, 116, 117, 119, 137–143, 157–159, 184, 195, 196, 209–213, 222, 230, 235, 237, 240, 244–246, 253, 257, 263, 265–270, 273, 277–289, 292, 301, 302, 314, 316, 317, 323, 331, 334, 340, 345, 348, 350, 353, 355–360, 362, 367–370, 372, 380, 382, 383, 386, 391, 392, 396, 399, 400, 410, 416, 418, 421, 434, 435, 444, 445, 449, 451, 456, 458–466, 472, 474, 475, 480, 483, 484, 490, 493, 494, 505, 508, 510, 512, 514, 518–522, 525

Tabernakel Ursprünglich Kasten für Hostie und Kelch auf dem Altar. Bei der Möbelkunst versteht man darunter ein von Schubladen umgebenes Schrankfach in einem Möbelaufsatz (siehe *Schreibmöbel, Tabernakelmöbel*). *466–469*, 24, 29, 31, 34, 46, 47, 78–81, 306–308, 336, 337, 382

Tabernakelmöbel* *29*, 466–469

Table à la Bourgogne siehe *Satztisch*. 339

Table à ouvrage siehe *Nähtisch*.

Table de nuit siehe *Nachttisch*.

Table en chiffonnière Zierliches, leichtes Tischchen mit einer oder mehreren Schubladen und mit Zwischenfach (Zwischenfächern). Seit der Mitte des 18. Jhs. dienten solche Tischchen als Arbeits- und Nähtische und erhielten im Louis XVI häufig einen Gitterrand, um das Herunterfallen der Arbeitsgeräte zu verhindern. Siehe auch unter *Etagère*.

Tablier Schurzförmig herabhängende, oft durch ein Schmuckmotiv betonte Zargenmitte.

Tabouret Niedriger, gepolsterter Hocker des 18. Jhs., bei dem die vier Beine meist durch Sprossen verbunden sind.

Tannenholz siehe *Nadelholz*.

Teetisch Kleiner, runder, englischer Tisch auf einem Dreifuß. Er ist meist aus Mahagoni. Die Platte kann zuweilen hochgeklappt werden.

Tête-à-tête siehe *Causeuse*.

Thonet, Michael (1796–1871) Kunstschreiner in Boppard (Rhein), der etwa 1830 eine Methode erfand, um Holz (Buche) über Dampf zu biegen. In dieser Technik fertigte er vor allem die später weltbekannten Thonet-Stühle (Wiener-Kaffeehaus-Stühle). Auch seine Schaukelstühle waren sehr beliebt.

Tische* *470–482*, 99, 183, 204, 205, 257–259, 339, 451–454

Toilettentisch siehe *Poudreuse*.

Tricoteuse Von frz. tricoter = stricken. Dem Nähtisch entsprechendes Arbeitstischchen des 18. Jhs.

Tripod-table Englisches Ziertischchen in der Art der französischen Rokokotische mit Säulenschaft auf Dreifuß (siehe *Teetisch*).

Trisur siehe *Schreibschrank*.

Trittleiste Unten um das Tischgestell umlaufende Leiste auf welche die Füße aufgestellt werden können. Sie erhöht außerdem die Festigkeit des Tisches.

Trommelkommode Kommode in Form einer großen Sturmtrommel. Ähnlich der Säulenkommode. 254

Truhe* *483–493*, 37, 171, 197, 224, 287, 327, 457

Truhenbank siehe *Bank* und *Cassapanca*.

Trumeau* *494*

Tür* *495–497*

Überbauschrank* (Aufbauschrank) Ein aus dem Stollenschrank entwickeltes Möbel, bei welchem ein zurückgesetzter, schmälerer Aufbau auf einem breiteren Unterteil ruht. Der Aufsatz hat ein vorkragendes Gesims, das vorne von Pfeilern oder Stützen getragen wird. Siehe auch *Schrank*. *498*, 15

Uhrengehäuse* *499–500*, 75, 124

Ulmer Schrank siehe *Fassadenschrank*.

Vaissellier frz. = *Geschirrschrank* (siehe dort).

Veilleuse (frz. = Wächterin) Canapé des Rokoko mit asymmetrischer Lehne, die auf einer Seite höher ist. Ihr entspricht im Klassizismus das *Récamier* (siehe dort).

Verbindungen Die Schreinerkunst hat im Lauf ihrer Geschichte zahlreiche Verbindungsmöglichkeiten zwischen einzelnen Holzstücken entwickelt. Neben dem Nageln und Verleimen ist das Dübeln erwähnenswert. Hierbei werden in die zu verbindenden Hölzer an Stellen, die aufeinander zu liegen kommen, gleichgroße Löcher gebohrt. Die Verbindung schaffen dann sattsitzende, in die Löcher eingeschlagene Rundstäbe. Weitere Verbindungsart ist das Graten, wobei die zu verbindenden Hölzer, eines negativ, das andere positiv, so schräg angeschnitten werden, daß sie exakt ineinandergeschoben werden können. Bei der Schwalbenschwanzverbindung werden die beiden Hölzer derart miteinander verbunden, daß an ihren Berührungslinien nach außen abgeschrägte Hohlräume ausgestochen und mit entsprechend eingepaßten Holzstücken (nach ihrer Form »Schwalbenschwänze« genannt) ausgefüllt werden. Bretter werden durch *Nut* (siehe dort) und Feder miteinander verbunden. Überpfälzen, Schlitz und Zapfen, Zinken, halbverdeckte Zinken, Verkeilen sind weitere Verbindungstechniken.

Vernis Martin siehe *Lackarbeiten.*
Vertäfelung* *501*
Vierkant-Spitzfuß siehe *Fußformen.*
Vitrine*, (Vitrinenaufsatz) *502–513*, 1, 17, 18, 22–24, 32, 49, 71, 72, 74, 82, 108–110, 128, 133, 160, 179, 183, 283, 310, 311, 330, 340, 372, 373, 385, 521, 525
Volute (Schnecke) Spiralförmig eingerolltes Ornament, das in der Renaissance und im Barock auch in der Möbelkunst und im Kunstgewerbe als Schmuckmotiv diente. 19
Vorholrahmen (Flammleisten-Rahmen) siehe *Flammleiste.*
Vorkragen (auskragen) Gleichbedeutend wie herausragen.
Voyeuse Stuhl der 2. Hälfte des 18. Jhs., auf dem man rittlings saß, wobei man auf der hohen Lehne die verschränkten Arme auflegen konnte. So konnte man bequem Karten- und anderen Spielen zusehen.

Wandverkleidung siehe *Vertäfelung.*
Wange Senkrechtes Stützbrett, das vor allem bei Tischen die Funktion der Beine übernahm (siehe *Wangentisch*). 341
Wangentisch Seit etwa 1550 gebräuchlicher Typ, bei dem die Beine durch zwei seitliche Stützbretter, häufig mit ornamental ausgesägter Silhouette und Schnitzzierat ersetzt wurden. 470, 471
Waschschrank Vor allem in Süddeutschland gebräuchlicher schlanker Schrank, der in einer Nische ein Wasserkränchen und darunter eine Abstellfläche für eine Waschschüssel hatte. Diese Einrichtung kommt auch in Verbindung mit dem Überbauschrank vor. 102
Wellenschrank* siehe *Frankfurter Schrank. 514*
Westdeutsche Möbel Vor allem rheinische Erzeugnisse, aber auch hessische und pfälzische Möbel muß man in diese regionale Einteilung einbeziehen. 1, 2, 17, 19, 27, 46, 50, 86–88, 106, 107, 215, 228, 233, 241, 243, 248, 294, 320, 322, 328, 349, 350, 361, 387, 390, 395, 402, 476, 499, 501, 502
Wiege* Im Mittelalter dominierte die Hängewiege, die an der Decke aufgehängt war. Im 14. Jh. scheint die Kufenwiege aufgekommen zu sein. Im Klassizismus kam die Ständerwiege auf, bei der der Kasten zwischen zwei feststehenden senkrechten Pfosten schwingend hängt. *515–517*
Windsor-Stuhl Ende des 17. Jhs. in England entwickelter Stuhl mit sattelförmigem Sitz, halbrunder Rückenlehne, wobei vorwiegend Rundstäbe als Lehnenfüllung dienen.
Winkelmaß Dient zum Anreißen und Prüfen rechter Winkel.
Würfelmarketerie* *518–521*
Würzburger Möbel siehe *Mainfränkische Möbel.*
Wurzelmaser (Wurzelfurnier) Wird aus dem dunkleren Kernholz des quergesägten Stammes gewonnen. Es ist meist von besonders schöner, lebhafter Zeichnung.

X-Füllung Spätgotisches Schmuckmotiv rheinischer, flandrischer und norddeutscher Eichenmöbel. Es besteht aus sich X-förmig kreuzenden oder berührenden Hohlkehlen und Rundstäben auf ranken- oder ornamentengeschmücktem Grund.

Zahnschnittleiste Eine Reihung von kleinen, durch schmale Zwischenräume (Zahnlücken) getrennten, würfelförmigen Klötzchen (Zähne). Als Zierleiste in der antiken Architektur und in der späteren Möbelkunst angewandt. 268, 270
Zarge Horizontales Verbindungsstück zweier Pfosten, meist schmale Hängekante bei Möbeln, z. B. unter Tischplatten, am unteren Ende von Schränken und Kommoden oder als Tragleiste unter den Sitzflächen von Stühlen und Canapés.
Ziehbank Sie wurde etwa 1565 in Nürnberg erfunden und ermöglichte die Herstellung von Profilleisten, wobei sich die Leiste und nicht, wie beim Profilhobel, das Schneidemesser bewegte.
Zopfstil siehe *Louis-XVI-Stil.* 311
Zunge (Mittelzunge) Im Rahmen der Stuhllehne verbreitertes Mittelholz, oft ornamental geschweift.
Zweites Rokoko (Louis-Philippe-Stil) Stilwiederholung um die Mitte des 19. Jhs. (siehe *Historismus*).
Zwickel Keilförmiges Verbindungsstück zwischen dem Rahmenwerk.
Zwingen (Schraubzwingen) Durch Schraubgewinde verstellbare Klammern zum Festhalten von verleimten Teilen bis der Leim abgebunden hat.
Zylinderbureau* (Rollbüro) Schreibtisch, der durch eine Jalousie in Halb- oder Viertelzylinderform verschlossen wird. Der Typ bildete sich in Deutschland und Österreich um 1750 an flachen Schreibtischen (burau plat) aus, bei denen ein halbzylindrischer Jalousieverschluß die ganze Fläche verdeckt. Beim Öffnen rollt sich die Jalousie zwischen Rückwand und Schubkästen ein. Der erste Sekretär mit Aufsatz und Rollverschluß war das berühmte Bureau du Roi für Ludwig XV., das Oeben begann und das nach seinem Tod (1763) Riesener (1769) vollendete. Beim Zurückschieben des Zylinders rückt die Schreibtischplatte vor. Diese Konstruktion, soll von Graf Kaunitz angeregt worden sein; man nennt den Typ daher Bureau à la Kaunitz oder kurz Kaunitz. Auch im Zeitalter des Empire blieb das Zylinderbureau beliebt und basiert auf dieser Konstruktion. *522–525*, 97, 106, 107, 386, 402–405

Literaturverzeichnis

Appuhn, H., *Möbel aus fünf Jahrhunderten.* Museum für Kunst und Kulturgeschichte der Stadt Dortmund. Dortmund 1968.

Arens, F., *Meisterrisse und Möbel der Mainzer Schreiner.* Beiträge zur Geschichte der Stadt Mainz, Bd. 14. Mainz 1955.

Arps-Aubert, R. von, *Sächsische Barockmöbel 1700–1770.* Forschungen zur Deutschen Kunstgeschichte, Bd. 33. Berlin 1939.

Banke, S., *Die Frankfurter Schränke.* Diss. phil. Marburg 1953.

Bode, W., *Die italienischen Hausmöbel der Renaissance.* Leipzig 1902.

Bredt, F. W., Reiche, R., *Mobiliar Bergischer Bürgerhäuser 1700–1830,* Düsseldorf 1909.

Chippendale, T., *Der Chippendale-Stil,* Neuausgabe: The Gentleman and Cabinet-Maker's Director. London 1762. Bonn 1955.

Döry, L. Baron. *Die Sammlungsschränke des Braunschweiger Schlosses,* in: Niederdeutsche Beiträge zur Kunstgeschichte, Bd. III 1964, S. 355–374.

Ellwood, E. M., *Möbel und Raumkunst in England 1680–1800.* 3. Auflage Stuttgart 1913.

Falke, Jacob von, *Mittelalterliches Holzmobiliar.* Wien 1894.

Falke, O. von, *Deutsche Möbel des Mittelalters und der Renaissance.* Stuttgart 1924.

Feduchi, L., *Spanische Möbel.* Düsseldorf-Lausanne 1969.

Feulner, A., *Kunstgeschichte des Möbels seit dem Altertum.* 2. Auflage Berlin 1927.

Goldkuhle, F., *Möbel des 16. und 18. Jahrhunderts im Rheinischen Landesmuseum,* in: Bonner Jahrbuch 164, 1964, S. 449ff.

Gerber, J. M., *David Roentgen, Der königliche Kabinettmacher aus Neuwied.* Neuwied 1948.

Gerber, J. M., *Meisterintarsien von David Roentgen aus dem Kurfürstlichen Schloßinventar in Trier,* in: Trierisches Jb. 1951.

Halbgewachs, F., *Der südwestdeutsche Schrank des 16. und 17. Jahrhunderts.* Karlsruhe 1936.

Hellwag, H., *Die Geschichte des deutschen Tischlerhandwerks,* Berlin 1924.

Hepplewhite, G., *The Cabinet Maker's and Upholsterer's Guide,* 3. Ausg. London 1794.

Heßling, Egon, *Empire-Möbel,* Berlin 1910.

Heßling, Egon u. Waldemar, *Möbel im Directoirestil.* Paris 1914.

Himmelheber, G., *Biedermeier Furniture.* London 1974.

Hoffmann, H., *Sitzmöbel aus sechs Jahrhunderten.* Stuttgart 1938.

Huth, H., *Möbel von David Roentgen.* Wohnkunst und Hausrat, Bd. 22. Darmstadt 1955.

Huth, H., *Friderizianische Möbel.* Wohnkunst und Hausrat. Bd. 32. Darmstadt 1958.

Jarry, M., *Stilmöbel. Stühle – Sessel – Kanapees von Ludwig XIII. bis Napoleon III.* Düsseldorf-Lausanne o. J.

Klatt, E., *Die Konstruktion alter Möbel.* 2. Aufl. Stuttgart 1973.

Kreisel, H., *Fränkische Rokokomöbel.* Wohnkunst und Hausrat. Bd. 26. Darmstadt 1956.

Kreisel, H., *Möbel von Abraham Roentgen.* Wohnkunst und Hausrat. Bd. 5. Darmstadt o. J.

Kreisel, H., *Die Kunst des deutschen Möbels.* Bd. I: Von den Anfängen bis zum Hochbarock. München 1968.

Kreisel, H., *Die Kunst des deutschen Möbels.* Bd. II: Spätbarock und Rokoko. München 1970.

Kreisel, H. und Himmelheber, G., *Die Kunst des deutschen Möbels.* Bd. III: Klassizismus, Historismus, Jugendstil. München 1973.

Luthmer, F., *Deutsche Möbel der Vergangenheiten.* 2. Aufl. Monographien des Kunstgewerbes VII. Leipzig 1913.

Luthmer, F. und Schmidt, R., *Empire- und Biedermeiermöbel aus Schlössern und Bürgerhäusern.* Frankfurt 1923.

Luthmer, F., *Bürgerliche Möbel aus dem ersten Drittel des 19. Jahrhunderts.* Frankfurt 1904.

Maier-Obrist, *Historische Möbelstile III: Rokoko, Louis XVI und Empire* in: Möbel-Kultur. Fachzeitschrift für die Möbelwirtschaft, 9/1970 S. 1616–1621.

Meister, P. W. und Jedding, H., *Das schöne Möbel im Lauf der Jahrhunderte.* Heidelberg 1958.

Meyer, A. und Graul, R., *Tafeln zur Geschichte der Möbelformen.* Leipzig 1902–11.

Molesworth, H. D., John K.-B., *Meisterwerke der Möbelkunst aus drei Jahrhunderten.* München 1972.

Müller-Christensen, S., *Alte Möbel vom Mittelalter bis zum Jugendstil.* 7. Aufl. München 1968.

Nickerson, D., *Englische Möbel des 18. Jahrhunderts.* Frankfurt 1963.

Schmidt, R., *Möbel.* Ein Handbuch für Sammler und Liebhaber (10. erw. Auflage). Braunschweig 1974.

Schmitz, H., *Deutsche Möbel des Barock und Rokoko.* Stuttgart 1923.

Schmitz, H., *Deutsche Möbel des Klassizismus.* Stuttgart 1923.

Schmitz, H., *Das Möbelwerk,* Berlin 1942 (Tübingen 1963).

Schwarze, Wolfgang, *Antike deutsche Möbel.* Wuppertal 1975.

Katalog-Bildteil

Zum Katalog und den Preisangaben

Bevor man daran geht, eine Zusammenstellung von Möbeln in Form eines Preiskataloges anzulegen, muß man sich Gedanken über die Ordnung und Reihenfolge machen. Zunächst bietet es sich an, Schränke zu den Schränken und Kommoden unter die Kommoden einzuordnen. Dabei muß man dann aber in Kauf nehmen, daß diese einzelnen Rubriken stilistisch sehr uneinheitlich sind. Um den Informationswert des Kataloges zu erhöhen, habe ich daher die vorliegende Form eines bebilderten Stichwort-Lexikons von A bis Z gewählt. Der Leser wird bei dieser Lösung beim Durchblättern mit den wichtigsten Begriffen vertraut gemacht und findet außerdem sinnvolle Bildzusammenstellungen über einzelne Epochen, Möbel-Landschaften und Möbeltypen. Auch der erfahrene Sammler findet sich sicherlich bei dieser Anordnung leicht zurecht.
Aus technischen Gründen war es notwendig, *zwei* lexikalische Teile zu bilden: das *Stichwort-Lexikon* und den ebenfalls alphabetisch angelegten *Katalog-Bildteil.* Zunächst einmal sind die für die Sammler von Möbeln wichtigen Begriffe im Stichwort-Lexikon aufgeführt und mit Hinweisen auf die Abbildungen im Katalog-Bildteil versehen. Sie sind hier außerdem dann ausführlicher erläutert, wenn sie *nicht* als eigenes Stichwort im Hauptteil des Bandes, dem Katalog-Bildteil, erscheinen. Im Katalog-Bildteil behandelte Stichworte sind hier mit einem * gekennzeichnet. Da sich für viele Begriffe Beispiele auch auf Abbildungen finden, die bei anderen Stichworten stehen, wird auch auf diese hingewiesen. So findet man unter dem Stichwort »Schrank« nicht nur die Nummernangabe der unmittelbar bei diesem Begriff stehenden Illustrationen, sondern auch Nummern von Schränken, die unter anderen Stichworten abgebildet sind. Ebenso findet man bei »Faltwerk« Hinweise auf verschiedene Abbildungen, die diesen Begriff veranschaulichen. Damit dürfte der größtmögliche Wert für den Leser für Benutzung und Auswertung gegeben sein.
Zu den angegebenen Preisen ist zu bemerken, daß es individuelle Angaben sind, und das aus zweifacher Sicht: Einmal trifft der Wert tatsächlich nur für das betreffende Stück zu, was man im Vergleich mit »ähnlichen« Möbeln unbedingt beachten muß. Zum zweiten sind die angegebenen Preise Werte, die auf Auktionen erzielt, von Kollegen genannt, von Schätzern festgesetzt oder von Liebhabern bezahlt worden sind.
Während also einerseits der individuelle Zustand, die Qualität und der Stil eines antiken Möbels, zusammen mit eventuellen Ergänzungen, mehr oder weniger

starken Restaurierungen, vor allem auch die Dimension, von sich aus eine geringere oder höhere Bewertung zulassen, kommt andererseits noch die subjektive Beurteilung durch den jeweiligen Betrachter hinzu. Wie bereits in dem Abschnitt »Wieviel sind antike Möbel wert« ausgeführt, ist ein begeisterter Liebhaber gelegentlich bereit für »sein« Möbel einen Preis zu bezahlen, der später nie mehr erreicht wird. Andererseits kann ein durchaus schönes Stück einmal auf einer Versteigerung zu einem günstigen Preis verkauft werden, da kein zweiter Interessent durch Gegenbieten den Zuschlag erhöht.
Daher schien es auch geboten, bei den abgebildeten Möbeln zwei Preise anzugeben, um die Schwankungsbreite augenfällig zu machen. Der niedere Preis soll eine Art unteres Limit, der höhere Preis den Kaufwert für einen Liebhaber darstellen. Diese angegebenen Preise sind Erfahrungswerte, die auf Marktbeobachtungen und einer umfangreichen Sammlung von Auktionserlösen basieren.
Abschließend muß nochmals wiederholt werden, daß das Preisgefüge in stetiger Bewegung ist. Es gibt bei einzelnen Möbeltypen und Stilen gelegentlich Preiseinbrüche – insgesamt aber zeichnet sich eine ständig steigende Tendenz ab. Man kann pro Jahr mit 10–20 % Steigerung rechnen, wobei es auch zahlreiche Beispiele gibt, bei denen sich in zwei bis drei Jahren der Wert von antiken Möbeln verdoppelt hat.

Die Abbildungen verdanken wir:

Galerie Almas, Wittelsbacher Platz 6, 8000 München 2
Auktionshaus Karl-Heinz Arnold, Bleichstraße 42, 6000 Frankfurt/Main
Badisches Landesmuseum, Schloß, 7500 Karlsruhe
Georg Britsch, Drümmelbergstraße 9, 7953 Bad Schussenried
Christie's, Manson & Wood Ltd., 8 King Street, St. James', London
H. G. Klein, St.-Apern-Straße 2, 5000 Köln
Galerie Koller, Rämistraße 8, Zürich
Antonio Krings, Richmondstraße 27, 5000 Köln
Kunsthaus M. Lempertz, Neumarkt 3, 5000 Köln
M. Peretz, Dudweiler Straße 3, 6600 Saarbrücken
Auktionshaus Hugo Ruef, Gabelsbergerstraße 28, 8000 München 2
Siegfried G. Scheike, Schloß, 7519 Gemmingen
Dr. Wolfgang Schwarze, Heckinghauser Straße 65, 5600 Wuppertal-Barmen

Sofern im Katalog die Herkunft nicht angegeben ist, handelt es sich um Abbildungen aus dem Kunst- und Auktionshaus Dr. Fritz Nagel, Stuttgart, Hasenbergstraße 31

Alle Preise sind in DM angegeben.

1

2

Aachener Möbel

In Natureiche gearbeitete Möbel, wie Schränke, Aufsatzvitrinen und Sekretäre, aber auch Sitzmöbel und vor allem Anrichten. Kennzeichnend sind die feinen, reichen Reliefschnitzereien, wie sie auch bei den Lütticher Möbeln vorkommen. Im Unterschied dazu herrschen beim Aachener Möbel deutsche Sonderformen wie der Schreibschrank vor, auch sind die Schnitzereien etwas einfacher.

1 Aufsatzvitrine. Zweitüriges Unterteil, dreiseitig verglaster, zweitüriger Vitrinenaufsatz. Das geschwungene Profilgesims ist von einer Rocaillenkartusche bekrönt. Eiche. Aachen, um 1750. H 260, B 200, T 53 **10000,–/12000,–**

2 Aufsatzsekretär. Geschwungener Zargensockel mit Spiegelmonogramm-Kartusche auf kleinen geschweiften Füßen. Dreischübiges Kommodenteil, Schreibklappe, darüber zweitüriger Aufsatz. Geschwungener, gesprengter Giebel. Reiche Rocaillenschnitzerei. Eiche. Aachen, um 1740. H 320, B 121, T 62 **18000,–/22000,–**

2: Ruef, München (Himpsl)

Adlerpult

Lesepult in Form eines Adlers mit ausgebreiteten Flügeln (Symbol des Evangelisten Johannes), zum Vorlesen des Evangeliums beim Gottesdienst. Besonders in den Niederlanden im 14. und 15. Jh. beliebt.

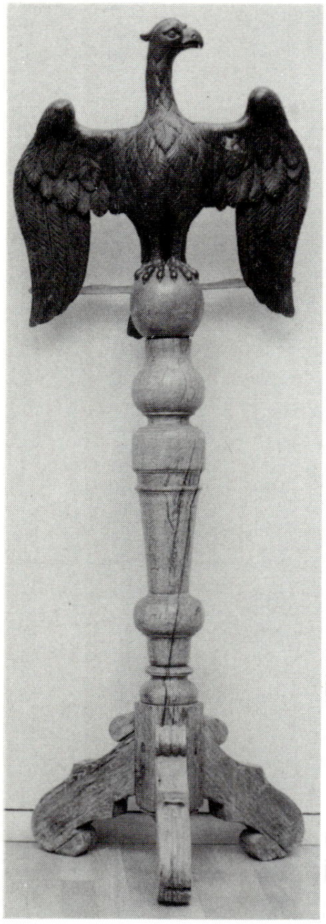

3

4

5

3 Adlerpult. Eiche teils gefaßt. Niederlande, um 1600. H 194, B 71
3000,–/3800,–

4 Anrichte auf kannelierten Vierkant-Spitzfüßen. Zwei Türen mit Profilrahmung und Reliefschnitzereien: Blumenkörbe an Schleifenbändern. Darüber zwei Schubladen. Eiche. Rheinisch, um 1780. H 126, B 156, T 53 **2500,–/3500,–**

5 Anrichte. Zweitüriges Mittelteil. Vorspringende, höhere Seitenteile, jeweils eintürig, darüber Schubladen, Türfüllungen mit Spitzbogenornamenten. Mahagoni, Norddeutsch, Anfang 19. Jh. H 114, B 234, T 63 **1500,–/3000,–**

Anrichte

Auch Kredenz oder später Buffet genannt. Ein Halbschrank, der zum Anrichten der Speisen diente. Der Ausdruck Kredenz kommt vom italienischen »credenzone«, und man versteht darunter einen halbhohen Schrank zum Aufbewahren des Tischgerätes, der »credenza«. Die Kredenz war eines der beliebtesten Möbel der italienischen Renaissance. Sie hatte zunächst eine oder zwei Türen, meist mit geschnitztem Architekturdekor; in der 2. Hälfte des 16. Jhs. wurden Schubladen unter der Platte hinzugefügt. Um 1600 entwickelte sich daraus die Schubladenkredenz (cassetone), eine Vorform der Kommode. In Deutschland und Frankreich seit dem frühen 17. Jh. im Gebrauch, lebte die Anrichte in der Régence-Zeit nochmals auf, um dann der in Mode gekommenen Kommode zu weichen. Als Bestandteil des Speisezimmers zu Ende des 19. und Anfang des 20. Jhs. erlebte die Anrichte als Buffet nochmals eine Blütezeit.

Anschlagleiste

Um den Schließfalz zu überdecken, wird auf eine Schranktür eine überstehende, meist profilierte, geschnitzte oder intarsierte Leiste aufgeleimt. Dieser Anschlag verhindert, daß die Tür nach innen gedrückt werden kann.

Siehe Abb. 6 und 7

6

7

6 Barockschrank. Gedrückte Kugelfüße, Profilsockel, abgeschrägte Ecken, zwei Türen, die rechte mit schmaler profilierter Anschlagleiste. Ausladendes profiliertes Gesims. Nußbaum mit passigen, von Bandelintarsien umrahmten Wurzelfüllungen. Süddeutsch, 18. Jh. H 210, B 190, T 60 **6000,–/10000,–**

7 Barockschrank, ähnlich wie oben. Die Anschlagleiste mit unterteilten Linienintarsien. Süddeutsch, 18. Jh. H 215, B 190, T 75 **5800,–/7000,–**

Apothekenschrank

Im Auftrag für Apotheker geschaffene Schränke, mit zahlreichen kleinen Schubladen, die beschriftet zum Aufbewahren von Medikamenten dienten. Neben dem Einzelschrank (siehe untenstehende Abbildung) gab es bereits seit dem Mittelalter vollausgebaute Apothekeneinrichtungen.

Armstuhl

Aus dem einfachen Stuhl entwickeltes Sitzmöbel mit seitlichen Stützen für die Arme. Bereits in der Antike bekannt, war der Armstuhl als Kirchen- oder Thronstuhl auch in karolingischer Zeit im Gebrauch. Im 18. Jh. wurde die Armlehne oft mit einem kleinen Wulst gepolstert. Während bei sehr frühen Armstühlen die Rückenlehne zunächst nur aus die Rückpfosten verbindenden Querhölzern bestanden, zeigen bereits frühe italienische Renaissancestühle schmale Holzbretter. Durch die flächige Brettlehne erinnern die zwei entsprechenden Stühle an die alten Kastensitze. In seiner eleganten, zierlichen Form wird der Armstuhl auch »Sessel« genannt (siehe *Sitzmöbel*).

8 Apothekenschrank. Zweitüriger Sokkelteil, zurückgesetzter von zwei gegliederten Säulen flankierter Kastenaufsatz, 60 Schübe mit Beschriftungsfeldern. Mahagoni. Um 1820. H 222, B 12, T 48
3000,–/5000,–

9 Drei Armstühle. Traditionelle Form in leicht abgewandelter Ausführung. Herne, 18./19. Jh. **je 400,–/800,–**

10

11

10 Stuhl. Pfostenbeine durch ausgeschnittene Stege verbunden, kastenförmige Armlehnen mit balusterartig ausgeschnittenen Stegen, gerade Rückenlehne mit ebensolchen Stegen in zwei Etagen, Giebelabschluß von Pfosten mit Kerbschnitzerei flankiert. Reste von Bemalung. Nadelholz. Norwegen 18. Jh.
1000,–/1500,–

11 Armstuhl. Balusterbeine durch Rundstäbe verbunden. Trapezförmiger Sitz. Armlehne mit sechs enggestellten Balusterstützen. Rückenlehne aus Balusterstäben im Rechteck zusammengebaut. Esche. Skandinavien, 18. Jh. H 103
1000,–/1500,–

12 Armstuhl (siehe Fauteuil, Sessel). Typischer Barocksessel. Profiliert geschweiftes Gestell mit Reliefschnitzereien. Sitz und Rücken gepolstert, mit Pointbezug. Typisch für das 18. Jh. die Armpolster. Süddeutschland, um 1730. H 100 **3500,–/4200,–**

10–11: Lempertz, Köln
12: Ruef, München (Himpsl)

12

Aufsatzmöbel

Als frühestes Aufsatzmöbel muß der zweigeschossige, viertürige Schrank angesehen werden. Dieses Möbelstück sieht auf den ersten Blick wie zwei aufeinandergestellte Truhen – allerdings mit Fronttüren anstelle der Truhendeckel – aus. Außerdem hatten die frühen Stücke aus dem 15. und 16. Jh. seitlich noch eiserne Traggriffe. Zu den traditionellen Aufsatzmöbeln zählt auch das Aufsatzbüffet, das sich als Geschirrschrank sowohl in Norddeutschland als auch in Süddeutschland und der Schweiz lange großer Beliebtheit erfreute. Streng genommen zählen hierzu auch die Aufbau- oder Überbauschränke. Aus diesen Grundtypen entwickelten sich im 18. Jh. eine Vielzahl von Aufsatzmöbeln. Folgende Formen sind erwähnenswert:

- *Aufsatzschrank,* sog. Doppel- oder zweigeschossiger Schrank.
In Süddeutschland steht das zweitürige Unterteil meist auf einem Sockelgestell. Im Norden ist es häufig ein auf Kugelfüßen stehender Profilsockel. Durch ein Profilgesims getrennt, erhebt sich darüber der ebenfalls zweitürige Aufsatz.
- *Aufsatzbuffet.* Wohl auf Formen wie das französische Dressoir und den Überbauschrank zurückgehend, haben sich in Süddeutschland und der Schweiz Aufsatzbuffets entwikkelt, bei denen auf einem reich gegliederten, zweitürigen Halbschrank ein zurückgesetzter, regalartiger Aufsatz steht, dessen Kopf baldachinartig vorspringt und vorn von Säulen gestützt wird. Die Regaleinteilung ist sehr vielgestaltig, oft mit einem einbezogenen kleinen eintürigen Kästchen. Besonders in der Schweiz war die Kombination mit den hohen Waschschränken sehr beliebt.

13 Aufsatzschrank (Doppelschrank). Gedrückte Kugelfüße. Gegliederte Pilaster mit Karyatiden und Löwenkopfmaskarons in der Schrankmitte und an den Frontseiten. Dazwischen, unten zwei große, oben zwei kleine Türen. Reiche Kassettenfüllungen mit Schildpatt furniert. Ober- und Unterteil durch Horizontal-Gesims getrennt. Ausladender Kopf mit aufgesetzten Engelsköpfen. Eiche. Niederrhein, 17. Jh. H 156, B 166, T 67
5800,–/8000,–

14 Aufsatzschrank (Doppelschrank). Unten zwei verschieden große Türen und ebensolcher Aufsatz. Architektur-Intarsien und stilisierte Blumenvasen. Weichholz mit Eiche und anderen Hölzern. Südd. um 1700. H 230, B 200, T 64 **7000,–/10000,–**

15 Aufsatzschrank (Doppelschrank) Unterteil durch drei Pilaster gegliedert, dazwischen zwei Türen mit Aedikulen. Darüber, durch ein Gesims horizontal abgesetzt, ein entsprechender niedriger Aufsatz. Im ausladenden Profilgesims datiert 1606. Eiche mit reichen Intarsien. Wohl Ulm, um 1606. H 172, B 125, T 66
12000,–/14000,–

13

14

15

16 Aufsatzbuffet in sowohl für diesen Möbeltyp, als auch für die Schreinerkunst der freien Reichsstadt typischer Ausführung. Die architektonische Ausgestaltung von Unterteil und Aufsatz mit Säulen und Aedikulen erfolgte unter Verwendung verschiedener Holzarten. Ulm, 17. Jh.
H 230, B 130, T 60 **5500,–/8000,–**

17 Vitrinen-Aufsatzschrank. Zweitüriges Unterteil auf gedrückten Kugelfüßen mit flachen Besteckschüben. Zweitüriger Aufsatz mit abgeschrägten, ornamental verglasten Ecken. Die Quersprossen der verglasten Türen sind entsprechend dem gebogten Giebel geschwungen. Eiche. Bergisches Land, Ende 18. Jh.
H 220, B 150, T 60 **7000,–/9000,–**

18 Vitrinen-Aufsatzschrank. Als Bibliothek erfreute er sich bis hin zum Biedermeier – vor allem in England und den Niederlanden – durch seine klare und zweckmäßige Form großer Beliebtheit. Zweitüriges Unterteil auf abgetrepptem Sockel. Durch feine, aufgelegte Zierleisten vorgetäuschte Füllungen. Zweitüriger, verglaster Aufsatz. Die Sprossenunterteilung in Form von Spitzbogen. Dahinter muß man sich ursprünglich Reihen schön gebundener Bücherrücken vorstellen, wodurch die schlichte Eleganz des Möbels noch besser zur Geltung kommt. Mahagoni. England, Anfang 19. Jh.
H 240, B 140, T 50 **2500,–/4000,–**

19 Aufsatzschrank auf Volutenfüßen und gebogter Zarge. Zwei Türen mit volutenartig reliefierten Füllungen. Leicht zurückgesetzter, entsprechender, zweitüriger Aufsatz. Ansteigendes Profilgesims von Akanthusvoluten bekrönt. Weichholz, Messingbeschläge. Lothringen, 2. Hälfte 18. Jh. H 235, B 137, T 51 **4000,–/4500,–**

16

17

18

19

13, 15: Ruef, München (Himpsl)
19: Peretz, Saarbrücken

20

21

Im 18. Jh. versuchte man die an sich schwerfällig wirkenden Aufsatzschränke dadurch aufzulockern, daß man die Aufsätze auf halbhohe Füße stellte (Nr. 20).

20 Aufsatzschrank. Auf dem zweitürigen Unterteil steht – auf reich geschnitzten, gegliederten Füßen – der zweitürige Aufsatz mit geschwungenem Kopf. Das reich mit typischen Louis-XVI-Ornamenten geschnitzte Aufsatzmöbel ist in Eiche gearbeitet und auch in seiner Gestaltung charakteristisch für das ausgehende 18. Jh. Deutsch. H 202, B 105, T 59 **4500,–/6500,–**

21 Sakristei-Aufsatzschrank. Zweitüriges Unterteil mit abgeschrägten, lisenenartig gestalteten Ecken. Tabernakel-Aufsatz mit zwei Türen, flankiert von je einer Reihe übereinanderliegender Schübe. Gesprengtes Profilgesims in der Mitte von portalartig ausgestalteten Rundbögen bekrönt. Eiche. Norddeutsch, 18. Jh. H 226, B 139, T 96 **2500,–/5000,–**

22

23

Entsprechend dem Vitrinen-Aufsatzschrank steht bei der Kommode ein Vitrinenaufsatz auf einem Kommodenunterteil.

22 Vitrinen-Aufsatzkommode. Reich intarsiert mit Blumen und Ranken. Kommodenunterteil mit zwei durchgehenden, darüber zwei nebeneinander liegenden Schubladen. Die Front nach vorne gebaucht geschwungen, die Seiten nach vorne abgeschrägt. Dreiseitig verglaster, zweitüriger Vitrinenaufsatz mit gebogtem Profilgesims. Nußbaum auf Eiche. Typisch holländische Form aus der 2. Hälfte des 18. Jh. H 230, B 220, T 50 **8500,–/10000,–**

23 Vitrinen-Aufsatzkommode. Für den holländischen Typ dieser Möbelform charakteristische Ausführung mit den hier beliebten Kugelklauenfüßen, gebauchte dreischübige Front, durch vorspringende Eckgestaltung gegen die glatten – hier abgeschrägten – Seiten abgesetzt. Dreiseitig verglaster, zweitüriger Aufsatz mit typisch gebogtem, abgesetztem Kopf, dessen konsolartige Absätze zum Aufstellen der beliebten Delfter Vasensätze dienten. Mahagoni-Wurzelholz. Holland. Ende 18. Jh. H 212, B 147, T 38 **7500,–/9500,–**

24 Vitrinen-Aufsatzkommode in entsprechend typischem Aufbau, wie voriges Möbelstück, jedoch in schlichterer Ausführung. Die horizontalen Absätze seitlich des gebogten Giebels dienten als Standflächen für Delfter Vasenpaare. Eiche. Holland, 18. Jh. H 235, B 116, T 40
2500,–/3800,–

25 Aufsatzkommode. Kommodenteil mit abgeschrägten Frontseiten und vier Reihen von je vier Schubladen. Zurückgesetzter, abgetreppter Aufsatz. Zwischenteil mit sechs, Aufsatz mit vier Reihen von je vier Schubladen. Von Spitzgiebel bekrönt. Deutsch, 2. Hälfte 18. Jh. H 162, B 119, T 48
2500,–/3500,–

Weiter zu erwähnen ist die Aufsatzkommode mit zweitürigem, geschlossenem Aufsatz.

26 Aufsatzkommode. Auf gequetschten Kugelfüßen dreischübiges Kommoden-Unterteil. Aufsatz mit zwei geschlossenen Türen – im Gegensatz zu den verglasten Türen des Vitrinen-Aufsatzmöbels – mit abgetrepptem, gebogtem Profilgesims. Linieneinlagen in Bastionstil, Nußbaum furniert. Norddeutsch, um 1730. H 115, B 109, T 50 **5000,–/7000,–**

27 Aufsatzkommode. Dreischübiges, leicht geschweiftes Kommodenteil mit geschwungenen Füßen, die in eleganter Linie den Ecken entlang zweifach weiterschwingen. Glatter zweitüriger Aufsatz. Die Füllungen mit Rocaillenreliefs geschnitzt. Geschwungenes, gesprengtes Profilgesims. Die konsolartige Bekrönung diente für eine Ziervase als Standplatte. Eiche. Westdeutsch, um 1750. H 224, B 123, T 65 **5000,–/6000,–**

24

25

26

27

23: Peretz, Saarbrücken

28

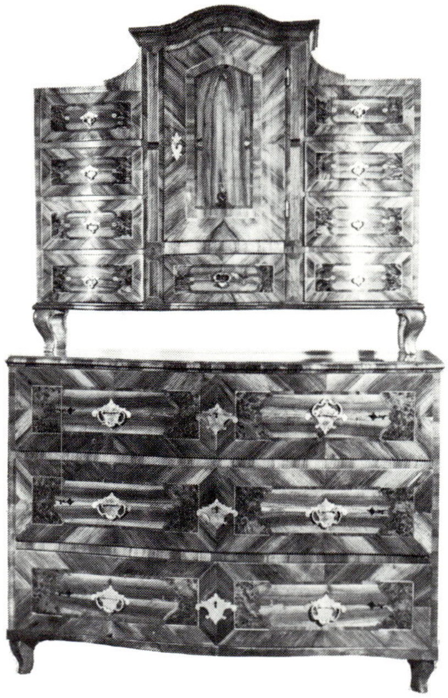

29

28 Aufsatzkommode. Dreischübiges Kommodenunterteil, zweitüriger Aufsatz mit durch Zierleisten vorgetäuschten Füllungen. Die Inneneinrichtung des Aufsatzes ist mit zahlreichen Fachzügen als Karten- oder Grafikschrank ausgestaltet. Seitlich vorgesetzte Halbsäulen mit Bronzekapitellen. Ausladender Profilkranz mit Zahnschnittleiste. Mahagonifurnier. Holland, Ende 18. Jh. H 221, B 187, T 76 **6000,–/7500,–**

Eine Sonderform ist die sog. Tabernakelaufsatzkommode, hierbei steht ein Tabernakelaufsatz – am häufigsten bei den Aufsatzsekretären zu finden – direkt auf einem Kommodenunterteil (Nr. 29).

29 Tabernakel-Aufsatzkommode. Ebenso wie beim Aufsatzschrank versuchte man auch bei der Aufsatzkommode der Silhouette eine schwungvollere Form zu verleihen, indem man den Aufsatz auf kleine Füße stellte. Leicht geschweiftes dreischübiges Kommoden-Unterteil, darüber – auf kleinen geschwungenen Füßen – Tabernakelaufsatz mit Mitteltür, umgeben von Schüben. Nußbaum furniert. Deutsch, um 1750. **5500,–/9000,–**

Aufsatzsekretär

Der Aufsatzsekretär wurde – wie die Aufsatzvitrine – mit zweitürigem Schrankunterteil oder Kommodenuntersatz geschaffen. Mit Unterteil, aufgesetztem Zwischenteil mit Schreibklappe und Aufsatz war der Aufsatzsekretär das beliebteste Möbelstück des 18. Jhs. in Deutschland. Durch seine Dreiteilung wird es als Sekretär à trois corps bezeichnet.

Wenn Kommode und Schreibklappe in einem Stück gearbeitet sind, bezeichnet man solche Aufsatzmöbel als Sekretär à deux corps.

Neben der Hauptform gibt es eine Vielzahl von variierenden Typen. Man unterscheidet zunächst zwischen dem Aufsatzschreibschrank mit zweitürigem Unterteil und der Aufsatzschreibkommode mit Kommodenunterteil. Je nach den verschiedenen Aufsatzarten spricht man von einem Vitrinen-Aufsatzsekretär, einem Tabernakel-Sekretär, einem Schreibschrank oder einer Schreibkommode mit zweitürigem, geschlossenem Aufsatz. Weitere Formen siehe unter Schreibmöbel.

30 Aufsatzsekretär. Sockelfüße, dreischübiges, geschweift gebrochenes Kommodenunterteil, darüber Schreibklappe mit Tabernakelaufsatz. Esche und Nußbaum. Norddeutschland, 18. Jh. H 207, B 106, T 65 **12000,–/15000,–**

31 Tabernakel-Aufsatzsekretär. Geschweiftes, dreischübiges Kommodenteil auf gedrückten Kugelfüßen. Schreibklappe flankiert von Schüben. Typischer Tabernakelaufsatz. Nußbaum, mit linienintarsierten Füllungen. Deutsch, 2. Hälfte 18. Jh. H 198, B 128, T 55
8000,–/12000,–

32 Vitrinen-Aufsatzsekretär »à trois corps«. Stollenfüße, leicht doppelt geschweifte dreischübige Kommode. Mittelteil mit Schreibklappe. Zweitüriger Vitrinenaufsatz mit gebogt geschweiftem Kopf. Nußbaum mit Linien- und feinen stilisierten Blumeneinlagen. Württemberg, 18. Jh. H 190, B 120, T 60
10000,–/12000,–

33 Aufsatz-Schreibkommode. Dreischübiges, glattes Kommodenunterteil auf niedrigen Stollenfüßen. Darüber Roll- bzw. Zylinder-Schreibklappe (geöffnet) mit reicher Inneneinrichtung. Abgestufter Aufsatz mit verspiegelter Mitteltür, flankiert von niedrigen Seitentüren, bekrönt von Spitzgiebel. Mahagoni. Wohl Hamburg um 1830. H 190, B 108, T 53
3800,–/5000,–

33: Ruef, München

30

31

32

33

Augsburger Kabinettschrank

Ein Zierschränkchen aus Edelholz, oft aus Ebenholz, reich mit Intarsien aus Elfenbein, Perlmutt oder Edelsteinen verziert. Vor allem seit dem 16. Jh. gebräuchlich. Meist zweitürig, innen eine weitere Schließtür oder Klapptür mit reicher Inneneinrichtung aus kleinen Schüben. Gewöhnlich stehen solche Kabinettschränkchen auf achtbeinigen Gestellen mit einem Zwischenfach und Kugelfüßen.

»Augsburger Kabinette« nennt man dieses Ziermöbel, da Augsburg bedeutendes Zentrum ihrer Herstellung gewesen ist.

Sie werden auch Kunstkammer-Schränke genannt. Berühmt war der im 2. Weltkrieg verlorengegangene Pommersche Kunstschrank, ein Augsburger Kabinett, von dem Hauptmeister Ulrich Baumgartner für Herzog Philipp II. von Pommern 1605–1617 geschaffen. In der ersten Hälfte des 17. Jhs. waren diese ausgesprochenen Prunkmöbel in ganz Europa sehr geschätzt.

34 Augsburger Kabinettschränkchen. Nach Öffnen der beiden Türen erscheint die altar-ähnlich gestaltete Klapptür. Öffnet man diese, so wird die reich mit Elfenbein intarsierte Inneneinrichtung sichtbar. Augsburg, 1. Hälfte 17. Jh.
H 52, B 37, T 35 **7000,–/9000,–**

35

35 Kabinettschrank, Untersatz mit hohen gedrehten Beinen auf Ballenfüßen, gerade Zarge. Kabinettaufsatz zweitürig über Sockelgeschoß mit einer Schublade. Hoher Volutengiebel mit Uhr, flankiert von den Statuetten des Neptun und der Aphrodite in Muschelnischen, darüber Schublade, als Bekrönung die Statuetten des Zeus und der vier Jahreszeiten. Im Innern Schubladen um ein Tabernakelfach, dekoriert mit reliefierten Renaissanceornamenten und Flammleisten, das Tabernakelfach flankiert von Hermen und bekrönt von gebrochenem Renaissancegiebel. Im Tabernakelfach herausnehmbarer reich figürlich eingelegter Kasten. Dahinter zahlreiche Geheimfächer. Hinter der Uhr herausnehmbarer Kasten mit Apothekenkasten. Seitlich der Apotheke zahlreiche Geheimfächer. Ebenholz und geschwärztes Holz. Augsburg, 1. Hälfte 17. Jh. H 220, B 112, T 68 **25000,–/35000,–**

34: Ruef, München (Himpsl)
35: Lempertz, Köln

Bandelwerk

Reich geschwungenes, verflochtenes Bandornament, meist mit Laubwerk, Gehängen und Figuren durchsetzt. Aus italienischen und niederländischen Anregungen von Bérain entwickelt. Beliebtestes und charakteristisches Schmuckmotiv in Frankreich und Deutschland vor allem um 1710–1735.

36 Bandelwerk-Einlagen auf der Kommodentür, der Schreibklappe, sowie auf den beiden Aufsatztüren beleben den in seiner Silhouette schlichten **Aufsatzsekretär.** Während die kleinen Schübe des Unterteils nur Linien-Intarsien zeigen, erkennt man vor allem auf den Aufsatztüren die gekurvten, einander überschneidenden Bandelwerk-Ornamente. Wohl Sachsen, um 1720. H 201, B 115, T 72 **20000,–/25000,–**

36

Bank

Ein aus der Verbreiterung des Stuhles und Sessels entstandenes Sitzmöbel für mehrere Personen. Zu den ältesten vorhandenen Beispielen zählt die Chorbank des Klosters Alpirsbach. Aus Verschmelzung mit der Truhe ist seit dem 15. Jh. die Truhenbank in Benützung und hat sich vor allem als rustikales Möbel jahrhundertelang gehalten. In der italienischen Renaissance wurden kunstvolle Truhenbänke hergestellt, die man »cassapanca« nennt.
Als die Bank im späten 17. Jh. gepolstert wurde, nannte man sie »canapé« (deutsch: Kanapee). Nachdem das französische Canapé auch in Deutschland volkstümlich wurde, erhielt es hier vorzugsweise die Bezeichnung Sofa.
Die Sonderform ohne Rückenlehne und meist auf acht Beinen bezeichnet man im Französischen als »banquette« (im Deutschen auch Ruhebett genannt).

37

37 Truhenbank. Rahmenkonstruktion mit Faltwerkfüllungen. Geschnitzte plastische Drachen als Armlehnen. Eiche. Flandern, 16. Jh. H 124, B 152, T 75
5000,–/7500,–

38 Banquette (auch als Ruhebett bezeichnet). Geschnitzte Zarge mit Volutenfüßen, unterteilte Seitenlehne mit Rohrgeflecht. Deutsch 17. Jh. L 140, B 100
4500,–/5500,–

38

39

40

41

39 Frühbarockschrank. Gedrückte Kugelfüße. Sockel mit Schubladen. Schrankmitte und Eckkanten mit vorgesetzten Säulen. Zwei Türen mit portalartigen, teils aufgesetzten Füllungen. Profiliertes Kopfteil, datiert 1662. Weichholz mit verschiedenen Hölzern furniert und intarsiert. Ulm, um 1662. H 185, B 165, T 60 **3800,–/6500,–**

40 Frühbarockschrank. Auf gedrückten Kugelfüßen Sockelgeschoß mit zwei Schüben, zwei Türen mit Wellenprofil, flankiert bzw. getrennt von drei Pilastern mit Akanthuskapitellen. Hohes, profiliertes, ausladendes Kranzgesims. Nußbaum furniert. Frankfurt, 17. Jh. H 230, B 215, T 85 **20000,–/30000,–**

41 Barockschrank. Über Eck gestellte Sockelfüße, abgeschrägte pilasterartig vortretende Ecken, oben mit Volutenvorsatz. Zwei Türen mit vier Füllungen. Wurzelfurnier mit sehr feinen Bandelwerk-Einlagen. Profilgesims mit verkröpften Ecken. Palisander. Norddeutschland, um 1700. H 208, B 170, T 80 **11000,–/15000,–**

Barockstil

Kunstepoche von ca. 1600 bis 1760, wobei man folgende Unterteilung vornehmen kann: Frühbarock 1600–1630. Es folgt das Hochbarock und um 1735 setzt als Spätbarockstil das Rokoko bis ca. 1760 ein.
In Frankreich wird die Epoche nach den Herrschern eingeteilt:
Louis XIV (1661–1715) = Louis-Quatorze-Stil.
Regentschaft Herzog Philipp von Orléans (1715–1723) = Régence.
Louis XV (1723–1774) = Louis-Quinze-Stil.
Da Frankreich im Barock die führende Rolle in Europa spielte, wurden diese Bezeichnungen auch von anderen europäischen Ländern übernommen. Daneben läßt sich das Barock auch noch nach seinen hauptsächlichen Ornamenten stilistisch unterteilen: Nach dem Knorpelwerk (1600–1650) = Knorpelstil, der in seiner Spätphase (1620–1650) auch als Ohrmuschelstil bezeichnet wird. Es folgen Akanthus- und Bandelwerk-Ornamente. Und von 1735–1760 das nach den Rocaillen benannte Rokoko.
Im 17. Jh. entwickelt das Barock folgende neue Möbeltypen: das Fauteuil (siehe dort) und die Kommode (siehe dort). Im 18. Jh. entsteht der Aufsatzsekretär (siehe Schreibmöbel), der in Deutschland zum beliebtesten Möbel der 1. Hälfte des 18. Jhs. wurde. Frankreich bringt außerdem zahllose Möbelsonderformen hervor (siehe »Französische Möbel«).
Während zu Beginn eine noch ruhige, strenge Silhouette vorherrscht, werden die Möbel des Rokoko beschwingt. Das statische Rahmenwerk wird in gebogte, geschweifte und oftmals erstaunlich graziöse Formen aufgelöst. Alles scheint sich in Bewegung zu befinden. Kostbare exotische Hölzer, aber auch Beschläge (siehe dort) und artfremde Materialien wie Steine, Elfenbein, Zinn, Messing und

Schildpatt werden zur Dekoration herangezogen. Marmor ersetzt oft die Holzplatten von Kommoden und Tischen. Auch werden elegante Möbel zunehmend mit Bemalungen und Vergoldungen (Fassung) versehen.
Nach dem Dreißigjährigen Krieg (1618–1648) leistet Deutschland Hervorragendes bei der Herstellung von Barock-Mobiliar.

42

43

44

45

42 Louis-XV-Kommode. Ausgeschnittene Zargenfüße mit reichem Bronzebeschlag. Zwei durchgehende, darüber zwei nebeneinander liegende Schubladen. Dreiseitig gebaucht, feine Marketerie mit Würfel- und Kreuzband-Muster. Prächtige Bronzebeschläge. Graubraun marmorierte Marmorplatte. Sign.: C. Thibault JME. Paris, um 1740. H 70, B 130, T 60 **15000,–/22000,–**

43 Barockkommode. Gedrückte Kugelfüße. Vier Schubladen, geschweifte und eckig abgeschrägte Front. Nußbaum mit Linieneinlagen. Mitteldeutsch, um 1750. H 98, B 120, T 60 **5800,–/7000,–**

44 Barockkommode. Ausgestellte Füße. Allseitig gebaucht, die Front mit drei Schubladen, durch messingeingelegte Rillenleiste getrennt. Rüster und Rüsterwurzel auf Kiefer. Schweden, um 1750. H 82, B 123, T 58 **30000,–/35000,–**

Im ausgehenden Barock, d.h. während der 1. Hälfte des 18. Jhs., zählte der Aufsatz-Sekretär in seinen vielgestaltigen Ausführungen in Deutschland zu den beliebtesten Möbelstücken.

45 Barock-Schreibsekretär mit Aufsatz. Kommodenteil auf gequetschten Kugelfüßen, drei geschweifte Schubladen, Schreibklappe mit reicher Inneneinrichtung, flankiert von je zwei Schüben. Zweitüriger Aufsatz. Linienintarsien mit Bandeinlagen. Nußbaum, sehr schöne Original-Bronzebeschläge. Brandenburg, 18. Jh. H 125, B 113, T 65
8000,–/12000,–

42: Christie's, London (Cooper)
43: Ruef, München (Himpsl)
44: Scheike, Gemmingen

46 Barock-Tabernakelsekretär. Gedrückte Kugelfüße. Doppelt geschweifte, dreischübige Kommode. Schreibklappe, darüber typischer Tabernakel-Aufsatz mit abgesetzt gebogtem Profilgesims. Nußbaum mit Wurzelfüllungen. Messingbeschläge. Westfalen, 18. Jh. H 200, B 120, T 60 **15000,–/18000,–**

47 Barock-Aufsatzsekretär. Gedrückte Kugelfüße, leicht geschweifte dreischübige Kommode. Kleine Schreibklappe zwischen zwei Schubladen. Tabernakelaufsatz. Tabernakeltür und Schreibklappe mit intarsierten Mohrenfiguren, in den Ecken Muschelschnecken. Die Schubladenfüllungen mit Rankenintarsien. Nußbaum, Bronzebeschläge. Mainfranken, 18 Jh. H 180, B 120, T 55 **15000,–/20000,–**

48 Spätbarock-Schreibkommode auf Kugelfüßen. Kommode mit drei Schubladen und ausziehbarer Ablage, Schreibklappe mit Inneneinrichtung. Zweitüriger Aufsatz, ebenfalls mit Inneneinrichtung. Profilierter geschweifter Kopf. Nußbaum mit reichen Bandeleinlagen. Norddeutschland, wohl Schleswig-Holstein, 18. Jh. H 212, B 120, T 65 **7500,–/9000,–**

49 Barocksekretär auf gequetschten Kugelfüßen. Sockel mit eingearbeiteter Schublade. Unterteil mit zwei Türen und zwei Schubladen. Schräge Schreibklappe. Zweitüriger Vitrinenaufsatz mit Original-Vorsatzpapier ausgeschlagen. Die Ecken abgeschrägt und kanneliert, der Kopf geschweift mit Voluten. Nußwurzelfurnier mit dunkler Linieneinlage. Dresden, um 1700. H 196, B 80, T 40 **18000,–/22000,–**

(Vgl. ähnliche Möbel in W. Schwarze »Antike deutsche Möbel« Nr. 126)

50 Spätbarockstuhl. Rustikales Gestell. Rückenlehne mit Füllung und Sternrosetten in Flachschnitzerei. Buche. Herne, 2. Hälfte 18. Jh. **550,–**

46

47

48

49

50

Bastion-
oder Festungsfüllungen

nennt man die profilierten, erhabenen Füllungen, welche stilisierten Festungsplänen aus der Vogelperspektive gleichen. Diesen Stil – die Füllungen sehr bewegt zu gestalten – findet man bei zahlreichen Schränken der Barockzeit.

51 Barockschrank mit wuchtigem zweischübigem Sockel auf neun gedrückten Kugelfüßen. Die beiden Türen mit Bastionfüllungen sind von Doppelsäulen mit Akanthus-Kapitellen flankiert. Eine entsprechende Lisene bildet die Anschlagleiste. Der mächtige Kopf endet in einem Profilgesims. Nußbaum furniert. Mitteldeutsch, 17. Jh. H 252, B 230, T 85 **10000,–/18000,–**

52 Barockschrank. Profilierte, gedrückte Kugelfüße, gegliederter Sockel. Zwei Türen flankiert von Lisenen mit Akanthuskapitellen und ebensolcher Anschlagleiste. Kopf mit ausladendem, profiliertem Gesims. Die Türen mit Bastion-Füllungen. Nußbaum mit Linieneinlagen. Mitteldeutsch, um 1700. H 210, B 195, T 79 **6500,–/8000,–**

51: Lempertz, Köln

51

52

Bauernmöbel

nennt man das in den verschiedenen Landschaften teils sehr charakteristisch geprägte Mobiliar der Bauern. Sie sind ein wichtiger Bestandteil der jeweiligen Volkskunst. Im Gegensatz zu höfischen und bürgerlichen Möbeln sind sie in ihren Grundformen frei von Überfremdung. Ihre Bodenständigkeit dokumentiert sich vor allem auch in der Verwendung regionaler Holzarten. So sind beispielsweise die norddeutschen rustikalen Möbel vorzugsweise in Eiche, in Süddeutschland ist das Bauernmobiliar überwiegend aus Nadelhölzern gefertigt. Da das Bauernmöbel außerdem sehr traditionsgebunden war und nur zögernd modische Stiltendenzen aufgriff, dienen traditionell gefertigte Stücke dem Möbelforscher als Studienobjekte alter Stilformen, von denen sich keine originalen Dokumente erhalten haben.

Näheres siehe gesonderten Band »Bauernmöbel«, von Anton Kugler (Battenberg-Antiquitäten-Kataloge).

53 Bauernschrank auf gedrückten Kugelfüßen. Zweitüriger Korpus mit abgeschrägten Ecken. Gerades profiliertes Gesims. Grauer Fond mit blumenbemalten Reserven in Rocaillenumrahmung. Gesims und Schlagleiste mit roter Marmorierung. Fichte, original verzinnte Beschläge. Zillertal, Tirol, um 1805.
H 188, B 135, T 52 **4800,–/5600,–**

54 Bauernschrank auf fünf gedrückten Kugelfüßen. Zweitüriger Korpus mit abgeschrägten Ecken. Aufgesetztes, profiliertes Kranzgesims. Wurzelholzimitierende Bemalung mit Scheinintarsien. Zirbelholz, originale Beschläge. Tirol, um 1760. H 187, B 129, T 61
4000,–/5000,–

53

54

Bergère

Um 1735 aufkommende Form des Fauteuils, mit Vollpolsterung und geschlossenen Armlehnen. Meist mit losen Sitzkissen. Die Rückenlehne weist manchmal Ohren auf (Ohrenbacken-Sessel, franz.: bergère à oreilles)

55

56

55 Bergère. Gebogtes profiliertes Gestell mit Blumenschnitzereien. Vollpolsterung mit späterem Bezug. Deutsch, 18. Jh. **3800,–/4000,–**

56 Bergère. Mahagonigestell in typischem Empirestil. Vollpolsterung mit späterem Bezug. Frankreich, Anfang 19. Jh. **500,–/1200,–**

57

Berlin-Potsdam

Der preußische Hof zog mit zunehmender Bedeutung auch bekannte wandernde Ebenisten nach Berlin-Potsdam. Neben dem Hof waren der brandenburgische Adel und das Berliner Großbürgertum zahlungskräftige Auftraggeber. Allerdings bildete sich kein einheitlicher Stil heraus, was einerseits auf die Individualität der wenigen berühmten Ebenisten wie z. B. Heinrich W. Spindler und andererseits auf die vielfältigen Einflüsse von außen zurückzuführen sein dürfte.

57–58: Scheike, Gemmingen

58

59

57 Barockkommode. Allseitig leicht gebaucht, drei Schubladen mit von Linien umrahmten Filet-Furnierfüllungen. Nußbaum auf Weichholz, Original-Bronzebeschläge, Berlin/Potsdam, um 1750. H 85, B 123, T 64 **20000,–/22000,–**

58 Einer von vier Barockstühlen und **einer von zwei Barocksesseln.** Eiche mit schlichten Reliefschnitzereien, Sitze gepolstert, späterer Bezug. Berlin/Potsdam, um 1740.
zusammen **14000,–/15000,–**

59 Aufsatzsekretär. Zargensockel. Dreischübiges Kommodenteil, geschweift und kantig gebrochen. Schreibklappe, zweitüriger Aufsatz mit verkröpftem, gesprengtem Profilgesims. Eiche mit Nußbaum-Bandeleinlagen. Berlin, 18. Jh. H 224, B 118, T 59 **8000,–/10000,–**

Beschläge

Außer zweckgebundenen Beschlägen wie beispielsweise bei frühgotischen Schränken und Truhen, wo durch ornamental gestaltete Eisenbänder der aus Brettern zusammengefügte Korpus einen besseren Halt bekam, außer Tür- und Truhenbändern, oder Türgriffen und Schlüsselschildern wurde vor allem im Barock der Bronzebeschlag bei Prunkmöbeln ein beliebtes Dekorationsmittel. Füße erhielten Bronzeschuhe, Kanten wurden mit Bronzezierat oder Messingleisten eingefaßt, Schubladenbeschläge wurden übertrieben reich ornamental, aber auch figürlich ausgestaltet. Für den französischen Hof – das Vorbild ganz Europas – arbeiteten spezielle Künstler, welche nur Möbelbeschläge fertigten.

60

60 Kredenz. Mit reichen Bronzebeschlägen und Porzellanmedaillons im Stil des ausgehenden 18. Jhs. Das Vorbild steht im Louvre in Paris und wurde um 1790 von Louis Bennemann gefertigt (Abb. 265 in H. Schmitz, »Das Möbelwerk«). Mit Marmorplatte. Frankreich, 19. Jh. H 97, B 179, T 71 **5000,–/6000,–**

60: Ruef, München (Himpsl)

Betschrank

Im Französischen als *Prie-Dieu* (siehe dort) bekanntes Möbelstück aus dem 18. Jh. In dieser Epoche wurde für die unterschiedlichsten Lebensäußerungen Mobiliar entworfen und von einem im größten Luxus lebenden Adel benützt.
Für die häusliche Andacht diente ein aus der Kirchenbank entwickeltes Möbel: der Betschrank. Unten ist ein vorgesetzter Absatz zum Niederknien. Darüber ist ein Schränkchen – ein- oder auch zweitürig – sowie eine Schublade zum Aufbewahren des Gebetbuchs. Neben schlichten Erzeugnissen kommen auch sehr prunkvolle Stücke vor.

61

61 Betschrank (siehe auch Prie-Dieu). Sockel, zweitüriges Unterteil mit altarartigem Aufsatz, hinter dessen Mitteltür ein Heiligenbild war. Oben von reich geschnitzter Rocaille mit Christusmonogramm IHS bekrönt. Seitlich von geschnitzten Rankenvoluten flankiert. Nußbaum mit reichen ornamentalen, floralen Einlagen, ferner intarsierter Kelch und Christi Marterwerkzeuge. 18. Jh. H 220, B 110, T 73 **4500,–/5500,–**

Bett

Das mittelalterliche Bett war ebenso wie der Schrank und die Bank fest in den Raum eingebaut und eher das Werk von Zimmerleuten als Erzeugnis der Schreinerkunst. Einem eigenständigen Gemach ähnlich hatte es drei feste Wände und die offene Seite konnte mit Vorhängen geschlossen werden. Seit dem 15. Jh. wird das Bett mit dem Kopfteil an die Zimmerwand frei im Raum placiert. Während anfangs noch ein von Säulen getragener Baldachin das Bett ganz überdacht, reduziert sich dieser allmählich zu einem Teil-Baldachin. Im 18. Jh. entsteht die heute geläufige Bettform, wobei man im Rokoko das Bett noch unter einem zeltartigen Gestell mit wertvollen Stoffen versteckte. Als Sonderform kennt das Empire das niedrige auf antike Bronzevorbilder zurückgehende Kahnbett.

Biedermeier

Die Kunst der Restauration, etwa 1820–1850, benennt man in Deutschland nach dem »Biedermann«, dem typischen Zeitgenossen, der auch in den Wirren und dem Elend der Napoleonischen Kriege im familiären, bescheidenen Glück sein Lebensziel sah. Das Biedermeier war ein verbürgerlichter Stil. Selbst Adelssitze, die in dieser Zeit errichtet wurden, erscheinen bescheidener. Außer den berühmten Biedermeier-Gläsern sind es vor allem die Erzeugnisse der Schreinerkunst, die dieser Epoche ihr Gepräge geben. Nicht nur im Zentrum Wien, sondern auch in Deutschland fand das Biedermeiermöbel seine reinste Form. Eine schlichte, geradlinige Silhouette wird durch ausgesuchte Furniere – bevorzugt wird Kirschbaum – handwerklich solide und zum Gebrauch zweckmäßig gestaltet. Als Tapeten- und Stoffmuster ist der verschiedenfarbige Streifen im Wechsel mit zarten Blumenborten charakteristisch. In Frankreich nennt man diese Epoche »Louis-Philippe«.

62

62 Bett. Geschweifte Bocksbeine, profilierte gebogte Zarge. Rahmen mit Blattranke. Kopf- und Fußteil-Füllungen mit Bandornamenten und Sterneinlagen. Giebelartig geschweifter, oberer Abschluß. Glatte Seiten. Eiche mit Nußbaum, Süddeutschland, um 1700. B 100, L 200 **800,–/1200,–**

63

63 Empire-Bett auf vergoldeten Klauenfüßen. Die Bettpfosten in Form von schalenbekrönten Säulen. Kirschbaum teilvergoldet. Süddeutsch, um 1810. L 190 **2000,–/3000,–**

63: Bad. Landesmuseum, Karlsruhe (Preisbewertung vom Autor).
65–68: Arnold, Frankfurt (Englert)

64

65/66

64 Dreibeiniges Biedermeier-Beistelltischchen mit Ablagefach. Kirschbaum. Süddeutschland, um 1820. H 65, Ø 35 **350,–/500,–**

Hoher Spätbiedermeiersessel mit schlicht gebogtem Gestell, späterem Blumenbezug. Nußbaum, Deutsch, um 1850. **450,–/900,–**

Während beim Tischchen der noch strengere Empirestil anklingt, erkennt man beim Sessel bereits den Übergang zum ersten historischen Stil, dem Neo-Barock, wobei die bewegte Barockform eine teils überladene und teils reduzierte Auferstehung erlebt.

65 Biedermeierstuhl. Vierkantspitzfüße, Sitz gepolstert. **200,–/280,–** und

66 Frühbiedermeier-Sitzbank. Ausgestellte Vierkantbeine, Arm- und Rückenlehne mit intarsierten, klassizistischen Ornamenten. Kirschbaum, um 1820. B 130 **1 000,–/1 600,–**

67

67 Paar Biedermeier-Stühle, dazu Nähtisch. Unten leicht ausgestellte Vierkantbeine. Mittelzunge der Stuhllehnen in Leierform. Kirschbaum, um 1830. **1 000,–/1 500,–**

68

68 Biedermeier-Bergère. Vierkantspitzfüße. Südd., um 1830. **800,–/1 100,–**

Biedermeier-Nähtisch. Vierfuß mit Mittelsäule, Schublade und Klappdeckel. Nußbaum. Süddeutsch um 1840. H 70, B 48, T 30 **400,–/800,–**

Biedermeier-Stiefelknecht, Holz mit Textilbespannung. Süddeutsch um 1830. **200,–/400,–**

69

70

71

72

73

74

69 Biedermeier-Schreibkommode. Vierkantspitzfüße. Dreischübiges Kommodenteil. Darüber Schreibklappe. Kirschbaum mit schwarzgelackten Zierteilen. Messingbeschläge. Deutsch, um 1830. H 114, B 120, T 58 **2500,–/3500,–**

70 Biedermeier-Mehrzweck-Möbel. In dieser Epoche wurden zahlreiche, bisher nicht gebräuchliche Sonderformen entwickelt. Das abgebildete Möbel hat unten zwei hüfthohe Türen mit Innenfächern. Es folgen zwei nebeneinander liegende, darüber eine durchgehende Schublade. Das anschließende Fach hat eine Spiegelrückwand, wodurch auch die Rückseite aufgestellter Nippes-Gegenstände, z. B. Porzellanfigürchen, dem Betrachter sichtbar wurde. Kirschbaum mit schwarzgelackten Zierleisten. Rußland, um 1830. H 156, B 82, T 37 **900,–/2000,–**

71 Biedermeier-Aufsatzkommode. Vierkantfüße, Kommodenunterteil mit zwei von schwarzgelackten Säulen flankierten Schubladen, darüber leicht vorgesetzte, schmälere Schublade. Aufsatz mit zwei verglasten Türen. Seitlich schwarzgelackte Säulen mit Bronzekapitellen. Abgetreppter Kopf. Kirschbaum mit Original-Beschlägen. Süddeutsch, um 1830. H 195, B 115, T 58 **2500,–/3800,–**

72 Biedermeier-Ziervitrine. Kommodenunterteil auf Stollenfüßen. Verglaster eintüriger Aufsatz. Kirschbaum mit partiell schwarzgelackten Zierteilen. Bronzebeschläge. Deutsch, um 1830. H 176, B 59, T 40 **1500,–/2500,–**

73 Biedermeierkommode. Leicht gebogte Vierkantfüße. Drei Schubladen mit intarsierten wappenförmigen Schlüsselschildern. Kirschbaum. Um 1830. H 82, B 115, T 55 **1200,–/1500,–**

74 Biedermeier-Büchervitrine. Sockel, zwei Türen, unten mit glatten Füllungen, oben verglast mit Ziersprossen. Seitlich und dazwischen schwarzgelackte Holzsäulen. Kopf mit Spitzgiebel. Kirschbaum. Deutsch, um 1830. H 238, B 157, T 42 **3000,–/4000,–**

75

75 Teile eines Biedermeierzimmers. Die seit dem Klassizismus aufgekommene Mode einheitlicher Einrichtungen erfreute sich vor allem im Biedermeier zunehmender Beliebtheit. Standuhr, Spiegel und Kommode mit einheitlichem Birkenholzfurnier. Süddeutsch, um 1840. **3000,–/3800,–**

73, 75: Arnold, Frankfurt (Englert)

76 77

78

Bodenseeschrank

Im ausgehenden 18. Jh. entstand am Bodensee ein sehr charakteristischer Schranktyp. Meist steht das Möbel auf Kugelfüßen, es ist aus zwei, in der Mitte verkeilten Schrankhälften zusammengeschoben, unten ist durch eine Profilleiste abgesetzt ein Sockel vorgetäuscht. Bei frühen Ausführungen deckt eine reich geschnitzte und intarsierte Anschlagleiste den Schließfalz. Die Türen sind in je zwei Füllungen mit Intarsien, selten auch mit Schnitzereien, unterteilt. Häufig ist die Front leicht gebaucht. Die Ecken sind abgeschrägt. Das Profilgesims ist zur Mitte hochgebogt und endet oft in gegenseitigen Volutenschnecken. Vorwiegend in Massiv-Kirsch oder Nußbaum gearbeitet, sind sie meist modisch mit zeitgenössischen Ornamenten intarsiert.

76 Bodenseeschrank. Leicht gebaucht, die Füllungen mit Sternmotiven bzw. Urnenvasen eingelegt. Auf der Anschlagleiste eine um den Äskulapstab geschlungene Schlange. Wahrscheinlich für einen Arzt gefertigt. Massiv-Kirschbaum, Lindau, um 1800. H 196, B 160, T 48 **12000,–/15000,–**

77 Bodenseeschrank. Die Füllungen mit Blumenintarsien und Brandmalerei. Im Giebel eingelegtes Besitzermonogramm und Jahreszahl 1801. Massiv-Nußbaum. Ravensburg, um 1801. H 190, B 60, T 50 **8000,–/10000,–**

76–77: Britsch, Schussenried

Böhmische Möbel:

78 Tabernakelsekretär. Spätere Stollenfüße, kantig gebrochenes dreischübiges Unterteil. Schreibklappe flankiert von zwei Schüben. Typischer Tabernakelaufsatz mit gebrochener Mittelkante und leicht geschweiften seitlichen Schubladen. Nußbaum mit linienumrahmten Wurzelfüllungen. Böhmen, 18. Jh. H 195, B 126, T 67 **10000,–/12000,–**

Böhmische Möbel

Hier sind die österreichischen Einflüsse unverkennbar, besonders bei den häufig vorkommenden Erzeugnissen des 18. Jhs. Die Form ist allerdings meist etwas kantiger, an Stelle von Schweifungen treten oft gebrochene Kanten. Neben Nußbaum findet man sehr häufig kleingemasertes Wurzelholz als Füllungsfurniere, wie z. B. Birkenholz. Neben Bronzebeschlägen sind bei rustikal-bürgerlichen Möbeln besonders verzinnte Eisenbeschläge beliebt.

◁ **78 Tabernakelsekretär** (Seite 66)

79 Aufsatzsekretär. Gedrückte Kugelfüße. Dreischübiges Kommodenunterteil mit gebrochen kantiger Front, Schreibklappe, Tabernakelaufsatz. Eiche mit Nußbaum-Linieneinlagen. Verzinnte Beschläge. Böhmen, um 1780. H 205, B 127, T 67 **3500,–/4500,–**

80 Tabernakelsekretär. Gedrückte Kugelfüße, dreischübiges Kommodenteil mit geschweift und kantig gebrochener Front. Schreibklappe flankiert von zwei Schubladen. Tabernakelaufsatz, abgetreppter Kopf mit gebogtem Giebel. Nußbaum mit Linieneinlagen. Böhmen, 18. Jh. H 195, B 115, T 60 **6000,–/7500,–**

81 Tabernakel-Aufsatzsekretär. Gedrückte Kugelfüße, geschweiftes, kantig gebrochenes, dreischübiges Kommodenteil. Schreibklappe mit seitlichen Schubladen. Typischer Tabernakelaufsatz, doppelt kantig gebrochene Mitte, seitlich leicht geschweifte Schubladen. Abgetreppter Kopf mit gebogtem Profilgesims. Nußbaum mit Linien- und Bandeleinlagen. Böhmen, 18. Jh. H 200, B 130, T 63 **12000,–/14000,–**

82 Vitrinen-Aufsatzkommode. Kugelfüße, dreischübiges geschweiftes, abgeplattetes Unterteil. Zweitürig verglaster Aufsatz mit abgeschrägten Ecken auf Etagèren-Sockel. Profiliertes, verkröpftes Gesims. Eiche mit ornamentalen Linieneinlagen, verzinnte Eisenbeschläge. Böhmen, 18. Jh. H 188, B 109, T 46 **4800,–/6000,–**

79

80

81

82

Boulle-Technik

Unter der nach Charles Boulle benannten Technik versteht man das Furnieren mit Schildpatt und Messing, seltener auch mit Elfenbein und Zinn. Unter Boulle und Contre-Boulle versteht man die Marketerie-Technik mit folgendem Doppeleffekt: Man leimte Platten von Schildpatt (vor allem von den Portugiesen importiert) und Messing, seltener auch Zinn, aufeinander und sägte sie nach einem zuvor aufgezeichneten Muster aus. Dann kombinierte man die wieder getrennten Platten so, daß einerseits das glänzende Messing auf dem dunklen Schildpatt (»premier effet« oder »boulle«), andererseits das Schildpatt auf dem Metall (»deuxième effet« oder »contre-boulle«) optisch zu stehen kam.

83 Schrank in Boulle-Technik. Sockelgeschoß, zwei Türen, Kopf nach oben abgerundet. Dreiseitig reich mit ornamentaler und figürlicher Marketerie mit sogenannten Berainischen Chinoiserien aus Messing, rötlichem Schildpatt auf Ebenholz. Paris, 18. Jh., mit starken Restaurierungen und späteren Ergänzungen.
H 230, B 160, T 60 **15000,–/20000,–**

83: Christie's, London (Cooper)

84 Schreibtisch in Boulle-Technik. Geschweifte Beine. Front mit je drei seitlichen übereinanderliegenden, gebauchten Schubladen, zurückspringendes Mittelteil mit Klappfach und darüberliegender Schublade. Die Seiten mit aufgesetzten, betonten Füllungen. Reich dekoriert mit eingelegtem, feinstem Berain-Werk, Blumenranken, *le cirque à la chinoise.* Die Einlagen zum Teil in durchsichtigem Horn in Hinterglastechnik bemalt. Nußbaum mit Schildpatt, Horn, Perlmutt, Messing und vergoldeten Bronzen. Schlagstempel: Posthorn (Besitzstempel des Schlosses Chantilly) Paris, um 1700. Arbeit einer königlichen Werkstatt. H 80, B 119, T 71

80000,–/100000,–

84: Lempertz, Köln (Hinz)

Brandmalerei

Mit glühendem Eisen ins Holz gebrannte Ornamente und Darstellungen. Beliebt war es auch, Intarsien an den Rändern so anzuglühen – zu konturieren –, daß sie sich durch die Anschwärzung besser abheben. So erhielten beispielsweise die intarsierten Blumen des Bodenseeschrankes Nr. 76 und 77 durch diese Technik eine größere Plastizität.

85 Bodenseeschrank. Die Füllungen mit stilisierten, durch Brandmalerei konturierten Blumenzweigen sowie Blumenvasen intarsiert. Am Sockel und auf den Ecken Sterneinlagen. Massiv-Nußbaum. Ravensburg, um 1790. H 195, B 170, T 50 **8000,–/10000,–**

85: Britsch, Schussenried

Braunschweiger Möbel

Unter dem Einfluß des Hofes von Wolfenbüttel entwickelte sich in Braunschweig eine charakteristische bürgerliche Wohnkultur, deren Möbel im höfischen Ursprung verwurzelt blieben. Das umliegende Gebiet Niedersachsens bis Thüringen und zum Westerwald wurde beeinflußt. Die große Zahl erhaltener Braunschweiger Möbel läßt vermuten, daß in weitem Umkreis die Schreiner in diesem Stil arbeiteten. Auch scheint man traditionsbewußt lange an der konservativen Form festgehalten zu haben. Besonders markant tritt das Aufsatzmöbel auf. Sowohl Aufsatzkommoden wie Sekretäre »à trois corps« stehen meist auf gegliederten Kugelfüßen, die Kommodenunterteile sind dreischübig, mit abgeschrägten Ecken, teils mit vorgesetzten Lisenen, oder abgerundet. Die zurückgesetzten Aufsätze oder Tabernakel mit Schreibklappen haben einen geschwungenen, gesprengten Profilgiebel. Der typische Braunschweiger Schrank hat ein hohes Sockelgeschoß mit vorgetäuschten Schubladen, oft auf wuchtigen Kugelfüßen stehend. Die beiden Türen liegen zwischen vorgesetzten Lisenen mit Akanthuskapitellen. Das vorragende Profilgesims kommt manchmal auch mit dem gebrochenen Danziger Giebelabschluß vor. Als Zierat sind intarsiertes Bandelwerk und Figuren, oft aus Elfenbein und anderen artfremden Materialien, beliebt.

85

86

87

◁ **86 Braunschweiger Barockschrank.** Zweischübiger Sockel auf sieben gequetschten Kugelfüßen. Front und Seiten mit abgetreppten Pilastern und Akanthuskapitellen gegliedert. Zwei Türen mit portalartigen Aedikulen und eingelegten Elfenbeinfiguren. Entsprechender Kopf mit Profilgesims, bekrönt von reichgeschnitztem, rocaillengeziertem Aufsatz mit Blendenflächen, die mittlere mit elfenbeinintarsierter Figur. Nußbaum mit Bandelwerk-Einlagen. Braunschweig, um 1740. H 217, B 210, T 75
30000,–/35000,–

◁ **87 Braunschweiger Aufsatzsekretär.** Auf gegliederten Kugelfüßen doppelt geschweiftes, dreischübiges Kommodenunterteil. Geschweifte Schreibklappe mit Inneneinrichtung. Zweitüriger Aufsatz mit figürlichen Elfenbeineinlagen (Freimaurer-Darstellungen). Im Giebelfeld des gebogten, profilierten Kranzgesimses Messing-Monogramm des Braunschweiger Münzdirektors Johann Georg Einbeck, der auch Mitbegründer der Freimaurerloge »Jonathan« war. Nußbaum mit feinem Bandelwerk. Besonders interessant sind an diesem Aufsatzsekretär die Verriegelungen und die Schlösser. Braunschweig um 1740. H 230, B 125, T 68 **40000,–/60000,–**

88 Barockschrank auf wuchtigen Kugelfüßen. Sockelgeschoß und zweitüriger Corpus durch drei lisenenartige Vorsprünge mit büstenintarsierten Kapitellen gegliedert. Die mittlere als Anschlagleiste. Ausladender, wohl ergänzter Profilkranz. Reich mit Linien-, Blumen- und Figureneinlagen dekoriert. Nußbaum furniert. Braunschweig, um 1700. H 226, B 145, T 84 **15000,–/20000,–**

88: Ruef, München (Himpsl)

Brotschrank

In Westdeutschland und Ostfrankreich gebräuchlicher Schrank, häufig in Form von Halbschränken mit mindestens einer offenen Füllung, so daß das darin aufbewahrte Brot durchgelüftet wurde. In Norddeutschland vor allem als Halbschrank ausgeführt.

89 Brotschrank auf Volutenfüßen, geschnitzte Zarge. Schlanke hohe Form. Eine Tür, unten zwei reich mit Musikemblemen geschnitzte Füllungen, darüber durch gedrechselte Stäbe geschlossene Füllung. Gebogter Kopf mit Reliefschnitzerei, Muschel- und Profilgesims. Nußbaum, Eisenbeschläge. Lothringen, um 1770/80. H 210, B 80, T 55
4600,–/5000,–

88

89

90

91

92

90 Louis-XVI-Bibliotheksschrank auf Vierkantspitzfüßen. Zarge und Türrahmen mit geschnitzten Reliefbändern. Vier verglaste Türen. Kopf mit geschweiftem profiliertem Doppelgiebel. Nußbaum. Wien, um 1780. H 205, B 242, T 60
7500,–/12000,–

91 Bibliotheksschrank. Zwei Türen mit oval geschnitztem Mittelband, je zwei offene profilierte Rahmungen mit Messinggitter, Eisenbeschläge. Eiche. Lothringen, 18. Jh. H 216, B 98, T 58
5500,–/7000,–

92 Buffet. Kugelige Füße, viertürige gegliederte Front mit nach oben verjüngten, lisenenartig vorgesetzten Füllungen. Darüber große Mittelschubladen flankiert von kleineren Schubladen, über denen nochmals Schubladen aufgesetzt sind. Nach hinten niedrige, gegiebelte Rückwand. Kirschbaum. Rußland, Anfang 19. Jh. H 150, B 190, T 60 **1800,–/3500,–**

91: Lempertz, Köln

Bücher- oder Bibliotheksschrank

Nach seiner Verwendung benanntes Möbel, das auf regalartigen durchgehenden Innenfächern möglichst viele Bücher aufnehmen sollte. Zur Vermeidung von Verschmutzung oder gegen Beschädigung war die verglaste Büchervitrine oder der mit Gitterfüllungen versehene Bibliotheksschrank seit dem 18. Jh. in Benützung. Erst nachdem der Besitz von zahlreichen Büchern in breiteren Bevölkerungskreisen üblich wurde, gab es für diesen besonderen Möbeltyp eine allgemeine Notwendigkeit. Große Bibliotheken, wie bei Hof oder in den Klöstern, wurden in festeingebauten Regalen oder Schränken in einem speziell dafür vorgesehenem Raum, der sogenannten Bibliothek, untergebracht. Aus dem verglasten Bücherschrank des späten 18. und frühen 19. Jh. leitete sich der seit der Jahrhundertwende beliebte Bücherschrank ab.

Buffet

(siehe *Anrichte*, *Kredenz*). Das auf die italienische Kredenz zurückgehende Buffet dient zum »Anrichten« oder »Kredenzen« von Speisen. Hinter den Türen und in den Schubladen des Halbschrankes fanden Geschirr und Bestecke ihren Platz. In diesem Zusammenhang ist es interessant zu erwähnen, daß ursprünglich jeder Gast – auch in den Gasthöfen – sein Besteck (von bei-stecken) bei sich trug, während die Mode, einen Tisch mit Tellern und dem dazugehörenden Besteck zu decken, allgemein erst im 18. Jh. aufkam.

Bureau-plat

Nachdem sich in Frankreich Ende des 17. Jhs. aus den Kabinetten das Bureau (siehe bei Schreibmöbel) mit einem zurückgesetzten Aufsatz entwickelt hatte, wurde im 18. Jh. der glatte Schreibtisch ohne Aufsatz als Bureau-plat sehr beliebt. Die meist aufwendigen Ausführungen mit edlen Hölzern, oft reich intarsiert und mit kunstvollem Bronzebeschlag dekoriert, weisen darauf hin, daß die des Schreibens kundigen Besitzer meist dem Adel oder Großbürgertum angehört haben. Noch bis ins 19./20. Jh. hinein blieb diese Form des eleganten Schreibtisches beliebt, so daß man kunstvolle Kopien anfertigte (Nr. 94 und 371).

93

94

95

93 Bureau-plat. Geschweifte Beine, die Zarge in der »contour à l'arbalète« (Armbrustbogen) mit drei Schubladen, Tischplatte mit Messingeinfassung und Bronze-Ecken. Palisander und Mahagoni mit reichen ornamentalen und figürlichen Bronzebeschlägen. Frankreich, 18. Jh. H 68, B 120, T 60 **9000,–/12000,–**

94 Bureau-plat. Geschweifte Beine mit Bronzeschuhen, die Ecken oben mit rocaillengefaßten Kriegerbüsten. Zarge in »contour à l'arbalète« mit drei reich bronzebeschlagenen Schubladen. Gebogte, lederbezogene Schreibplatte mit Messingeinfassung, Palisander und Nußbaum. Paris, 19. Jh., Kopie nach Geffent. H 76, B 186, T 104 **7500,–/9500,–**

95 Bureau-plat. Geschweifte Beine, gebogt ausgeschnittene Zarge mit zwei Schubladen. Platte lederbelegt mit Messingkanten und Bronze-Ecken. Mahagoni mit ornamentalem Bronzebeschlag. Frankreich, 2. Hälfte 18. Jh. H 78, B 73, T 14 **4800,–/5500,–**

94: Ruef, München (Himpsl)

96

97

Damensekretär

Diese graziösen Möbel sind Schöpfungen des galanten Rokoko. Im Gegensatz zum Tabernakelsekretär oder zum Bureau-plat – an welchen umfangreiche Büroarbeit geleistet werden konnte – waren die kleinen, zierlichen Damenschreibtische oder -kommoden nur für die Erledigung der galanten Korrespondenz gedacht. Sie dienten fast ausnahmslos den Damen hochgestellter Persönlichkeiten.

96 Damensekretär. Leicht geschweifte Beine in Bronzeschuhen, gebogt geschwungene Zarge. Eine durchgehende, zwei kleinere nebeneinanderliegende Schubladen. Schräge Schreibklappe, dahinter reiche Inneneinrichtung. Mahagoni und Palisander. Bronzebeschläge. Süddeutschland, um 1750. H 94, B 62, T 41 **6500,–/8000,–**

97 Damen-Rollsekretär. Halbhohe Vierkantspitzfüße, Rolladenverschluß mit Inneneinrichtung und ausziehbare Schreibklappe. Darüber zurückgesetzte Schublade. Linienintarsien, verschiedene Hölzer auf Eiche. Frankreich, Anfang 19. Jh. H 82, B 44, T 33 **1500,–/2500,–**

Danziger Schrank

Schwerer, meist zweitüriger, selten auch eintüriger Barockschrank auf Kugelfüßen, die häufig gekantet sind. Der Sockel ebenso wie die Türen sind mit Bastionfüllungen dekoriert, in der Mitte und seitlich von Lisenen flankiert. Besonders charakteristisch ist das vorragende, weitausladende, profilierte Kranzgesims, das zur Mitte gebrochen ansteigt und einen abgeplatteten Giebelabschluß hat. In den so entstandenen Giebelraum sind große, reich geschnitzte Familienwappen, flankiert von geflügelten Putten, Ranken und florale Ornamentreliefs eingelassen. Bei reichen Schränken zeigen auch die Türen, besonders in den Eckzwickeln, Reliefschnitzereien. Neben dem Hamburger Schnapp ist der Danziger Schrank das wichtigste norddeutsche Möbelstück des ausgehenden 17. Jhs.

98 Danziger Barockschrank auf fünf Kugelfüßen. Zwischen Lisenen auf dem Sockel und den beiden Türen Bastion-Füllungen mit Reliefschnitzereien in den Eckzwickeln. Typischer Kopf mit gebrochenem erhabenem, abgeplattetem Gesims. Im Giebelfeld über geflügeltem Adler Danziger Wappen von zwei Engeln gehalten, Rankenrelief. Eiche, Danzig, um 1700. H 248, B 173, T 71
8000,–/10000,–

98

Danziger Tisch

Wie die Schränke sind die Tische des ausgehenden 17. Jhs. wuchtig und schwer. Auch der Danziger Tisch ist ein besonders charakteristisches Möbel, das sich traditionell bis weit ins 18. Jh. hielt und in den Stilkopien des ausgehenden 19. Jhs. und beginnenden 20. Jhs. häufig wiederkehrt. Die Fußleiste gleicht zwei Ypsilons, die mit ihren Grundbalken in der Mitte zusammenstoßen. An dieser gedachten Schnittstelle erhebt sich aus einer sternförmigen Profilrosette ein kugeliger oder pinienförmiger Knauf. Die Beine bilden dicke, nach unten verjüngte, wuchtig gedrehte Säulen. Die Zarge trägt oft Schnitzzierat. Die Platte ist meist ausziehbar.

99 Typischer Barocktisch. Massiv Eiche. Danzig, um 1700. H 80, B 84, T 142 (ausgezogen 252)
15000,–/18000,–

99

99: Scheike, Gemmingen

100

101

102

Datierung

Die stilistische Datierung – besonders bei Möbeln ländlichen Ursprungs – ist oft schwierig, da modische Ornamente in Städten und am Hof stets up-to-date waren, während auf dem Lande die Entwicklung nachhinkte und eingeführte Motive dort traditionsbewußt lange verwandt wurden. Der folgende Sekretär (Nr. 100) mit typischen Louis-XVI-Ornamenten (1770–1780) wurde entsprechend seiner Datierung erst 1806 in der Empire-Epoche gefertigt.

100 Sekretär. Kannelierte Vierkantspitzfüße. Dreischübiges Kommodenunterteil, schräge Schreibklappe. Aufsatz mit verglaster, gebogter Mitteltür, flankiert von Türen mit Reliefschnitzerei, Mülleremblemen und Jahreszahl 1806. Ein typisches Beispiel für die späte Entstehung eines nach stilistischen Merkmalen wesentlich früher zu datierenden Stückes. Kirschbaum allseitig mit Schnitzdekor. Bodensee (Stockach), um 1806. H 200, B 150, T 60 **8000,–/10000,–**

101 Schrank. Auch dieser ganz im Louis-XVI-Stil gefertigte Schrank zeigt, daß beispielsweise in ländlichen Regionen beliebte Formen noch über mehrere Generationen in traditioneller Weise hergestellt wurden. Typischer Bodenseeschrank, datiert 1821, in Weichholz nach einem Vorbild aus der Zeit um 1770/80. Bodensee, um 1821. H 200, B 160, T 80 **4000,–/5000,–**

102 Aufsatzbüfett. Architektonisch gegliederte Front mit Pilastern und portalartigen Türfüllungen von geflügelten Puttenköpfen bekrönt. Zweitüriges Unterteil. In der Mitte offenes Abteil mit sechs kleinen zurückgesetzten Schubladen, zweitüriger Aufsatz, datierter Kopf mit ausladendem Gesims, seitlich etwas zurückgesetzt schmaler Waschschrank, in entsprechender Ausführung. Nußbaum, reiche verzinkte Eisenbeschläge. Schweiz, datiert 1624. H 240, B 200, T 60 **25000,–/30000,–**

100: Britsch, Schussenried
102: Koller, Zürich

Ebenist

(Frz. »ébéniste«, ital. »ebenista«). Schreiner, der das wertvolle Ebenholz verarbeitet; seit dem 17. Jh. versteht man darunter einen Kunstschreiner. In Paris waren die privilegierten Ebenisten von ihrer Zunft zur Ausführung von Bildhauerarbeiten ermächtigt und damit den Künstlern ebenbürtig. Soweit im 18. Jh. Ebenisten nicht im Dienst des französischen Hofes standen, mußten sie ihre Erzeugnisse signieren. Dies erfolgte durch Brand- oder Blindstempel. Diese meist auf Unterkanten von Zargen oder an den Hinterbeinen unauffällig angebrachten Stempel enthielten neben dem Namen noch eine Abkürzung ihres Standes. So bedeutet beispielsweise der Zusatz JME: »Jurés Menuisiers Ebenistes«. Dank dieser Verordnung gibt es relativ viele signierte Pariser Möbel. Die Namen und Stempel der Ebenisten sind in Markenhandbüchern aufgeführt. David Röntgen zählt zu den bedeutendsten deutschen Ebenisten des späten 18. Jhs. Berühmt wurde er vor allem durch seine raffinierten Schreibmöbel, die eine Vielzahl von trickreichen Scheinfächern und Schubladen hatten (siehe Nr. 106 und 107).

103, 104: Ruef, München (Himpsl)

103

104

105

103 Empire-Klappsekretär. Stollenfüße, die sich nach oben in Pilastern fortsetzen. Unten zwei Türen, darüber Schreibklappe mit Inneneinrichtung, oben schmale Schublade mit Bronzelöwenköpfen und Ringen. Seitlich konische Pilaster auf Bronzefüßen mit typischem Zierbeschlag, bekrönt von klassizistischen Frauenbüsten. Mahagoni. Frankreich, signiert von dem Ebenisten Chapuis, um 1800. H 148, B 94,5, T 42
5000,–/7000,–

104 Einer von einem Paar Sessel. Kannelierte, gegliederte Rundbeine. Entsprechendes Gestell mit Medaillon-Rückenlehnen. Goldgefaßt, gepolstert mit Original-Aubusson-Bezügen. Paris, um 1775, mit Signatur des Ebenisten Jean Baptiste Sené (1748–1803).
zusammen **20000,–/22000,–**

105 Louis-XVI-Kommode, sog. Funk-Kommode. Gebogte Zargenfüße. Dreiseitig geschweifter dreischübiger Korpus. Sehr schöne gemaserte Füllungen. Nußbaum mit Wurzelfurnier. Original Bronzebeschläge. 18. Jh. H 85, B 100, T 58
18000,–/22000,–

Typisches Werk in bürgerlicher Form aus der Werkstätte des berühmten Berner Ebenisten Matthäus Funk in der bekannten Form mit kräftiger seitlicher Schweifung. Aus der Sammlung Ph. E. von Fellenberg (Gründer der Pädagogischen Anstalt in Hofwil, die Goethe in der »Pädagogischen Provinz« schildert).

106/107

106/107 Rollschreibtisch auf acht Vierkantspitzfüßen. Fußkasten darüber Schublade, seitlich Türen, die mit Kastenfächern herausgeklappt werden können, sodaß die dahinter versteckten Schubladen sichtbar werden. Zylinder-Schreibklappe mit reicher Inneneinrichtung, flankiert von zwei Kerzenhaltern. Oben kleiner Aufsatz mit drei Schubladen, darüber in der Mitte Kastenfach. Mahagoni mit Messingzierat. Aus der Ebenisten-Werkstatt David Röntgen, Neuwied, um 1790. H 137, B 136, T 84 **25000,–/30000,–**

106/107: Ruef, München (Himpsl)

Eckschrank

(Frz. »encoignure«). Zur Ausnützung von Ecken gefertigte Möbel, deren Rückwand im rechten Winkel ausgebildet ist, wobei dann die Front direkt an den freien Kanten der Rückwände anschließt. Es gibt sowohl halbhohe Eckschränke, als auch Aufsatzschränke. Im 18. Jh. ein bevorzugtes Möbel, das man oft paarweise, manchmal sogar für alle vier Zimmerecken zugleich, anfertigen ließ.

108 Aufsatz-Eckschrank. Ausgebogte Stollenfüße, die sich in den abgeschrägten Ecken fortsetzen. Unten eine Tür, darüber geschnitzter Vitrinenaufsatz und gebogtes, profiliertes Gesims. Solche rustikalen Eckvitrinen enthielten oft Heiligenstatuen und ersetzten den üblichen Herrgottswinkel. Eiche, Norddeutschland, 18. Jh. H 175, B 78, T 32 **3000,–/3800,–** ▷

108

109

110

109 Eckschrank. Gebogter Zargensokkel, unten zwei Türen mit profiliert gerahmten Füllungen. Oben zwei verglaste Türen. Geschwungener Kopf mit Profilgesims. Nußbaum. Deutsch, 2. Hälfte 18. Jh. H 193, B 70, T 52 **4500,–/6000,–**

110 Eckvitrine. Zweitüriges Unterteil mit halbrunder Front. Ebensolcher verglaster Aufsatz mit Zwischenfach-Sockel. Geflammtes Kirschholz. Hamburg, um 1830. H 215, B 110, T 80 **3500,–/4 500,–**

111 Eck-Bibliothek. Im Gegensatz zum normalen Eckschrank setzt sich diese Bibliothek aus dem eigentlichen Eckschrank-(Mittelteil) und zwei seitlich daran anschließenden Aufsatzvitrinen zusammen. Unten geschlossene Türen, darüber Schubladen, die Türen der Aufsätze verglast. An den Türanschlägen jeweils schlanke, vorgesetzte Säulen. Zurückgesetzte, schmale Gesimsleiste. Über den verlängerten Ecksäulen bekrönen Messingkugeln das schlichte, formschöne Möbel. Mahagoni, Norddeutsch, um 1820. H 250, Schenkellänge 170, T 50 **5000,–/10000,–**

111

112

112 Eck-Kommode. Ausgefallenes Eckmöbel mit asymmetrischen Seitenlängen. Stollenfüße, drei Schubladenpaare mit unterschiedlich, der Möbelform angepaßter Front. Linienumrahmte Füllungen mit eingelegten passigen Ovals. Birke und Nußbaum. Süddeutschland, Ende 18. Jh. H 86, B 213, T 76 **5500,–/7000,–**

113

Egerer Kabinette

Seit der Mitte des 17. Jhs. in Eger hergestellte Kabinette, welche durch ihre figürlich geschnitzten Füllungen und Flammleisten-Auflagen charakterisiert sind.

113 Kabinettschränkchen. Zwei Türen, schlichte Außenseite mit Flammleisten-Auflagen. Innen reliefgeschnitzte Türfüllungen: knieende Maria und Verkündigungsengel. Zwölf kleine Schubladen mit entsprechendem Relief. Puttenköpfe und Behangornamente. Eger, 18. Jh. H 30, B 40, T 26 **2000,–/2500,–**

Empire

Der Kunststil des Klassizismus zwischen 1800 und 1820. Als Frühphase kann man auch die nach dem Direktorium der französischen Revolution »Directoire« genannte Stilperiode von 1790 bis 1800 mit einbeziehen. Während auf dem Kontinent der Einfluß des napoleonischen Kaiserreiches zur Namenswahl führte, nennen die Engländer diesen Zeitabschnitt »regency«, da zu dieser Zeit (1811–1820) Georg IV. die Regentschaft für seinen kranken Vater (Georg III.) übernahm. Ausgrabungen an den Stätten der Antike, Geistesströmungen, die – wie seinerzeit die Renaissance – klassischen Kunstidealen nachhingen, führten dazu, daß auch die Möbelkunst klassische Formen und Motive der Antike nachempfand. Während die Silhouette streng, klar und schlicht, meist geradlinig bleibt, entlehnt der Schmuck und Zierat ägyptische, griechische und römische Motive: Sphinxe, Greifvögel, geflügelte Stiere, Löwen und Pferde, Urnenvasen, Kränze, Girlanden. Aber auch Ornamente wie das Mäanderband, der Eierstab u. ä. finden häufig als Bronzebeschläge

114 Empire-Klappsekretär. Stollenfüße, drei verschieden gestaltete Schubladen, die mittlere mit vertiefter Ovalfüllung. Darüber Schreibklappe mit entsprechender, flacher schildförmiger Füllung. Oben Schublade. Zurückgesetzter kleiner, eintüriger Aufsatz mit Spitzgiebel. Unterteil und Aufsatz von seitlichen Säulen mit Bronzekapitellen flankiert. Mahagoni, Bronzelöwenköpfe mit Ringen als Zuggriffe. Norddeutschland, um 1800. H 215, B 110, T 55 **2000,–/2500,–**

115 Empire-Klappsekretär. Vierkantspitzfüße, drei Schubladen, Schreibklappe, darüber weitere Schubladen. Seitlich plastische Säulen mit eckigen Basen. Bronzezierat und ebensolche Schubladengriffe. Mahagoni, graue Marmorplatte. Deutsch, um 1810. H 151, B 94, T 52 **2000,–/3000,–**

116 Empire-Klappsekretär auf Vierkantspitzfüßen. Zwei Schubladen, darüber Schreibklappe; über schmaler Schublade abgestufter Aufsatz. In der Mitte von Säulen flankierte Tür mit ovaler gemalter Bildfüllung (antikisierende Figurenkomposition), seitlich flach gegiebelte Aufsatzteile, die jeweilige kleine Tür mit Rundbogennischen. Mahagoni. Süddeutsch, Anfang 19. Jh. H 180, B 90, T 45 **2800,–/3500,–**

117 Empire-Kommode von einem Paar. Vierkantspitzfüße, zwei hohe Schubladen von teilvergoldeten, geschnitzten Kriegerkaryatiden flankiert, oben schmale, vorgesetzte Schublade. Nußwurzelfurnier, Messingbeschläge. Süddeutsch, um 1800. H 96, B 126, T 63 **8500,–/9000,–**

auf den edel gemaserten, vorwiegend mahagonifurnierten, klaren Möbelflächen Verwendung. Trotz ihres oft repräsentativen Charakters sind die Möbel meist zierlicher als die wuchtigen Barockmöbel.

114

115

116

117

118

119

120/121

118 Empire-Eckschrank auf Eckstollenfüßen, die sich in den abgerundeten Ecken fortsetzen. Unten und oben je eine unterschiedlich große Tür, dazwischen Schublade. Profiliertes Kranzgesims, Mahagoni mit typischem, ornamentalem und figürlichem Messingbeschlag. Norddeutsch, um 1800. H 215, B 105, T 60 **2800,–/3500,–**

119 Empire-Bücherschrank. Vierkantfüße, zwei Türen, unten mit bronzebeschlagenen Füllungen, oben verglast. Die Verstrebungen in Form gekreuzter Pfeile. Gegiebelter Kopf. Mahagoni. Süddeutsch, um 1800. H 164, B 103, T 33 **1500,–/2500,–**

120 Empire-Zierschreibtisch. Vierkantspitzfüße auf Kugelklauen. Große und flache Schublade mit reichem Bronzezierat. Mahagoni-Tischuhr in typischer zeitgenössischer Gestaltung und Paar Leuchter. Frankreich, um 1800. H 81, B 86, T 62 **3500,–/6000,–**

121 Paar Empire-Ziersäulen. Sockel auf vier ausgestellten Klauenfüßen. Vierkantiger nach unten verjüngter Schaft auf Fußpaar. Auf Würfelbasis antikisierender Ägypter-Kopf. Mahagoni mit Bronzebeschlag. Frankreich, um 1800. H 146 **1600,–/2800,–**

122 Empire-Säulenkommode (Nachttisch). Auf Zargensockel vier Klauenfüße. Unten Tür mit Bronzekranz, darüber Schublade. Mahagoni (Kristallschale in Bronzefassung). Deutsch, um 1800.
H 79, B 37, T 37 **600,–/900,–**

123 Empire-Stuhl. In seiner Form geht dieser vollgepolsterte Stuhl auf das griechische Vorbild des Klismos zurück. Mahagoni mit Bronzezierat. Frankreich, Anfang 19. Jh. **500,–/800,–**

124 Standuhr. Auch die Gehäuse der Zimmeruhren sind im Empire wie die anderen Möbelstücke schlicht und geradlinig streng. Dagegen wird die Technik verbessert. So hat die abgebildete Uhr ein sogenanntes Kompensations-Pendel, das durch die unterschiedliche Ausdehnung der zur Herstellung verwandten Materialien bei Temperaturschwankungen sich selbsttätig reguliert. Mahagoni-Gehäuse. Paris, um 1800.
H 205 **10000,–/15000,–**

125 Einer von zwei Spät-Empire-Stühlen. Ausgestellte Vierkantbeine. Lehne mit stilisierter floraler Mittelzunge. Kirschbaum. Deutsch, um 1815.
zusammen **800,–/1000,–**

126 Empire-Armstuhl. Vierkantspitzbeine mit Bronzeklauen. Geschweifte Armlehnen. Rückenlehne mit Mittelzunge in Form von zwei gegeneinandergestellten Delphinen. Nußbaum mit Birkenwurzelfurnier. Deutsch, um 1810.
550,–/900,–

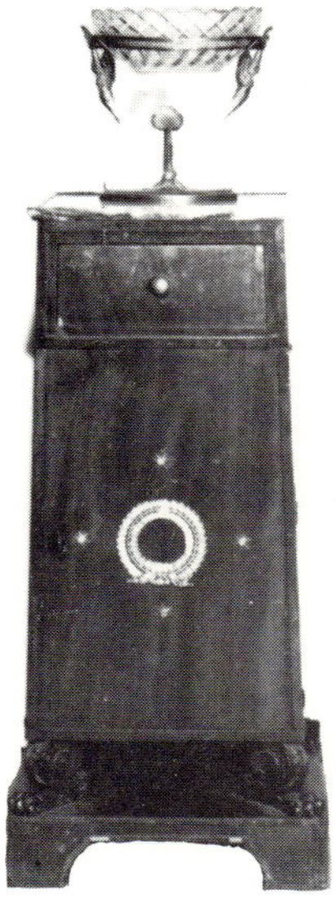

122

123

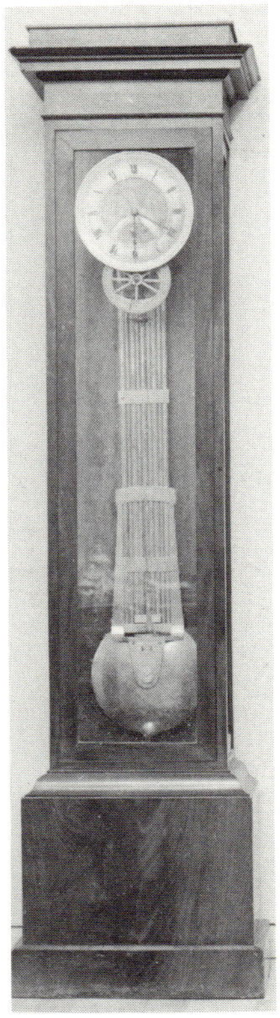

124

125

126

127 Schreib-Aufsatzkommode. Birnförmige Füße, Kommode mit zwei durchgehenden und nebeneinanderliegenden Schubladen. Aufsatz mit Schreibklappe, dahinter Inneneinrichtung. Kopf mit Profilgesims. Nußbaum mit zahlreichen floralen Intarsien. England. Queen-Anne-Style, um 1700. H 159, B 117, T 47 **18000,–/20000,–**

Englische Möbel

Seit dem Ende des 17. Jhs. erlebte das Kunsthandwerk und damit auch die Möbelherstellung in England eine Blütezeit, die auf den Kontinent ausstrahlte. Die dem kontinentalen Barock entsprechenden Stile werden folgendermaßen bezeichnet: 1670–1690 William- and Mary-Style, 1690–1720 Queen-Anne-Style, 1720–1770 Mid-Georgian-Style. Dem Louis XVI entspricht der nach den bekannten Künstler-Brüdern Robert und James Adam benannte Adam-Style (1770–1800). Ihm folgt von 1800–1830 das Regency, die Epoche der Regentschaft Georgs IV, um mit dem Early-Queen-Victoria-Style in die Stile des Historismus überzugehen.
Neben den Adam-Brüdern waren es Georg Hepplewhite, Thomas Sheraton und vor allem Thomas Chippendale, welche in der 2. Hälfte des 18. Jhs. die englische Möbelkunst bestimmten. Die charakteristischen Entwürfe von Chippendale fanden als sog. Chippendale-Möbel auch auf dem Kontinent Liebhaber. Selbst um 1900 wurden bei uns noch ganze Einrichtungen dem Chippendale-Stil nachempfunden. Daß England selbst um die Jahrhundertwende (vgl. das Edwardian-Schreibmöbel Nr. 128) schlichte, formschöne Möbel fertigte, ist wohl der Grund für die derzeitig große Beliebtheit des alten englischen Mobiliars.

131: Ruef, München

128 Schreibkommode. Zargensockel, dreischübiges glattes Kommodenteil. Schräge Schreibklappe mit Inneneinrichtung. Mahagoni mit Linieneinlagen. England, um 1900 (Edwardian). H 92, B 76, T 42 **800,–/1 200,–**

129 Vitrinen-Aufsatzsekretär. Vierschübige, glatte Kommode mit schräger Schreibplatte. Verglaster, zweitüriger Aufsatz mit Zierverstrebung. Mahagoni mit Messingbeschlägen. England, um 1800. H 220, B 96, T 56 **7 500,–/8 000,–**

130 Sideboard von Hepplewhite. Sechs Vierkantspitzfüße. Seitlich hohe, optisch unterteilte Schubladen. In der Mitte schmale Schublade. Leicht geschweifte Front. Mahagoni auf Eiche. England, Ende 18. Jh. H 91, B 136, T 63 **8 000,–/8 500,–**

131 Zierkommode. Halbhohe Vierkantfüße, zwei Schubladen mit vorgesetztem Mittelteil, durch Blumenbukett-Einlage und seitlichen Linien umrahmte Felder optisch zusammengefaßt. Nußbaum, ergänzte Marmorplatte. England, Ende 18. Jh. H 90, B 124, T 56 **7 000,–/9 000,–**

128

129

130

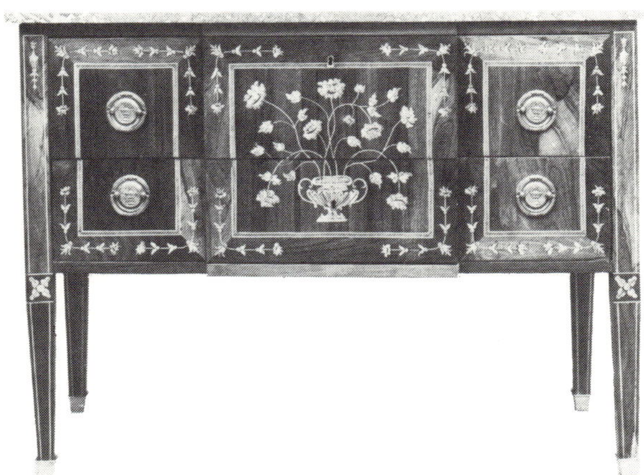

131

Stilvoll

Im Gegensatz zu »stilecht« steht der Begriff »stilvoll« für eine gelungene Kombination von wirklich guten Kunstobjekten aus verschiedenen Stilepochen. Zahlreiche Einrichtungen von Kunstsammlern, die sich nicht auf eine bestimmte Epoche festgelegt, sondern qualitätsvolle Antiquitäten aus unterschiedlichen Jahrhunderten zusammengetragen haben, beweisen, daß ein Nebeneinander von Stilen oft sehr reizvoll und geschmacklich gelungen sein kann.

Die Farbaufnahme zeigt eine großzügige, über zwei Stockwerke gehende Wohnhalle voll von ausgesuchten Antiquitäten verschiedener Stile. Dem Betrachter drängt sich dabei der Ausdruck »stilvoll« in seiner wörtlichsten Bedeutung auf. Wenn man einzelne Stücke herausgreift und stilkritisch einordnet, so findet man den gesamten Zeitraum von der Frühgotik bis zum Rokoko vertreten. Das wohl früheste Stück dürfte die spätromanische Madonna neben dem Treppenaufgang sein. Unter der Treppe kann man einen typischen gotischen Stollenschrank erkennen. Aus dieser Epoche stammt auch die auf diesem Möbel stehende Skulpturengruppe mit zwei Engeln, sowie die Madonna an der linken Wand zwischen den beiden Fenstern. In die Barockzeit datieren die meisten Möbelstücke. Sehr schön sind beispielsweise die beiden Armlehnstühle im Vordergrund, die noch mit Originalbezügen in Petit- und Gros-Point-Stickerei bezogen sind. Vor allem die mit Rohrgeflecht bespannte Rückenlehne ist von dem im Bild angeschnittenen Rokoko-Armlehnstuhl (links) aus der Mitte des 18. Jahrhunderts zu sehen. Zwei Aufsatzvitrinen sind im Hintergrund zu erkennen. In der linken Ecke steht ein zierliches Eckmöbel (vgl. ähnliches Stück, Kat.-Abb. 283) ebenfalls aus der Rokokozeit. Im angrenzenden Raum sieht man das zweite Stück, eine Schreibkommode mit zweitürigem Vitrinenaufsatz. Geradezu »sichtbar« ist die Gemütlichkeit der beiden Ohrenbackensessel, welche links und rechts von der Eckvitrine stehen. Dieser Sesseltyp ist durch die seitlich der Rükkenlehne angebrachten, gebogten Stützen zum Anlehnen des Kopfes charakterisiert. Ob der Ausdruck von deren ohrenartigem Aussehen und ihrer entsprechenden Anbringung herrührt oder ob das Anlehnen des Kopfes mit den Ohren dafür verantwortlich ist, kann nicht eindeutig geklärt werden.

Der frontal gezeigte Ohrenbackensessel ist ein Vollpolstermöbel, das heißt, daß das hölzerne Rahmengestell vollständig von der Polsterung, bzw. vom Bezugstoff überdeckt ist. Bei dem zweiten, schräg von hinten sichtbaren Fauteuil ist das Gestell bei der Polsterung ausgespart, womit oft ein reizvoller Kontrast zwischen Bezug und Holz erreicht wird. Notwendige Ausstattungen wie beispielsweise das Treppengeländer und die Balustrade sind in altem Stil gut ergänzt und fügen sich »stilvoll« in die Gesamtwirkung des Raumes ein.

Als stilvoll muß auch die Abrundung dieser Einrichtung durch Textilien wie den figürlich staffierten Gobelin an der Treppenwand und die schönen Orientteppiche bezeichnet werden. Bewußt zurückhaltend sind die unifarbenen Übervorhänge gehalten, deren einziger Zierat eine weiße Bordüre entlang der formschön gebogten Schabracke ist. Insgesamt ein Raum, den sein Besitzer liebevoll mit Antiquitäten gefüllt hat, und der ein Beispiel für stilvolles Wohnen in unserer sonst so nüchternen Zeit ist.

Erfurter Möbel

Neben Dresden war Erfurt ein weiteres bedeutendes Zentrum der Möbelherstellung in Mitteldeutschland. Es wurden im 18. Jahrhundert meisterliche Möbel hergestellt.

132: Ruef, München (Himpsl)
134: Scheike, Gemmingen

132

133

132 Schreibsekretär. Gedrückte Kugelfüße, leicht geschweifte dreischübige Front mit abgeschrägten Seiten. Schreibklappe flankiert von Schüben. Tabernakelaufsatz. Reiche, meisterliche Ranken- und Rocaillen-Einlagen. Schreibklappe und Tabernakeltür mit figürlich intarsierten Landschaftsreserven. Die getönten Einlagen sind außerdem reich graviert und geschwärzt, wodurch ein fast plastischer Eindruck entsteht. Nußbaum mit Wurzelholz. Original-Bronzebeschläge. Erfurt, um 1760. H 195, B 131, T 50
50000,–/60000,–

133 Vitrinen-Aufsatzkommode. Geschweifte Füße mit gebogter Zarge. Geschweiftes, gebogtes Kommodenunterteil mit drei Schubladen. Zurückgesetzter, dreiseitig verglaster Aufsatz auf entsprechenden Füßen. Unten zwei Schubladen, darüber zwei Türen. Geschwungenes, gebogtes Profilgesims. Nußbaum mit sehr reich intarsierten Bandelwerkfüllungen. Erfurt, um 1750. H 234, B 140, T 75 **18000,–/20000,–**

134 Barockschrank auf fünf gegliederten Kugelfüßen. Darüber vorkragende Pilasterbasen, intarsierte Lisenen mit Akanthuskapitellen, Sockel mit zwei Schubladen. Zwei Türen mit Bastionfüllungen mit eingelegtem Buchsbaummedaillon: in stilisiertem Blattkranz Schäfer- bzw. Jagdszene; sehr fein graviert und eingeschwärzt (siehe Detailabb.). Kopfteil mit ausladendem Profilgesims. Nußbaum und Nußwurzel auf Eiche. Erfurt, um 1740. H 225, B 240, T 82
85000,–/90000,–

▷

134

Etagère

1. Tisch mit Zwischenfächern, ein in der 2. Hälfte des 18. Jhs. übliches Kleinmöbel. Man bezeichnet aber auch übereinander zu stellende Serviertischchen so.
2. Allseitig offenes Regalgestell und Möbelaufsätze mit dreiseitig offenen Zwischenfächern.

135

135 Etagère, säulenartiges Kommodenunterteil. Etagèrenaufsatz: drei schlanke Säulen mit Bronze-Basen und -Kapitellen, dazwischen drei Zwischenfächer. Profilierter abgetreppter Kopf. Mahagoni. Deutsch, um 1800. H 198, Ø 48
1 500,–/1 800,–

Faltwerk

Ein in der Gotik entwickeltes, schreinermäßiges, mit dem Hobel gearbeitetes Ornament für Füllungsflächen. Dabei wurden die Füllungsbretter der Länge nach mit dem Hobel profiliert und oben und unten derart umstochen, daß die Fläche einem sorgfältig zusammengeschobenen Leinentuch gleicht. Dieser Flächendekor fand neben dem Maßwerk und dem Laubwerk vor allem bei den Flandrischen Eichen-Möbeln des 15. und 16. Jhs. Verwendung.

136

136 Stollenschrank. Rückwand und Seiten mit Faltwerkfüllungen. Eiche, restauriert. Flandern, 16./19. Jh. H 153, B 164, T 62 **8000,–/10000,–**

137

138

Fassadenschrank

Großer, meist süddeutscher Schrank, der sich in seiner Frontgliederung an architektonische Formen – an Gebäudefassaden – anlehnt. So zeigen vor allem Ulmer und Nürnberger Renaissance- und Frühbarockschränke mit ihren vorgesetzten Säulen, Lisenen, Aedikulen, torbogenartigen Füllungen, die charakteristischen Kriterien dieses Schranktyps, waagrechte Gliederung durch den Sockel, die den zweigeschossigen Korpus unterteilende Schubladengurt und den meist ausladenden Kranz.

◁ **137 Fassadenschrank.** Wuchtiges Sockelgeschoß mit zwei Schubladen. Korpus mit zwei Türen, reich architektonisch durch portalartige Aedikule gegliedert. Die Ecken sowie die Frontmitte durch Lisenen und Akanthuskapitelle gegliedert, denen auf der Frontseite Säulen vorgesetzt sind. Abgesetzter Kopf mit verkröpftem, ausladendem Profilgesims und Zahnschnittleiste. Verschiedene Hölzer. Süddeutsch, 16. Jh. H 235, B 235, T 98 **8000,–/12000,–**

◁ **138 Fassadenschrank.** Zweigeschossig mit doppelter Säulenstellung, im Untergeschoß mit Volutenkapitellen, im Obergeschoß mit Akanthuskapitellen. Verkröpftes Sockelgeschoß mit fünf Schubladen. Untergeschoß zweitürig. Die Türen mit Muschelnische zwischen Pilastern und Renaissancegiebel. In den Seitenrisaliten Rundbogennischen mit eingestellten Pyramiden auf Blattkonsolen. Obergeschoß zweitürig in ähnlicher aber reicherer Gliederung. Im Inneren Kabinett. Mittleres Tabernakelfach mit kannelierten Säulen und Renaissancegiebel, flankiert von zahlreichen Schubladen. Im Obergeschoß seitliche Schrankfächer. Nußbaum auf Tanne, Eisenbeschläge, Schlösser und Scharnierbänder. Süddeutsch, um 1600. H 235, B 183, T 71
30000,–/40000,–

138: Lempertz, Köln
139: Ruef, München (Himpsl)

Folgende Seite:
140, 142: Scheike, Gemmingen
141, 143: Arnold, Frankfurt (Englert)

Fauteuil

Der typische französische Armstuhl des 17. und 18. Jhs. Dieses Sitzmöbel fand auch in Deutschland großen Anklang und wurde von hiesigen Schreinern nachgearbeitet.

139 Fauteuil. Reich geschnitztes, profiliertes, geschweiftes Gestell mit Blütenrelief. Gepolstert mit späterem Bezug. Süddeutsch, um 1740. **2500,–/2800,–**

139

140

141

Frankfurter Schrank

Meist großer zweitüriger Schrank mit hohem Sockel, häufig auf sechs Kugelfüßen. Säulen oder Pilaster in der Mitte und an den Ecken des Corpus. Stark ausladendes, gerades oder verkröpftes Gesims. Außer diesem, in ähnlicher Form auch in anderen Regionen vorkommenden Schranktyp gibt es in Frankfurt zwei Sonderformen, die so charakteristisch sind, daß sie schlechthin als die Frankfurter Schränke gelten: der Wellen- und der Nasenschrank.

140 Wellenschrank. Der Name rührt von der Aufgliederung der Schrankfront und -seiten in eine Folge von verschiedenen Kehlen und Wülsten her, wodurch eine wellenartige Optik erzielt wird. Das gezeigte Beispiel steht auf gedrückten Kugelfüßen. Der Sockel ist reich profiliert und nach unten ausgestellt. Die zwei Türen haben die charakteristische, wellenförmige Profilierung. Die Ecken sind abgeschrägt und wiederholen ihrerseits diese Gliederung. Das Kranzgesims ist weit ausladend und ebenfalls reich profiliert. Massiv Eiche. Frankfurt, um 1730. H 230, B 220, T 78
14000,–/20000,–

141 Wellenschrank, in typischer, etwas schlichter Ausführung. Nußbaum-Wurzelholz. Frankfurt, 18. Jh. H 212, B 215, T 77 **16000,–/20000,–**

142 Nasenschrank nennt man die Sonderform des Wellenschrankes, bei dem die Ecken zu kräftig vorspringenden Wülsten, sogenannten Nasen, ausgebildet sind. Sonst entspricht dieser Typ der charakteristischen Wellenschrankform. Auf sechs gedrückten Kugelfüßen ein nach oben eingezogener Profilsockel, zwei Türen mit breiter Anschlagleiste in Wellengliederung. Die Ecken mit den namengebenden »Nasen«-Wülsten. Der Kopf als weit ausladendes Profilgesims. Massiv Eiche. Frankfurt, um 1720. H 216, B 210, T 82 **17000,–/22000,–** ▷

143 Nasenschrank. Typische Form und Ausführung. Nußbaum. Frankfurt 18. Jh. H 217, B 218, T 85 ▷
20000,–/28000,–

142

143

Französische Möbel

Mit der Vormachtstellung Frankreichs gegen Ende des 17. Jhs. und besonders unter Ludwig XIV. wurde der französische Hof zum Vorbild für die meisten europäischen Fürsten. Die Pompentfaltung unter dem Sonnenkönig fand unter den anderen europäischen absolutistisch regierenden Herrschern Nachahmer. Die Gründung der »Manufacture royale des meubles de la Couronne« in Paris und die damit verbundene Vereinigung vieler Kunsthandwerker, wie Kunsttischler, Bildhauer, Metallkünstler, Teppichweber, Faßmaler, ja sogar Goldarbeiter, waren der Grund für die hervorragenden Leistungen in der Möbelfabrikation im 18. Jh. Verständlicherweise zog Paris damit nicht nur Künstler aus ganz Frankreich, sondern auch aus den Niederlanden, Deutschland und Italien an, um dann selbst wieder durch abwandernde Kunsthandwerker den Ruhm und die Glorie des Hofes von Versailles ins übrige Europa zu tragen. In diese Zeit politischer, wirtschaftlicher und gesellschaftlicher Überlegenheit fallen auch zahlreiche französische Neuschöpfungen auf dem Möbelsektor. Es sei nur an das »bureau-plat«, an die mit der Zeit immer eleganter und prunkvoller ausgestatteten Kommoden, an die verschiedensten neuen Sitzmöbel, an die vielen neuen Ziermöbel wie Poudreuse, Etagère, Encoignure, Chiffonière u. a. erinnert. Hierbei muß auch einer der genialsten Ebenisten der »Manufacture royale« erwähnt werden: Charles André Boulle (1642–1732). Ihm wird die Einführung der kurvenreichen Möbelsilhouetten, die Verstärkung von Kanten und die Auflockerung von Flächen mit Bronzebeschlägen zugeschrieben. Sicher aber hat er die nach ihm benannte Boulle-Technik entwickelt. Sie besteht aus der kunstvollen Verwendung von Schildpatt und Messing zum Furnieren von Möbeln. Dabei werden alle Flächen mit ornamental und figural gestaltetem Dekor belegt. Außerdem wurde auch noch Elfenbein und vor allem reicher Bronze-Zierat angewandt. Diese Möbel gehören zum technisch perfektesten und künstlerisch anspruchsvollsten, was die Epoche hervorgebracht hat. Kein Wunder, daß die Boulle-Technik von seinen vier Söhnen und anderen Ebenisten – auch noch Generationen danach – fortgeführt wurde. Selbst im späten 19. Jh. fertigte man noch sogenannte Boulle-Möbel.

Ebenso wie die politische Macht ganz auf Paris konzentriert war, beschränkte sich die höfische Möbelkunst auf diese Metropole. Mit einem gewissen Recht bezeichnete man alles nicht Pariserische als provinziell. So brachten auch die übrigen Herstellungsgebiete vorwiegend rustikale und bürgerliche Erzeugnisse hervor. Vom Westen bis nach Ostfrankreich war z. B. als Schrank ein hoher, schlanker Typ in leicht variierter Ausführung gebräuchlich.

144

145

146

147

144 Rokoko-Kommode. Geschweifte Beine mit Bronzeschuhen und -Kantenbeschlag. Zwei Schubladen, die untere mit gebogter Unterkante, optisch durch passig gerahmte Füllung zusammengefaßt. Gitterartig gemusterte Palisandermarketerie. Mahagoni. Edle, prächtige Rocaillen-Bronze-Beschläge. Marmorplatte. Frankreich, um 1740. H 81, B 98, T 54 **18000,–/20000,–**

145 Damen-Klappsekretär. Geschweifte Füße und ausgebogte Zarge mit Bronzebeschlägen, drei Schubladen, Schreibklappe, oben weitere Schublade mit passig geschweiften, reich mit Blumen intarsierten Füllungen. Mahagoni, Palisander, Edelhölzer auf Eiche. Bronzebeschläge. Grüngeaderte Marmorplatte. Frankreich, um 1770. H 142, B 67, T 37 **8500,–/9500,–**

146 Beistelltischchen (Guéridon). Geschweifte nach unten verjüngte Beine mit Bronze-Zierat. Zwischenfach mit Blumeneinlage. Geschweift gebogte Zarge mit seitlichem Schubfach. Passig ovale Platte mit dreiseitiger Bronze-Zierkante. Edelhölzer. Frankreich, um 1760. H 75, B 40, T 20 **2800,–/3800,–**

147 Louis-XVI-Kommode. Halbhohe Füße mit Bronzebeschlag. In der Mitte Zargenausbuchtung mit Louis-XVI-Beschlag. Zwei Schubladen mit vorspringendem Mittelteil, optisch durch die Intarsien zusammengefaßt: Urnenvase und gekreuzte Blütenzweige. Oben dritte, schmälere Schublade. Schmale, abgeschrägte Ecken mit Löwenkopf-Bronzen. Palisander und Edelhölzer. Frankreich, um 1780. H 100, B 126, T 55 **6000,–/8000,–**

148 Klappsekretär. Stollenfüße, die sich in den kannelierten abgeschrägten Ecken fortsetzen. Unten zwei Türen, darüber Schreibklappe mit Inneneinrichtung, oben Schublade. Die Feldeinteilungen von intarsiertem Wellenbandornament und Linieneinlagen umgeben. Mahagoni mit kunstvoller Verwendung von ausgesucht schön gemasertem Palisander. Typische Original-Beschläge. Marmorplatte. Frankreich, um 1770. H 143, B 95, T 39 **10000,–/13000,–**

149 Schreibklappsekretär. Stollenfüße, zwei Türen, darüber Schreibklappe mit Inneneinrichtung. Durch Messingleiste konturierte Füllungen. Seitlich Pilaster auf Bronzefüßen, von Bronzebüsten bekrönt. Im Kopf Schubladen. Mahagoni mit reichem Bronzezierat. Frankreich, um 1800. H 137, B 92, T 47 **1800,–/2800,–**

150 Bretonischer Schrank. Stollenfüße, im Sockel Schublade mit Maskaron-Griff, zwei Türen mit je drei Kassettenfüllungen. Der Kopf ist durch ein gedrechseltes Gitterwerk gegliedert und wird von einer ausladenden Leiste abgeschlossen.
Die Schrankfront ist vollständig ornamental ausgeschnitzt. Massiv Eiche, Eisenbeschläge. Frankreich, Ende 18. Jh. H 215, B 129, T 64 **9000,–/10000,–**

151 Bibliotheksschrank. Stollenfüße, Rahmenkorpus mit glatten Füllungen, abgerundete Ecken mit schlankem Wulst. Zwei verglaste Türen in der Mitte durch geschnitztes Paneel unterteilt, oben gebogter Abschluß mit floraler Reliefschnitzerei. Lose aufgesetztes Kranzgesims. Eiche, Eisenbeschläge. Normandie (Frankreich), Ende 18. Jh. H 222, B 156, T 55 **5000,–/6000,–**

148

149

150

151

150, 151: Peretz, Saarbrücken

152 153 154

152 Lothringer Schrank. Geschweifte Füße, gebogter Zargensockel. Die abgerundeten Ecken mit schlankem Profilwulst. Zwei Türen mit gebogten Wurzelholzfüllungen. Nußbaum, mit feinen Blumenbukett-Intarsien. Eisenbeschläge. Ostfrankreich, Ende 18. Jh. H 226, B 164, T 66 **7000,–/8000,–**

153 Hochzeitsschrank. Geschweifte Füße und gebogte, geschnitzte Zarge. Zwei Türen mit typischem geschnitztem Rankenwerk und gebogten, glatten Füllungen. Kopf mit Vogelpaar in bekränztem Nest und geschnitztem Profilgesims. Eiche, Normandie (Frankreich), 18. Jh. H 240, B 165, T 60 **5000,–/6000,–**

154 Schrank. Auch im nördlichen Frankreich ist die typische Grundform der bürgerlich-rustikalen französischen Schränke des 18./19. Jhs. deutlich zu erkennen. Nußholz mit einfachen Band-Einlagen. Eisenbeschläge. Nord-Frankreich, 18. Jh. H 261, B 158, T 59 **4500,–/5000,–**

150–152, 154: Peretz, Saarbrücken

Frisiertisch

Tisch mit Schublade, der über der Platte einen Drehspiegel trägt. Er trat im Empire an die Stelle der oft kompliziert ausgeführten Toilettentische oder Poudreusen des Rokoko.

155 Frisiertisch (siehe auch Poudreuse). Schreibtischform auf Vierkantspitzfüßen. Fußkasten flankiert von je zwei Schubladen. Darüber Mittelschublade mit seitlichen Scheinschubladen. In der Mitte aufklappbarer Spiegel, seitlich aufklappbare Fächer. Nußbaum mit Würfelmarketerie. Deutsch, Ende 18. Jh. H 75, B 90, T 45 **3000,–/3500,–**

155

Furnieren

nennt man das Aufleimen sehr dünner Edelholzplatten auf Blindholz (Weichholz oder rissiger Eiche). Die Erfindung einer »Furniermühle« zum Schneiden der feinen Furnierhölzer durch den Augsburger Georg Renner im 16. Jh. war die Voraussetzung für die geläufige Anwendung der Furnierung. Nach der Mitte des 17. Jhs. setzte sich diese Technik, billiges Holz durch Auffurnieren wertvoller Holzfolien zu veredeln, allgemein durch, wobei etwa hundert Jahre lang das Nußbaumfurnier vorherrschte. Mit der Furniertechnik Hand in Hand ging die Kunst der Marketerie; häufig auch – nicht ganz korrekt – *Intarsien* genannt.

156

157

156 Barockkommode. Zargensockel, drei Schubladen wellenförmig geschweift. Glatte Seiten. Allseitig Nußbaumfurnier mit eingesetzten Füllungen aus Wurzelholzfurnier. Mitteldeutsch, um 1740.
H 80, B 123, T 70 **5000,–/7000,–**

157 Kommode. Kugelfüße auf Stollen. Dreischübige, leicht geschweifte Front. Nußbaumfurnier allseitig mit ornamentalen Band- und Sterneinlagen aus verschiedenen Hölzern. Bronzerocaillen-Zuggriffe. Süddeutsch, um 1760. H 99, B 123, T 75 **3500,–/4500,–**

156, 157: Ruef, München (Himpsl)

158

159

160

Fußformen

Unter den populären Fuß- und Beinformen von Möbeln sind folgende hervorzuheben: Vor allem bei Schränken und Kommoden waren *Kugelfüße* – nach ihrer kugeligen Form benannt – beliebt. Außer vollrunden, teils auch birnförmigen Ausformungen waren auch die sogenannten gedrückten oder gequetschten Kugelfüße begehrt. Dabei erhielt die Kugelform das Aussehen, als ob die Möbellast eine Kugel flach und in die Breite gedrückt hätte. Im Extremfall sieht der gedrückte Kugelfuß scheibenförmig aus (Nr. 158, 159).
Im 18. Jh. wurden neben zahlreichen neuen Möbeltypen auch die unterschiedlichsten Fußformen eingeführt. Einer Volute nachempfunden sind die *Volutenfüße* der Vitrinen-Aufsatzkommode (Nr. 160). *Klauenfüße* nennt man die Tierfüßen, besonders Raubtier- oder Vogelfüßen nachempfundenen Stützen bei Möbeln. Im 18. Jh. in England war als Sonderform der »claw-and-ball-foot« (Kugelklauenfuß) sehr beliebt und wurde auch bei den fabrikationsmäßig hergestellten Chippendale-Stilzimmern der Jahrhundertwende häufig verwandt (Nr. 162). Weitere Fußformen sind z. B. *Rundfüße*, *Vierkantspitzbeine* und *Eckstollenfüße* (Nr. 164–166). Auch der *Wangenfuß* (siehe Abb. 470) und *Kufen* (siehe Abb. 485) sind als besondere Fuß- und Beinformen erwähnenswert.

158 Barockschrank. Auf fünf gedrückten Kugelfüßen stehender, zweitüriger Barockschrank. Sockel und Kranz mit Profilgesims, abgeschrägte Ecken. Nußbaum furniert mit klaren einfachen Bandeleinlagen. Süddeutsch, 1. Hälfte 18. Jh.
H 216, B 190, T 75 **8500,–/9500,–**

159 Barockschrank. Sockel auf fünf gequetschten oder gedrückten Kugelfüßen, zwei Türen. Abgeschrägte Ecken, Kopf mit profiliertem Kranz. Nußbaum mit reichen ornamentalen Einlagen in den Türfüllungen. Papageien. Süddeutsch, 18. Jh. H 120, B 220, T 65
14500,–/16500,–

160 Vitrinen-Aufsatzkommode. Typisches, doppelt gebauchtes dreischübiges Kommodenteil. Volutenfüße. Zweitüriger verglaster Aufsatz mit reliefierter Kanten-Ziereinfassung. Charakteristischer profilierter, abgetreppter, gebogter Kopf. Mahagoni-Wurzel, Holland, 18. Jh. H 213, B 139, T 50 **7000,–/9000,–**

162: Ruef, München (Zeller)
160, 163: Ruef, München (Himpsl)

161

162

163

161 Kommode, auf Klauenfüßen mit mehrfach geschweifter, vierschübiger Front. Nußbaum mit Wurzelfüllungen, Messingbeschläge. Norddeutsch, 18. Jh. H 88, B 113, T 65 **3800,–/4500,–**

162 Holländische Aufsatzkommode, auf Kugelfüßen stehend. Hierbei ist der Kugelfuß wie von den Krallen eines Vogels umklammert dargestellt. Diese Sonderform wurde von England übernommen und war auch im Holland des 18. Jhs. beliebt. Die geschweifte Front des typischen Kommodenunterteils kontrastiert in ihrer Bewegung stark zu den glatten Seiten. Die Scheinfüllungen des zweitürigen Aufsatzes sind durch reich geschnitzte Reliefranken und -rocaillen vorgetäuscht. Typische Gliederung des geschwungen gebogten Kopfes. Nußwurzelfurnier, Messingbeschläge. Holland, um 1740. H 240, B 180, T 60 **15000,–/17000,–**

163 Kommode. Geschweifte Füße in Volute endend. Dreischübiger, dreiseitig geschweifter und gebauchter Korpus. Nußwurzel mit sehr schönem Bronzebeschlag. Norddeutsch, um 1750. H 86, B 134, T 66 **8000,–/10000,–**

164

165

166

164 Pfeilerkommode. Halbhohe kannelierte Rundfüße, allseitig geschweift, zwei Schubladen. Nußbaum, um 1780. H 88, B 68, T 51 **3200,–/4500,–**

165 Einer von sechs Stühlen. Vierkantspitzbeine. Sitz gepolstert, Rückenlehne mit dreiblattförmiger Zierverstrebung. Kirschbaum, teils schwarz gelackt. Deutsch, um 1820. je **1000,–/1200,–**

166 Aufsatzsekretär. Dreischübige, leicht doppelt geschweifte Kommode auf Eck-Stollenfüßen, darüber Schreibklappe. Aufsatz mit zwei Türen. Geschweift, gesprengtes Profilgesims. Nußbaum mit Linieneinlagen und Wurzelfüllungen. Mitteldeutsch, um 1740. H 203, B 115, T 62 **9000,–/11000,–**

167 Sitzbank und zwei von vier Fauteuils. Die gezeigte Garnitur mit reich reliefgeschnitzten Lütticher Eichengestellen ist mit Gobelins bezogen. Neben einer einheitlichen Ausführung verbindet sie der Dekor (Tierdarstellungen nach Fabeln von La Fontaine) zu einer harmonischen Einheit. **10000,–/15000,–**

Garnitur

Bei Möbeln versteht man unter einer Garnitur ein Ensemble von Sitzmöbeln, meist eine Sitzbank mit mehreren Sesseln und/oder Stühlen. Dabei wird nicht nur auf Einheitlichkeit in der Ausführung der Gestelle, sondern bei Polstermöbeln auch auf die Gleichartigkeit der Bezüge Wert gelegt. Das erscheint heute bei unseren Fabrikationsstoffen selbstverständlich, jedoch im 18. Jh., als sich die Garnitur einzubürgern begann, wurden die Sitzbezüge einzeln angefertigt. Es waren vor allem Pointstickereien und Gobelinbezüge.
(Siehe Abb. Nr. 167)

167

168

169

Geschirrschrank

Ein vor allem auf dem Lande gebräuchliches Aufsatzmöbel (siehe dort) mit regalartigem, zurückgesetztem Oberteil. Das Halbschrankunterteil ist sehr unterschiedlich, mit zwei Türen sowie Zwischentüren oder Schubfächern gestaltet. Außer in der Schweiz und in Ulm war diese Form vor allem in Norddeutschland beliebt.

168 Geschirrschrank. Wangen-Stollenfüße auf Standkufen. Unterteil: Halbschrank mit kleiner Mitteltür, flankiert von zwei Türen mit erhabenen Füllungen und spärlichem Rautendekor. Ansonsten Kerbschnitzornamente. Zurückgesetzter, offener regalartiger Aufsatz. Kopf leicht nach vorne überstehend mit durchbrochen geschnitzter Rankenzarge und Profilgesims. Eiche, Norddeutschland, Ende 18. Jh. H 220, B 160, T 52
2800,–/3500,–

168: Peretz, Saarbrücken

169 Vaissellier (frz. = Geschirrschrank). Zweitüriges Unterteil auf gebogten Füßen mit gebogt gegliederter Zarge. Zwei Schubladen. Zurückgesetztes Aufsatzregal mit zwei kleinen Schüben und Mittelnische. Eiche, Eisenbeschläge. Lothringen, Ende 18. Jh. H 222, B 149, T 69
5000,–/6000,–

170 Typischer gotischer Spitzbogen, einer von sechs Fensterrahmungen. Eiche, Ende 15. Jh. H 100, B 75
1500,–/3000,–

Gotik

Die Gotik erlebte zu verschiedenen Zeiten in den verschiedenen europäischen Ländern ihre Entwicklung.
In Deutschland begann die Frühgotik etwa um 1235, in abgelegenen Gegenden um 1260. Als Hochgotik bezeichnet man die Zeit um 1270–1360. Wichtigste Kunstgattung war die Architektur, wovon heute noch die für die damalige Zeit überdimensionierten Dome und Kathedralen zeugen. Die charakteristischste Einzelform war der Spitzbogen. Er fand auch in der Möbelkunst seine Verwendung.
Von den heute noch vereinzelt im Kunsthandel auftauchenden Möbeln ist an erster Stelle die spätgotische Truhe erwähnenswert. Neben der aus ungegliederten Bohlen in der alten Zimmermannskonstruktion gefertigten Truhe entstehen im 15. Jh. immer mehr schreinermäßig ausgeführte Truhen. Das heißt, ein Rahmenwerk wird mit Füllbrettern geschlossen. Die Erfindung der Sägemühle und die Möglichkeit, dadurch dünne Füllungsbretter zu sägen, war die Voraussetzung.
Als weiteres Kastenmöbel ist der Schrank zu erwähnen, der ebenfalls seit dem 15. Jh. schreinermäßig konstruiert wird. Im Norden, vor allem in den Niederlanden und Norddeutschland, werden die Rahmengestelle aus Eichenpfosten gefertigt und mit ornamentierten Füllungen geschlossen. Dabei fand vor allem das gewohnte Flächenmotiv des Maßwerkes sowie distelartiges Laubwerk Verwendung. Eine Schöpfung niederländischer Tischler und ein in den vom Eichenholz beherrschten Ländern bevorzugt angewandtes Ornament ist das Faltwerk (siehe dort).
Im Gegensatz zu den aus dem härteren Eichenholz gefertigten Möbeln

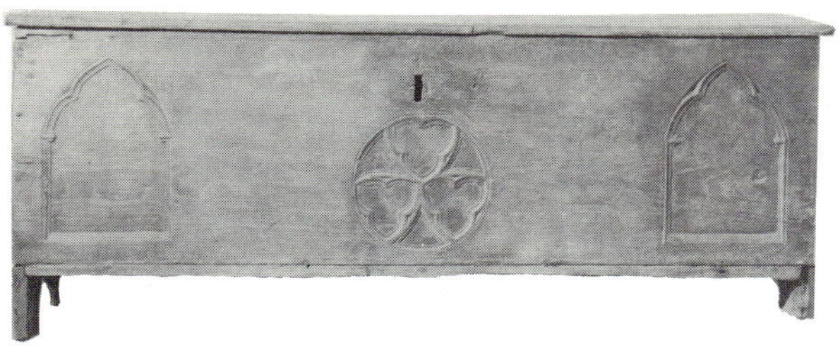

171

172

171 Gotische Truhe. Die einfache Truhenform wird durch zwei Seitenbretter in Verbindung mit Vorder-, Rückfront und Bodenbrett sowie Klappdeckel gebildet. Die als Füße nach unten überstehenden Seitenbretter sind in der Mitte am Boden ausgesägt. In die Seitenteile ist eine Aussparung so eingesägt, daß die Front- und Rückseite hineinpassen und durch Verleimung und Holznägel befestigt werden können. Die Front ist mit ornamentalen Schnitzereien dekoriert. Eiche. Deutsch, um 1500. H 65, B 130, T 52 **3000,–/3800,–**

172 Spätgotischer Stollenschrank. Vorn Stollenfüße mit Bodenfach, das hinten auf die meist mit Füllungsbrettern geschlossene Rückwand stößt. Kastenförmiger Aufsatz mit einer oder mehreren Türen, deren Füllungen, ebenso wie die Zarge oder die Zargenschübe, gewöhnlich figural oder ornamental geschnitzt sind. Die Seiten häufig schlichtes profiliertes Kranzgesims. Eiche, restauriert. Flämisch, 16./19 Jh. H 165, B 147, T 62 **10000,–/14000,–**

des Nordens haben sich süddeutsche gotische Möbel wegen der Weichheit der hier verwandten Nadelhölzer seltener erhalten und befinden sich heute fast ausschließlich in Museen.
Neben dem üblichen Kastenschrank (siehe Nr. 341) ist der sog. Stollenschrank ein weiteres typisches spätgotisches Möbel. Er war das erste, eigentliche Prunkmöbel. In dem Bodenfach wurden Zinn-, Silber- oder Messinggeräte aufgestellt. Damit die Schaustücke besser zu sehen waren, hatte man die vorderen Stollenfüße später manchmal weggelassen. Als Sonderform gab es den rheinischen Erkerschrank, der durch starkes Abschrägen der Ecken einen sechseckigen Grundriß erhielt.

Halbschrank

(Anrichte, Kredenz). Ein meist zweitüriges Möbel in halber Schrankhöhe. Später auch mit zusätzlichen Schubladen.

173 Typischer Halbschrank (Buffet, Anrichte). Gebogte Geißfüße und Zarge. Zwei Türen, darüber Schubladen. Passig geschweifte, profilumrahmte Füllungen, stilisierte Blumen-Reliefschnitzerei. Eiche, Messingbeschläge. Lothringen, 18. Jh. H 104, B 158, T 54 **3500,–/4000,–** ▷

174 Halbschrank. Geschweifte, wohl spätere Füße, zwei Türen, oben gebogt, abgeschrägte Ecken. Allseitig mit Bandel- und Rocaillenintarsien. Nußbaum. Wohl Italien, um 1760. H 144, B 124, T 16 **4800,–/5500,–** ▷

173

174

Hamburger Schapp

So wird ein besonders in Hamburg beliebter Schranktyp genannt. Über einem Sockel mit Schubladen erhebt sich ein mächtiger zweitüriger Korpus. Die Türfüllungen haben oft ovale Füllungen. Um die Füllungen lagern sich Schnitzereien. Auch die seitlichen Pilaster und der wuchtige Mittelpilaster (Schlagleiste) sowie die Gesims-Mitte sind mit Schnitzwerk dekoriert. Ähnlich mit gewelltem Giebel ist der Lübekker Schrank und auch der Danziger Schrank mit seinem reich geschnitzten Giebelraum.

175

175 Hamburger Barockschrank, sog. Schapp. Fünf profilierte Kugelfüße. Sockel mit zwei Schubladen. In der Mitte und seitlich verkröpfte Basen mit figürlichen Reliefauflagen, darüber Lisenen mit figürlich dekorierten Volutenkapitellen und ebensolchen aufgesetzten Rankenreliefs. Zwei Türen mit Bastionfüllungen, in den Ecken Ranken- und Figurenreliefs. Mächtiges Profilgesims mit reich geschnitztem Giebelfeld. Nußbaum auf Eiche. Hamburg, um 1700. H 208, B 208, T 80 **20000,–/25000,–**

175: Scheike, Gemmingen

176

177

178

Historismus

Darunter versteht man die Nachahmung historischer Stile, welche die 2. Hälfte des 19. Jhs. beherrschte. Nachdem bereits in England seit 1750 die Präraffaeliten damit begonnen hatten, die gotische Malerei nachzuempfinden, erlebten in den 40er Jahren des 19. Jhs. gotische Stilelemente im gesamten Kunstgewerbe und in der Architektur eine neue Blüte. Als Neo-Gotik bezeichnet, sind neben Bauwerken – vor allem Kirchen – Gemälde der sog. Nazarener, seltener auch Möbelkopien auf uns überkommen. Sehr produktiv war dagegen das sog. zweite Barock in Bezug auf die Möbelherstellung. Zahllose Erzeugnisse aus der Mitte des 19. Jhs. werden noch heute angeboten. Mit Dresdner oder Wiener Barock werden auch gleich Zentren ihrer Herstellung angesprochen. Es folgte als letzter historischer Stil in den 70er und 80er Jahren die Neo-Renaissance, landläufig auch als Altdeutscher Stil bezeichnet.

178: Arnold, Frankfurt (Englert)

◁ **176 Prunkkommode.** Ausgestellte Beine, ausgebogte Zarge mit Bronzebeschlag, die gebauchten Eckkanten ebenfalls ornamental bronzebeschlagen. Front und Seiten leicht geschweift. Drei Schubladen mit passig gebogten Palisanderfüllungen. Mahagoni, Marmorplatte. Nach historischem Barockvorbild. Frankreich, 19. Jh. H 88, B 116, T 52
3800,–/4000,–

◁ **177 Rokoko-Stilkommode.** Ausgestellte, bronzebeschlagene Füße. Eine hohe und zwei schmale Schubladen. Palisander und Mahagoni auf Eiche. Bronzebeschläge, Marmorplatte. Nach historischem Rokoko-Vorbild. Frankreich, Mitte 19. Jh. H 78, B 112, T 58 **2800,–/3000,–**

◁ **178 Bonheur du Jour** im Barockstil, Mahagoni und Palisander mit reichem Bronzebeschlag und vier aufgesetzten Porzellanplaketten. Frankreich, um 1850. H 129, B 74, T 46 **3500,–/5000,–**

179 Vitrinenschrank. Vorne Kugelfüße, zweitüriges Unterteil mit abgeschrägten Seiten, allseitig mit eingelegten Blumenbuketts. Entsprechender, allseitig verglaster, zweitüriger Aufsatz. Das Kopfteil in typisch holländischer Manier gebogt und abgesetzt. Mahagoni mit Edelhölzern und Perlmutt intarsiert. Holland, nach historischem Barockvorbild, 19. Jh. H 230, B 160, T 40 **3800,–/4000,–**

180 Damensekretär. Geschweifte Beine mit feinem Bronzebeschlag. Gebogte Zarge mit drei unregelmäßigen Schubladen. Allseits gebauchter und geschweifter Körper mit Schreibklappe. Vegetabilische Intarsien und Wappen. Reiche Inneneinrichtung. Edelhölzer, Bronzebeschläge. Nach historischem französischem Vorbild, 19. Jh. H 95, B 60, T 40
6000,–/6500,–

181 Einer von zwei Sesseln, dazu Sitzbank. Gebogt, geschweiftes, vergoldetes Gestell mit Rocaillen-Relief- und Muschelschnitzereien. Sitz, Rücken und Armlehnen gepolstert mit Gobelin-Bezug. Nach historischem Barockvorbild. Deutsch, Mitte 19. Jh.
zusammen **4800,–/5500,–**

182 Sessel und Stuhl im Barockstil. Gebogtes, profiliertes Gestell mit bewegter Silhouette. Sitz und Rücken gepolstert. Deutsch, im historischem Barockstil, Mitte 19. Jh. zusammen **500,–/700,–**

179

180

181

182

183

184

183 Salon: Sofa, zwei Bergèren, zwei Stühle, Tisch und Etagèren-Vitrine. Reich mit Ornamentenschnitzereien verziert. Grau-golden gefaßt. Rokokostil, 19. Jh.
zusammen **5000,–/8000,–**

184 Barockschrank. Gedrechselte Kugelfüße, Sockel mit zwei imitierten Schubladen. Zwei Türen mit späteren, geschnitzten Füllungen (19. Jh.) mit historischem Dekor. Aufgesetzte, geschnitzte Früchtegirlanden. Schwarzgelackte Profilleisten. Original Schloß und -Beschläge, Nußfurnier. Nürnberg, 17./19. Jh. H 218, B 182, T 69
3000,–/4000,–

183: Arnold, Frankfurt (Englert)

Holländische Möbel:

186 Halbschrank. Kugelfüße, profilierter Sockel, zwei Türen mit birkenfurnierten, erhabenen Kassettenfüllungen. Anschlagleiste und Seitenpilaster ebenfalls mit birkenfurnierten Füllungen. Ausladendes, profiliertes Gesims. Eiche. Holland, 17. Jh. H 145, B 159, T 70 **3500,–/5000,–** ▷

Hochzeitsschrank

Vor allem auf dem Land war es Tradition, daß die Braut als Mitgift einen besonders reich ausgeführten Schrank oder auch eine Truhe (Hochzeitstruhe) erhielt. Diese Schränke bezeichnet man als Hochzeitsschränke, oft ist durch entsprechenden Zierat indirekter Bezug auf das Ereignis genommen. So sind z. B. Tauben ein beliebtes Symbol, aber auch Monogramme oder Jahreszahlen dienen als Hinweise.

Siehe auch Abb. Nr. 153

185 Hochzeitsschrank. Geschweifte Füße und gebogte Zarge. Zwei Türen sind in der Gestaltung typisch für das rustikale französische Möbel mit besonders reicher Reliefschnitzerei. Ausladendes Profilgesims. Eiche, Eisenbeschläge. Normandie, 18. Jh. H 235, B 160, T 63
8000,–/10000,–

185

Holländische Möbel

(Niederlande, Flandern)

Dem plötzlichen Aufschwung der Malerei im 17. Jh. folgte auch eine eigenständige, nationale Möbelkultur. Darstellungen ihrer Erzeugnisse vermitteln uns die zahlreichen eindrucksvollen zeitgenössischen Genrebilder. Zunächst aus einheimischem Eichen- oder Nußholz gefertigt, wurden bald aus den Kolonien eingeführte exotische Hölzer zum Furnieren der Möbel verwandt.
Zu den beliebtesten Typen des 18. Jhs. gehört die Aufsatzvitrine, die bald eine eigenwillige, charakteristische Form angenommen hatte. Auch als charakteristisch halbhohes Möbel kommt der holländische Typ vor (Nr. 186, 189, 191).

186

187

187 Holländer Schrank, wegen der kissenartigen Füllungen auch Kissenschrank genannt. Birnförmige Kugel- bzw. Stollenfüße. Sockel mit Schubladen, darüber zwischen Lisenen und Schlagleiste zwei Türen mit kissenartigen Füllungen. Die Füllungsmitten mit dunklem Furnier heben sich gegen die hellere Eiche gut ab. Das weit ausladende Profilgesims hat drei aufgesetzte Löwen-Maskarons, die häufig noch originale Messingringe im Maul haben. Holland, um 1720. H 201, B 207, T 70
4 500,–/7 500,–

188 Holländer Doppelschrank, kantige Stollenfüße mit aufgesetzten Löwenmaskarons. Unterteil mit zwei Türen, profiliert im Bastionsstil mit Reliefschnitzerei: Blumenvase. In der Mitte und seitlich blumenumrankte, gewundene Säulen. Schubladengesims mit Löwenmaskarons und Metallringen. Entsprechend zweitüriges Oberteil mit Lisenen und Kariatyden. Kopf mit ausladendem Gesims und Pfeifendekor. Eiche. Holland, 17. Jh. H 220, B 190, T 60 **15 000,–/20 000,–**

188: Lempertz, Köln

188

189

190

Holländische Aufsatzmöbel

Als sogenannter Stollen-Aufsatzschrank kommt der flandrische Stollenschrank später in stark abgewandelter Form in Holland im 18. Jh. vor. Über vier bis acht halbhohen gegliederten Beinen mit Kugelfüßen und umlaufender Trittleiste befinden sich eine oder zwei Reihen mit durchgehenden bzw. unterteilten Schubladen. Zweitüriger Korpus oben gebogt, geschwungener profilierter Kopf, wobei durch Absätze Stellflächen für die berühmten Sätze von drei bis fünf Delfter Vasen entstehen. Um die Mitte des 18. Jhs. hat dieser Möbeltyp meist ein Kommodenunterteil mit zwei durchgehenden und zwei nebeneinander liegenden Schubladen. Der Aufsatz variiert nur wenig.

189 Stollenschrank. Sechsfüßiges Stollengestell mit umlaufender Leiste. Kommodenteil mit Schubladen. Zweitüriger Aufsatz mit abgetrepptem, geschweiftem Kopf, von Reliefschnitzerei bekrönt. Nußbaum mit Linieneinlagen, Original-Messingbeschläge. Holland, 18. Jh. H 254, B 183, T 62 **8500,–/10000,–**

190 Aufsatzkommode. Über Eck gesetzte Stollenfüße. Dreischübige Kommode mit abgeschrägten Ecken. Aufsatz, unten mit ausziehbarem Ablagebrett und drei nebeneinander liegenden Schubladen. Zwei Türen oben, der Kopfform angepaßt gebogt, die Ecken mit aufgesetzten Rankenreliefs. Abgesetzter, gesprengter Profilgiebel. Nußbaum und Mahagoni. Holland, 18. Jh. H 243, B 130, T 62 **7000,–/9000,–**

190: Ruef, München (Himpsl)

191

192

191 Holländische Aufsatzkommode. Volutenfüße, typisch gebauchtes Kommodenunterteil mit einer stark ausladenden unteren, einer eingezogenen mittleren und darüber zwei wieder leicht vorgezogenen, nebeneinander liegenden Schubladen. Die abgeschrägten Ecken wiederholen die Bewegung der Front und schaffen einen guten Übergang zu den meist geraden Seitenflächen (siehe Abb. 22–24). Aufsatz mit zwei Türen, deren Füllungen durch Profilleisten bewegt konturiert sind. Der Kopf mit den typischen Stellflächen für drei bis fünf Vasen. Die Stellfläche im geschwungenen Giebel als Rocaillenmuschel ausgestaltet. Eiche mit Teakholzfurnier. Holland, 18. Jh. H 225, B 182, T 65 **13000,–/15000,–**

192 Kommode. Kantige Birnfüße, ausgebogte Zarge, senkrecht gewellte, dreischübige Front mit typisch gebauchten, ausgestellten Ecken. Glatte Seiten. Wurzelholz mit Linieneinlagen. Altersschäden. Holland, 18. Jh. H 80, B 87, T 48 **3800,–/4200,–**

191: Scheike, Gemmingen
194, 195: Ruef, München (Himpsl)

Intarsien

Streng genommen versteht man darunter die Einlegearbeit von verschiedenfarbigen Hölzern, aber auch holzfremder Materialien, wie Elfenbein und Metallen in das Grundholz. Diese Technik erlebte ihren Höhepunkt bei den Möbeln der italienischen Renaissance. Allgemein wird heute aber dieser Ausdruck auch für die Marketerie verwandt. Dabei handelt es sich um das Aufleimen von verschiedenen aus Holzfurnieren zusammengesetzten Ornamenten und Motiven. Bei der Boulle-Technik wurden als Werkstoffe für die Marketerie vorzugsweise Messingblech und Schildpatt verwandt. Während die Intarsie eigentlich eine Einlegarbeit in Massivhölzer ist, handelt es sich bei der Marketerie um die Auflage eines zusammengesetzten Holzfurnier-Puzzles auf Möbelflächen.

193 Schrank. Gedrückte Kugelfüße, unten Schublade, zwei Türen mit linienumrahmten Feldern und intarsierten Figuren. Hier ist der Dekor direkt in das Massivholz der Türen eingelegt, so daß man mit vollem Recht von Intarsien sprechen kann. Gebogtes Profilgesims. Eiche mit Obstholz-Intarsien. Verzinnte Eisenbeschläge. Böhmen, Ende 18. Jh. H 187, B 117, T 42 **1800,–/2500,–**

194 Klappsekretär. Durch die entsprechend reiche Dekoration wird solches Mobiliar fälschlicherweise – nach den frühen »Intarsien-Schränken« – als Intarsien-Möbel bezeichnet. Tatsächlich handelt es sich hier um eine reiche Marketerie: auf den unteren Türen blumengefüllte Henkelkannen, auf der Schreibklappe ein Blumen-Cachepot. Auf den Seiten Blumenvasen mit Papagei. Mahagoni mit Edelholz. Holland, um 1780. H 170, B 80, T 50 **9000,–/15000,–**

195 Louis-XVI-Schrank. Gedrehte Füße. Sockel mit zwei Schubladen, Mittelpilaster und abgeschrägte Ecken, dazwischen zwei Türen, gegliederter, leicht geschwungener, profilierter Kopf. Reiche Marketerie, ungenau auch Intarsien genannt: typische Louis-XVI-Ornamente. Eiche, mit Nußbaumfurnier. Süddeutsch, Ende 18. Jh. H 210, B 178, T 77 **10000,–/12000,–**

196 Barockschrank. Gedrückte Kugelfüße, Sockel mit zwei Schubladen, zwei Türen mit Mitteunterteilung. Abgeschrägte Ecken. Verkröpftes Profilgesims. Nußbaum, die Füllungen mit reichen Ranken- und Vogelintarsien. Franken, 18. Jh. H 202, B 180, T 68 **5000,–/6500,–**

193

194

195

196

Italienische Möbel

197

198

199

In Italien erlebte vor allem während der Renaissance die Möbelkunst einen glanzvollen Höhepunkt. Dabei lehnte sich die Kunst des Mobiliars an die Prinzipien und stilistischen Formen der Architektur an. Es tritt eine strenge Gliederung durch Pilaster, Säulen, Lisenen auf. Außerdem wird die Waagrechte besonders durch Gesimse mit Profilleisten, wie Eierstab, Zahnschnitt u. ä. deutlich hervorgehoben. Die Vielzahl der antiken Ornamente, wie Akanthusblätter, Festons, Grotesken und figürliche Motive erscheinen in strenger Symmetrie. Die Möbeltypen bleiben auf einige wenige Grundformen beschränkt. Die Truhe (cassone) ist wie bereits im Mittelalter Favorit. Meist ist sie niedrig, um als bequemer Sitz zu dienen. Ihr Dekor war anfänglich die Schablonenmalerei, dann Wappen und Allianzwappen und schließlich reiche künstlerische Schnitzereien, teils ornamental, teils figural, meist auch beides verquikkend. Im 16. Jh. erhält die Truhe oft das Aussehen antiker Sarkophage. Als Sonderform entwickelt sich die thronartige Truhenbank, die sogenannte »cassapanca«. Sehr beliebt war auch die Kredenz (siehe dort), während der zweigeschossige Schrank kaum Anklang fand. Dagegen verhilft die im 15. Jh. sich ausbreitende Kunst des Schreibens dem Schreibschrank in Form des Klappsekretärs zu seiner frühen Entwicklung. Von Bedeutung sind auch die wuchtigen Tische mit oftmals in Form von Fabeltieren geschnitzten Seitenwangen. Die beweglichen Sitzmöbel waren mannigfaltig gestaltet. Erwähnenswert ist der »sgabello«, ein Stuhl, bei dem die Füße aus zwei reich gestalteten, nach unten ausgestellten und dem Beschauer zugewandten Brettstützen bestehen, deren Dekor sich in der entsprechenden Rückenlehne wiederholt. Auch der antike Faltstuhl kam wieder groß in Mode. Schließlich ist noch der sehr geradlinige, hochlehnige Stuhl erwähnenswert, dessen Lehne teils gegliedert, meist aber aus einem Brett mit Einlegearbeiten in fremden Hölzern und Elfenbein gearbeitet ist.

Im Barock verliert Italien seine führende Rolle an Frankreich. Als Sonderform der italienischen Intarsien entwickelt sich die Pietra-dura-Inkrustation, eine Einlegearbeit mit bunten Steinen. Ansonsten ist das italienische Barock etwas überladen und schwülstig. Die Silhouetten sind meist sehr bewegt. Im ausgehenden 18. Jh. steht die italienische Möbelkunst unter dem beherrschen-

200

201

202

den französischen Einfluß, wobei auch wieder Rückgriffe auf antikes Formengut eine große Rolle spielen.

◁ **197 Truhe.** Reich geschnitzte Front mit seitlichen Lisenen und Geldschnur-Relief, unten in Akanthusblatt-Volute endend. Italien, 17. Jh. H 57, B 178, T 61 **2500,–/3500,–**

◁ **198 Schreibkabinett.** Profilsockel. Unterteil: Zwei Türen mit Rundbogenfüllungen, darüber ausziehbare figürliche Auflagestützen für die Schreibklappe. Die Ecken des Aufsatzes mit 12 vollplastischen Figuren dekoriert. Hinter der Schreibklappe über drei Schubladen portalartige Mitteltür, flankiert von zwei kleineren Türen und Schüben. Geheimfächer. Kopf mit zwei Schubladen, Kartusche und plastischen Büsten, und abschließender profilierter Zahnschnittleiste. Massiv-Nußbaum, Eisenbeschläge. Italien, 16. Jh., der Untersatz möglicherweise im 17. Jh. ergänzt. H 140, B 75, T 36 **13000,–/15000,–**

◁ **199 Schreibkommode** auf leicht ausgestellten Beinen. Das Kommodenteil allseitig gebaucht und eingezogen. Drei Schubladen mit optisch übergreifender Marketerie: Schweifwerk mit gitterartig gefüllten Rocaillen-Ranken. Darüber schmale durchgehende Schublade. Nach oben allseitig verjüngter Aufsatz mit Schreibklappe und kleinem Abschluß mit flachem Schubfach. Entsprechende Marketerie. Italien, 18. Jh. H 129, B 118, T 58 **10000,–/12000,–**

200 Schreibkommode. Kantige Balustерbeine, drei leicht geschweifte Schubladen mit aufgelegten Rundstabornamenten. Ausziehbare Arbeitsplatte. Schreibklappe ebenfalls mit aufgelegten Rundstabornamenten. Schmaler Aufsatz mit Schubfach. Messingbeschläge, Nußwurzel. Italien, 18. Jh. H 120, B 105, T 19 **7000,–/8000,–**

201 Aufsatzsekretär. Kommodenunterteil auf über Eck gesetzten Sockelfüßen, drei leicht geschweifte Schubladen. Darüber, leicht abgesetzt, Schreibklappe. Aufsatz mit einer verspiegelten, oben passig rundgebogten Tür. Unten kleine Ausziehplatte zum Abstellen eines Kerzenhalters. Der Kopf zinnenartig gestaltet. Typische, aus einzelnen Teilstückchen zusammengesetzte Nußwurzelfurnierung. Italien, 18. Jh. H 231, B 91, T 55 **8000,–/12000,–**

202 Kommode auf leicht ausgestellten Füßen, drei Schubladen. Dreiseitig gebaucht. Reiche Marketerie. Jagdliche Szenen aus graviertem Elfenbein und getöntem, brandkonturiertem Holz auf Palisander. Norditalien, um 1750. H 70, B 125, T 60 **10000,–/15000,–**

198: Peretz, Saarbrücken
202: Christie's, London (Cooper)
205: Lempertz, Köln

203

204

205

Jugendstil

Die letzte, alle künstlerischen Ausdrucksformen umfassende Stilepoche. Vom Ende des 19. bis in die 20er Jahre des 20. Jahrhunderts beeinflußte der Jugendstil die Architektur, das Kunstgewerbe, die bildnerische Kunst und auch die Möbelherstellung. Charakteristisch sind vor allem klare, meist stark stilisierte Naturformen. Einer der bedeutendsten Künstler des Jugendstils war *Emile Gallé* (1846–1904), ein Kunstgewerbler aus Nancy, der neben den Gallé-Gläsern, die ihn weltberühmt gemacht haben, auch Jugendstilmöbel gefertigt hat. Diese hat er ebenso wie seine Gläser und Fayencen signiert. Seine Möbelerzeugnisse sind charakteristische Jugendstil-Schöpfungen.

203 Jugendstil-Stuhl. Strenge Form, Bronzeschuhe, Stitz gepolstert, Rückenlehne mit stilisierten floralen Intarsien. Deutsch, Anfang 20. Jh. **500,–/800,–**

204 Zwei von drei Satztischen. Jugendstil. Seitliche Wangenbeine auf ausgestellten Füßen. Die Palisander-Platten mit stilisierter floraler Marketerie in verschiedenen Hölzern. Nußbaumgestell. Nancy, Ende 19. Jh., signiert Gallé. H 72, B 60, T 40
zusammen **2400,–/2800,–**

205 Tischchen. Geschweifte, gerippte Beine mit Zwischenbrett und Platte, gerundete Ecken. Die Platten reich eingelegt mit verschiedenen Blättern. Verschiedene Einlegehölzer auf Tanne. Signiert: Gallé. Nancy, um 1890. H 74,5, B 63, T 40 **2000,–/4500,–**

Kabinett

Kunstschrank (frz. »Cabinet d'Allemagne« = deutsches Kabinett), Prunkmöbel, das sich im 16. Jh. aus einem rechteckigem Kasten entwickelte, der vorn durch zwei Türen oder einen Klappdeckel verschlossen war und innen Schubladen und in der Mitte ein Schließfach enthielt. Man setzte den Kasten auf einen Tisch oder ein eigenes Gestell. Aus Süddeutschland, Tirol, Italien, Spanien (der spanische Typ wird »vagueño« genannt) haben sich mit Intarsien geschmückte Kabinette des 16. Jhs. erhalten. Im 17. Jh. arbeitete man diese Prunkmöbel (nun auf tischartigem Unterbau mit acht Beinen und reichverziertem Aufsatz) aus Ebenholz und verkleidete sie mit Elfenbein, Schildpatt, Silber und Schmucksteinen. Zentrum der Herstellung in Deutschland war Augsburg (siehe *Augsburger Kabinett*). Eine reiche Sonderform, meist mit farbigen Reliefintarsien, stellt das *Egerer Kabinett* (siehe dort) dar. In der zweiten Hälfte des 17. Jhs. griffen die neuen Arten der Möbelverzierung wie Furnier und Marketerie auch auf das Kabinett über, während man seinen Unterbau kommoden- oder schrankartig umbildete. Im 18. Jh. gingen die Funktionen des Kabinetts auf den Schreibschrank über.

206 Kabinettschrank. Sockelgestell mit vier gewunden gedrechselten Beinen mit x-förmiger Verstrebung. Dreitüriger Aufsatz mit gegiebeltem Gesims, darüber Kopf mit zwei Schubladen und Karnies. Reiche Marketerie mit figürlich staffierten Architekturdarstellungen und verschiedenen Ornamenten. Nußbaum und andere Hölzer. Deutsch, Anfang 18. Jh., H 185, B 140, T 50 **5000,–/6000,–**

206: Christie's, London (Cooper)

207 208

207 Kabinettschrank. Reich geschnitztes Sockelgestell mit sechs Beinen. Verriebene Goldfassung. Kastenförmiger Aufsatz mit zwei Türen in Lackmalerei mit Dekor nach asiatischem Vorbild. Vergoldete Beschläge. Frankreich, um 1700. H 180, B 100, T 45. **6000,–/8000,–**

208 Spanischer Kabinettschrank. Sockelgestell mit sechs gewunden gedrechselten Beinen mit Verstrebungen. Die Zarge und die 24 Schubladen des Aufsatzes mit figürlichen jagdlichen und ländlichen Szenen, aus graviertem Elfenbein auf Schildpattfond. Aufsatz auf Kugelklauenfüßen, oben mit vergoldetem Metall-Karnies. Nußbaum. Spanien, Mitte 17. Jh. H 180, B 120, T 50 **6000,–/10000,–**

209

207, 208: Christie's, London (Cooper)

210

211

212

213

Kabinettschränkchen

Neben den auf einem hohen Sockelgestell stehenden Kabinettschränken waren im 17. Jh. auch die kleinen Kabinettschränkchen beliebt, die auf Truhen oder Kommoden aufgestellt wurden (siehe auch *Augsburger Kabinette*).

◁ **209 Kabinettschränkchen.** Gedrückte Kugelfüße. Zwei Türen mit Gemälden: figurenstaffierte Architektur- bzw. Ruinenlandschaften. Einfassung mit verkröpftem Flammleistenprofil. Oben zurückgesetzte Kassette mit Klappdeckel. Hinter den beiden Türen verspiegelte Mitteltür, umgeben von 22 kleineren Schüben. Süddeutsch, Ende 17. Jh. H 69, B 56, T 29 **1800,–/2500,–**

210 Kabinettschränkchen. Gegliederter Sockel, in der Mitte und seitlich mit Basis-Vorsprüngen, welche Pilastersäulen mit Akanthuskapitellen tragen. Dazwischen zwei Türen mit gegiebelten, portalartigen Kassettenfüllungen. Entsprechend gegliederter Kopf. Außen mit Schildpatt, Ebenholz und Elfenbein furniert. Innseitig mit kassettenartiger Marketerie mit Elfenbein-Sternen. Süddeutsch, 17. Jh. H 66, B 69, T 32 **1200,–/2000,–**

211 Kabinettschränkchen. Gedrückte, profilierte Kugelfüße, Sockelschublade, zwei Türen, dahinter reiche Inneneinrichtung, Mitteltür umgeben von elf Schüben, verjüngter Aufsatz mit Schubfach. Nußbaum mit Linienintarsien und Rankenmarketerie, gravierte Eisenbeschläge. Süddeutsch, Ende 17. Jh. H 75, B 55, T 34 **1900,–/2800,–**

212 Kabinettschränkchen. Zwei Türen, schlichte Außenseite. Tür-Innenfüllungen sowie Einrichtung (Mitteltür, umgeben von 8 Schüben) mit reicher Architektur-Marketerie in verschiedenen Hölzern. Seitliche Traggriffe. Ulm, 17. Jh. H 33, B 34, T 30 **1500,–/2500,–**

Daß diese Zierschränkchen selbst im 19. Jh. noch sehr beliebt waren, beweist dieses meisterlich ausgeführte

213 Kabinettschränkchen. Glattes Kirschbaumgehäuse. Von Flammleisten eingefaßte Inneneinrichtung (Mitteltür umgeben von zwölf Schubladen) mit gravierten geschwärzten Elfenbeinfüllungen im Renaissance-Stil. Süddeutsch, 19. Jh. H 65, B 82, T 36 **1200,–/1500,–**

215

216

Kaminumrahmung

Seit der Spätgotik war es üblich, die offenen Kamine mit einer Umrahmung, teils aus Stein, teils aus Holz, zu ummanteln und damit eine Verbindung zu den oft holzgetäfelten Wänden zu schaffen.

Kartusche

Eine schild- bzw. wappenartige Mittelfläche zur Aufnahme von Wappen, Inschriften oder sonstigen Darstellungen mit plastischer Umrandung.

215 Kaminumrahmung. Seitlich Sandsteinpilaster mit Behangornamenten und Figuren, datiert 1643, oben ausladend mit Puttenköpfen. Eichenaufsatzfries mit verschiedenen, die Todsünden darstellenden Fratzenmaskarons. Norddeutsch, 17. Jh. H 200, B 175 **3000,–/4500,–**

217

216 Kartuschen-Relief von Rollwerk umgeben. Büste eines Apostels, darüber und seitlich geflügelte Puttenköpfe. Eiche, 18. Jh. H 115, B 120 **3000,–/3500,–**

217 Kartuschen-Rahmen. Holzgeschnitzter, vergoldeter Rahmen, wobei die Zentralornamente kartuschenartig gestaltet sind. Wohl Italien. Ende 18. Jh. H 37, B 41 **500,–/700,–**

Kassettenfüllung

Seit der schreinermäßigen Möbelherstellung im 15. Jh. hat sich bei Kastenmöbeln die Konstruktion von tragendem Rahmenskelett und schließenden Flächen bis in unser Jahrhundert gehalten. Die in eine Nut des Rahmenwerkes eingefügten, meist dünnen Füllbretter nennt man Füllungen. In ihrer kastenförmigen Form, erhaben oder vertieft, spricht man von Kassettenfüllungen.

218

219

218 Spätbarockschrank, zwei Türen, profilierte Anschlagleisten, abgeschrägte Ecken. Kassettenfüllungen. Profiliertes Gesims. Eiche, Eisenbeschläge, 18. Jh.
H 195, B 155, T 60 **2200,–/3200,–**

219 Barockschrank, gedrückte Kugelfüße, Sockel mit zwei Schubladen, zwei Türen, abgeschrägte Ecken. Reich gestaltete Kassetten mit linienintarsierten Nußbaumfüllungen. Reich profiliertes Gesims. Eisenbeschlag, Eiche, 18. Jh.,
H 199, B 212, T 77 **3000,–/3800,–**

220

221

222

223

Klappsekretär

Auf die bereits in Italien im 17. Jh. gebräuchlichen Schreibschränke gehen die im Louis XVI., Empire und Biedermeier beliebten Klappsekretäre zurück. Unten mit zwei Türen oder aber mit Schubladen trifft man dieses Schreibmöbel an. In der Mitte ist eine nach vorn zu öffnende Schreibklappe, dahinter meist eine reiche Inneneinrichtung mit Schubladen und Fächern. Oben abschließend eine schmale Schublade (siehe *Sécrétaire en armoire*).

220 Klappsekretär. Stollenfüße, die sich in den abgeschrägten Ecken fortsetzen. Sonst typische Ausführung. Rosenholz mit Palisander, Bronzebeschläge, Marmorplatte, Frankreich, um 1780. H 138, B 90, T 38 **7000,–/8500,–**

221 Klappsekretär. Stollenfüße, die sich in den abgeschrägten Ecken fortsetzen. Unten zwei Türen, Mitte Schreibklappe, oben Schublade. Mahagoni mit reichen Intarsien: Blumenbuketts in Vasen, Ranken, Vögel und Ornamente. Frankreich/Holland, um 1770. H 143, B 93, T 37 **9000,–/11000,–**

222 Klappsekretär, Empire, auf Vierkant-Spitzfüßen. Bei geöffneter Schreibklappe wird die schön gegliederte Inneneinrichtung sichtbar. Kirschbaum. Süddeutsch, um 1800. H 143, B 73, T 43 **900,–/1800,–**

223 Klappsekretär, Biedermeier, gedrechselte Füße, unten drei Schubladen. Oben ladet das Möbel etwas aus und endet in einer überstehenden Platte. Norddeutsch, um 1835. H 155, B 110, T 52 **800,–/1200,–**

Koffertruhe

Wegen ihres gewölbten Deckels und der dadurch an alte Reisetruhen, bzw. Reisekoffer erinnernden Form benannte Truhenart. Vor allem im frühen 18. Jh. beliebtes Möbelstück.

224

224 Braunschweiger Koffertruhe auf Kugelfüßen. Die Seitenwände leicht nach oben ausladend, der Klappdeckel gewölbt. Nußbaum mit Bandelwerk und teils Elfenbein intarsiert. Seitliche, reich gestaltete Messingtragegriffe. 18. Jh.
H 80, B 117, T 60 **3500,–/4500,–**

224: Ruef, München (Himpsl)

Kommode

Der zweiten Hälfte des 17. Jhs. verdankt die Kommode ihre Entstehung. Zwar gab es in Italien bereits um 1600 sogenannte Schubladenkredenzen, aber die Kommode in ihrer Form, wie wir sie noch heute kennen, ist ein Erzeugnis der französischen Möbelkunst und vertrat dort selbst den großen Schrank, der hier zumindest innerhalb der herrschaftlichen Einrichtung nie heimisch geworden ist. Zunächst in der kastenförmigen Ausführung mit drei bis vier gleichgroßen Schubladen auf niedrigen Füßen entwickeln sich vom Anfang bis zur Mitte des 18. Jhs. zahlreiche Typen. Neben der schmalen Pfeilerkommode ist vor allem die gebauchte, reich mit Bronzebeschlägen verzierte Prunkkommode zu erwähnen, die im Rokoko auf geschweiften halbhohen Beinen steht. Die bewegte Silhouette des Rokoko wird im Louis-XVI-Stil (siehe dort) wieder kastenförmig streng, wobei, wie schon im ausgehenden Rokoko, unterschiedliche Schubladenhöhen, meist optisch durch entsprechende Intarsien zusammengefaßt, die Kommodenfront gliedern. Auch das Vorziehen der Schubladenmitten zu einem kleinen Absatz gehört zur neuen Gestaltungsart. Im Empire bleibt die Form schlicht und streng, wobei die oft reichen Intarsien des Louis-XVI-Stils durch ausgesucht schön gemaserte, teils exotische Hölzer und phantasievolle Beschläge ersetzt werden. Das schlichte Biedermeier verzichtet schließlich auch auf diesen Schmuckzierat und läßt die Möbelform und das weiche, warme Holz – meist Kirschbaum – selbst wirken. Die historischen Stile wiederholen alte Formen.

225

226

227

228

Neben den typischen Kommodenformen mit zwei bis vier Schubladen auf niedrigen bis halbhohen Beinen gibt es zahlreiche Sonderformen wie *Pfeilerkommoden* (siehe dort), Chiffonièren, Säulen- oder Trommelkommoden u.a. (Abb. 254–256)

225 Barockkommode. Sockelfuß. Drei optisch zweigeteilte Schubladen mit erhabenen, profilierten Füllungen. Darüber schmale Strumpfschublade. Abgeschrägte Ecken, entsprechende Seitenfüllungen. Platte, Front, Seiten und Ecken mit floral ornamentalen Elfenbein-, Perlmutt- und Halbedelstein-Einlagen sowie feinen Zinnlinien. Eiche und Nußbaum, Original-Bronzebeschläge (Altersschäden). Frankreich, 17. Jh. H 97, B 148, T 62 **10000,–/12000,–**

226 Kommode. Stollenfüße unter den abgeschrägten Ecken. Profilsockelkante. Drei Schubladen mit nach innen geschweifter Mitte. Entsprechende, überstehende Platte. Nußbaum mit Linien- und Bandeleinlagen. Prächtige Original-Bronzebeschläge. Braunschweig, um 1720. H 80, B 115, T 63 **8000,–/10000,–**

227 Régence-Kommode. Zargensockel, zwei durchgehende, darüber zwei nebeneinander liegende Schubladen. Palisander und Nußbaum mit sehr schönen, streng symmetrischen Bronzebeschlägen. Frankreich, um 1720. H 83, B 120, T 63 **10000,–/15000,–**

228 Kommode. Stollenfüße, zwei durchgehende, zwei nebeneinanderliegende, leicht geschweifte Schubladen, dazwischen und auf den abgerundeten, kannelierten Ecken eingelegte Messingprofilleisten. Nußbaum mit prächtigen Bronzebeschlägen. Marmorplatte. Westdeutsch mit französischem Einfluß, 18. Jh. H 87, B 106, T 60 **4800,–/5500,–**

229

230

231

232

229 Kommode. Ausgestellte Geißfüße mit Bronzeschuhen, die sich in den lisenenartig gegliederten, abgeschrägten Ecken fortsetzen. Drei Schubladen mit Kissen-Füllungen seitlich der glatten Schlüsselschild-Mitte. Nußbaum- mit Birkenwurzelfurnier. Schubladen mit schönen Bronzebeschlägen. Österreich, um 1700. H 84, B 118, T 69
5500,–/7000,–

230 Kommode. Allseitig geschweift und gebaucht. Unten zwei optisch zusammengefaßte Schubladen, darüber flachere Schublade mit passigem Umriß. Sehr feine Marketerie. Palisander auf Eiche, reicher Bronzebeschlag. Würzburg, 18. Jh. H 86, B 120, T 62
18000,–/20000,–

231 Kommode. Dreischübiger, doppelt geschweifter Korpus auf ausgeschnittenen Zargenfüßen, abgeschrägte volutenförmig betonte Ecken. Platte mit Messing eingefaßt. Reiche Bronzebeschläge an Schubladen und Ecken. Front, Seiten und Platte reich eingelegt mit Blumen, Ranken, Vasen, Schmetterlingen, Vögeln usw. Palisander und verschiedene Einlegehölzer auf Eiche. Frankreich, um 1700–1770. H 84, B 116, T 64,5
15000,–/25000,–

231: Lempertz, Köln

232 Kommode, halbhohe, leicht ausgestellte Füße, geschweifte Zarge, allseitig gebaucht geschweifter Korpus mit zwei Schubladen. Nußbaum-Filetfurnier und Linien-Einlagen. Original-Bronzebeschläge. Wohl Italien, 18. Jh. H 95, B 124, T 62 **10000,–/15000,–**

233

234

235

236

233 Kommode auf ausgestellten Füßen mit Bronzeschuhen. Allseitig gebaucht und geschweift. Die Ecken mit Bronzebeschlag. Drei Schubladen mit rautenförmiger Marketerie in Palisander. Westdeutsch. 1750. H 80, B 123, T 55
13000,–/14000,–

234 Kommode. Bewegte Silhouette, Sockelfüße mit gebogt ausgesägter Zarge. Drei in die gegliederte, gebauchte Front eingepaßte Schubladen. Wurzelfurnier, temperamentvoller Bronzebeschlag. Mitteldeutsch, um 1740. H 77, B 125, T 64 **5500,–/7000,–**

235 Kommode. Nur leicht allseitig geschweifte Form. Die Ecken pilasterartig vorgezogen und in den unten abgerundeten Füßen endend. Drei Schubladen durch verschiedene Holzwahl dreigeteilt. Nußbaum- und Wurzelfurnier. Elegante Bronzebeschläge. Baden, um 1740. H 85, B 130, T 67 **5800,–/6500,–**

236 Kommode. Kugelfüße, kantig geschweifte Front mit drei Schubladen. Linienumrahmte Füllungen mit Würfelmarketerie. Nußbaum, Bronzebeschläge, die Seiten mit Rautenmarketerie. Mitteldeutsch, um 1750. H 88, B 128, T 68
3500,–/5000,–

237

238

239

240

241

237 Rokoko-Kommode (Pfeilerkommode). Halbhohe gebogte Beine mit Bronzeschuhen. Allseitig gebaucht. Die oben eingezogenen Ecken mit Bronzebeschlägen. Zwei Schubladen mit linieneingefaßter Filet-Marketerie. Palisander, Bronzeschlüsselschilde, Marmorplatte. Frankreich, um 1760. H 80, B 65, T 43
900,–/2 500,–

238 Kommode. Gedrückte Kugelfüße, drei doppeltgeschweifte Schubladen mit Bandelwerk-Einlagen und Wurzelfurnier. Die Seiten mit linienumrahmten Füllungen, darin figurenstaffiertes Ovalmedaillon. Birke, Bronzebeschläge. Wohl Bayreuth, 18. Jh. H 90, B 110, T 62
4 500,–/6 000,–

239 Kommode. Allseitig gebaucht und geschweift. Drei Schubladen mit Linien und Rautenintarsien. Nußbaum, mit Original-Bronzebeschlägen. Deutsch, 18. Jh. H 85, B 124, T 65 **7 000,–/8 000,–**

240 Kommode. Über Eck gestellte, abgerundete Stollenfüße. Leicht geschweifte, dreischübige Front mit abgerundeten Ecken. Birkenwurzelfurnier mit Bandeleinlagen in Pflaumenholz. Schwaben-Württemberg, Ende 18. Jh. H 68, B 82, T 50 **2 500,–/3 500,–**

241 Kommode. Niedrige, in die Zarge auslaufende Füße. Doppelt geschweifte, dreischübige Front. Linienumrahmte Filet-Füllungen, Nußbaum, typischer Louis-XVI-Bronzebeschlag. Westdeutschland, 1780. H 78, B 122, T 65
3 000,–/4 500,–

242

242 Louis-XVI-Kommode. Gebogte Füße, drei Schubladen mit linienkonturierten Würfelmarketerie-Füllungen und Filet-Einfassung. Kirschbaum. Deutsch, um 1780. H 91, B 128, T 63
3500,–/5000,–

243 Louis-XVI-Kommode. Vierkantspitzfüße, drei Schubladen mit vorspringendem Mittelteil, je in drei linieneingefaßte Füllungen aufgeteilt. Die Seiten mit Blumenmarketerie. Palisander und Nußbaum. Bronzebeschläge: Löwenköpfe mit Zugringen. Marmorplatte. Westdeutschland, um 1770. H 80, B 120, T 60 **3800,–/4800,–**

244 Kommode. Scheibenfüße, dreischübiges Kommodenteil mit gebogt abgeschrägten Ecken. Entsprechend geformte Platte, Nußbaum mit reicher ornamentaler Marketerie. Süddeutsch, um 1780. H 91, B 137, T 78 **4800,–/5500,–**

243

244

245 Louis-XVI-Kommödchen, sog. Pfeilerkommode. Halbhohe Vierkantspitzfüße, abgeschrägte Ecken. Die optisch zusammengefaßte, zweischübige Front und Platte mit blumengefüllter Urnenvase intarsiert. Nußbaum mit Linieneinlagen. Süddeutsch, um 1780. H 80, B 72, T 49
1500,–/3000,–

246 Louis-XVI-Kommode. Vierkantfüße, drei Schubladen, deren Schlüsselschilde von kreisförmigem Ornamentenband umgeben sind. Seitliche linienumrahmte Füllungen. Nußbaum. Süddeutsch, um 1780. H 93, B 125, T 60 **1800,–/2000,–**

247 Kommode. Vierkantspitzfüße, drei Schubladen in drei Felder unterteilt, das mittlere mit Behanggirlande. Diese und die ornamentalen Linieneinlagen des Kommodenrahmens mit Verzierungen in Art der Brandmalereien. Nußbaum. Deutsch, um 1780. H 86, B 120, T 65
2500,–/3000,–

248 Kommode. Halbhohe Vierkantspitzfüße, zwei Schubladen, durch Messingleisten vorgetäuschte Füllungen, messingbeschlagene Ecken. Mahagoni mit typischem Louis-XVI-Beschlag. Westdeutsch, Ende 18. Jh. H 80, B 85, T 42
1200,–/1800,–

249 Empire-Kommode. Vierkantspitzfüße, drei Schubladen, Mahagoni mit Bronzebeschlägen und Marmorplatte. Norddeutsch, um 1800. H 70, B 60, T 55
900,–/2000,–

245

246

247

248

249

250

251

250 Empire-Kommode. Vierkantstollenfüße. Zwischen schwarzen Säulen zwei Schubladen mit geschweifter Front, darüber glatte Schubladen, Nußwurzelfurnier, Messingbeschläge. Deutsch, um 1820. H 94, B 124, T 63 **2200,–/3000,–**

251 Kommode. Ähnlich wie oben. Ein Beispiel dafür, daß solche charakteristischen Stilmöbel in gleichartiger Ausführung vielerorts hergestellt wurden. Nußbaum. Deutsch, um 1820. H 90, B 125, T 60 **2500,–/3200,–**

252

253

254

255

256

252 Spätempire-Kommode. Vierkantspitzfüße. Zwei Schubladen, flankiert von schwarzgelackten Säulen mit Bronzezierat, Nußbaum. Deutsch, um 1815. H 78, B 83, T 49 **800,–/1 200,–**

253 Louis-XVI-Kommode. Kugelfüße, drei Schubladen, mit vorspringendem Mittelteil. Kleiner zurückgesetzter Aufsatz mit Schublade und Zierbalustrade. Nußbaum, mit ornamentalen Intarsien. Süddeutsch, um 1770. H 100, B 120, T 55 **4 000,–/5 000,–**

254 Zierkommödchen (Trommelkommode). Drei leicht geschweifte Beine, trommelförmiger Korpus mit Tür. Marmorplatte mit Messinggitterrand. Frankreich, 2. Hälfte 18. Jh. H 70, Ø 30 **2 000,–/3 000,–**

255 Kommodentisch. Vierkantspitzfüße mit Zwischenfach. Drei Schubladen, deren Füllungen mit feinen Messingperlleisten eingefaßt sind. Marmorplatte mit dreiseitigem Messinggitterrand. Mahagoni. Deutsch, um 1780. H 80, B 30, T 25 **900,–/1 500,–**

256 Säulenkommode. Achtkantiger Sockel, säulenförmiger, eintüriger Korpus mit ornamentalem und figürlichem Bronzezierat. Mahagoni, weiße Marmorplatte. Deutsch, um 1800. H 95, Ø 42 **800,–/1 000,–**

257

Konsoltisch

Wandtisch, der am Ende des 17. Jhs. weitgehend auf die Innenarchitektur abgestimmt wurde. Da das Gestell meist Bildhauerarbeit war, ergab sich oft eine ersprießliche Zusammenarbeit mit dem Schreiner. Nachdem der Konsoltisch im 18. Jh. ganz in die Wandgestaltung und Vertäfelung einbezogen wurde, verzichtete man auf die hinteren Beine und reduzierte sie auf zwei, manchmal sogar nur eine stark gebogte Stütze. Außer in Natur belassen, kommen die Konsoltische im 18. Jh. vorwiegend mit Fassungen, meist golden oder weiß-gold vor.

258

259

257 Konsoltisch. Reich ornamental und figürlich geschnitztes Gestell. Original-Marmorplatte. Bayern, um 1730. H 78, B 146, T 73 **30 000,–/35 000,–**

258 Konsoltisch. Reich geschnitztes Gestell, Volutenbeine mit Puttenköpfen. Zarge mit reichen Behangornamenten (Fassung mit Altersschäden). Deutsch, 17. Jh. H 80, B 120, T 60 **8 000,–/8 500,–**

259 Konsoltisch mit Spiegel. Sockel, vorne mit Volutenbeinen, verspiegelte Rückwand. Zarge mit Schublade, Mahagoni, weiße Marmorplatte. H 80, B 86, T 43. Dazu Spiegel, flankiert von Halbsäulen. Oben gerahmte Füllung mit gebogtem ornamental intarsiertem Giebel. Mahagoni. Deutsch, Anfang 19. Jh. H 120, B 60 **800,–/1 800,–**

257: Almas, München

Lothringer Möbel

In Ostfrankreich bildete sich ein charakteristischer Möbelstil heraus. Kennzeichnend sind die meist passig geschwungenen, profiliert eingefaßten Füllungen. Die Möbel sind aus Massivholz vorzugsweise in Nußbaum, seltener in Eiche, gearbeitet. Beliebteste Formen: Hohe schlanke Schränke und zweitürige Anrichten.

260: Peretz, Saarbrücken
261: Scheike, Gemmingen

260 Kleiderschrank. Gegliedert gebogte Zarge, geschwungene Füße. Zwei Türen mit geschweiften Kassettenfüllungen. Profilierter Bogenkranz, Blumenschnitzereien. Massiv-Nußbaum, Eisenbeschläge. Lothringen, Ende 18. Jh. H 233, B 149, T 65 **6000,–/6500,–**

261 Barockschrank. Gedrückte Kugelfüße, zwei oben gebogte Türen mit typischen Füllungen und Rocaillenmuscheln. Abgerundete Ecken, was ebenfalls zu den Charakteristiken zählt, oft mit Profilierung. Geschwungen gebogtes Profilgesims. Massiv-Eiche. Lothringen, um 1760. H 225, B 182, T 66 **10000,–/12000,–**

262 Bücherschrank. Stollenfüße, Sockel mit zwei großen und kleineren Mittel-Schubladen. Zwei Türen mit typisch profilierter, geschweifter Unterteilung, verglast, Profilkranz. Nußbaum mit Intarsien. Lothringen, 18. Jh. H 195, B 158, T 53 **3000,–/4000,–**

260

261

262

263

264

265

Louis-XVI-Stil

Der Louis-XVI-Stil wird nach der Regierungszeit Ludwigs XVI. benannt. Der immer noch anhaltende Einfluß Frankreichs auf die kontinentale Möbelkunst zeigt sich schon daran, daß der französische Ausdruck fast in ganz Europa gebräuchlich wurde. Nationale Namen wie beispielsweise »Zopfstil« in Deutschland wurden nie populär.

Im Gegensatz zum vorangegangenen Rokoko wird die Form des Mobiliars sehr viel strenger und beruht auf klassizistischen Einflüssen, was sich auch an antiken Ornamenten, wie Geldschnur-, Wellen- und Mäanderbändern sowie Festons und symbolischen Ornamenten zeigt. Die Ausführung, vor allem die Intarsie, wird weiter verfeinert und viele berühmte Ebenisten (siehe dort) wie z. B. David Roentgen versuchen sich durch ausgeklügelte Mehrzweckmöbel gegenseitig zu überbieten. Im Gegensatz zu den Prunkmöbeln ist dem bürgerlichen Louis-XVI-Mobiliar eine schlichte Eleganz eigen.

263 Eine von einem Paar Louis-XVI-Kommoden. Kannelierte Füße, drei Schubladen mit leicht vorgesetzter Mitte. Abgeschrägte Ecken. Nußbaum, allseitig mit Pflaumenholz-Bandintarsien. Schöne Original-Bronzebeschläge. München, 1780. H 80, B 120, T 60
zusammen **15000,–/18000,–**

264 Louis-XVI-Kommode. Vierkantspitzfüße, drei Schubladen mit leicht vorgesetztem Mittelteil. Kirschbaum mit Nußbaumwurzelfüllungen. Deutsch, um 1780. H 87, B 130, T 60
2000,–/3000,–

265 Louis-XVI-Kommode. Kannelierte, runde Spitzbeine. Zwei Schubladen mit vertieften, glatten Füllungen, abgeschrägte, kannelierte Ecken. Durchbrochene Messingbeschläge. Kirschbaum. Südwürttemberg, um 1780. H 86, B 118, T 58 **1800,–/2500,–**

266 Louis-XVI-Aufsatz-Schreibkommode. Vierkantspitzfüße. Drei Schubladen mit leicht vorgesetztem Mittelteil. Schreibklappe, darüber Aufsatz mit Mitteltür flankiert von je drei Schüben, Kopf abgetreppt mit Profilleiste. Ornamentale Linieneinlagen mit nußbaumfurnierten Füllungen und Fileteinfassungen. Schreibklappe und Tür mit Ornamenten-Oval. Süddeutsch, um 1780. H 187, B 122, T 60 **3 500,–/4 500,–**

267 Louis-XVI-Aufsatzkommode. Typische Keulenfüße, drei Schubladen durch eingelegte Füllungen dreifach unterteilt. Rahmenkanten mit Ornamentenband. Aufsatz auf entsprechenden Füßen, mit vorspringender Mitteltür, flankiert von je drei Schüben. Abgetreppter Kopf mit Gitterrand, bekrönt von geschnitzter, stilisierter Vase mit Behang. Nußbaum. Süddeutsch, um 1780. H 183, B 119, T 57 **6 000,–/7 000,–**

268 Louis-XVI-Schrank. Volutenfüße mit gebogter Zarge, profilierter Sockel. Zwei Türen mit Kerbrelief-Anschlagleiste. Kassettenfüllungen, dazwischen Ornamentenrelief. Abgeschrägte Ecken und Seiten, ebenfalls mit Füllungen. Gebogtes Profilgesims mit Zahnschnittleiste. Ecken und Mitte verkröpft. Massiv Kirschbaum. Süddeutsch, wohl fränkisch, um 1780. H 235, B 210, T 75 **3 500,–/4 000,–**

269 Louis-XVI-Schrank. Gedrückte Kugelfüße. Abgeschrägte Ecken mit Ziereinlagen, mit den gekröpften Gesimsecken Kapitelle bildend. Zwei Türen mit vier ornamental intarsierten Füllungen. Gekerbte Anschlagleiste, gebogtes Profilgesims. Eiche. Süddeutsch, um 1780. H 200, B 165, T 55 **5 600,–/6 000,–**

266

267

268

269

263: Britsch, Schussenried

270

271

272

270 Louis-XVI-Schrank. Gedrückte Kugelfüße. Sockel mit zwei Schubladen. Abgeschrägte Ecken, Mittelpilaster, zwei Türen mit sternintarsierten Füllungen, gebogtes Gesims mit Zahnschnittleiste. Massiv Kirschbaum. Bodensee, um 1790. H 195, B 162, T 52 **6000,–/7000,–**

271 Louis-XVI-Nähtisch. Mit ausgestellten Geißfüßen, Y-förmiges Zwischenfach, trommelförmiger Körper mit Klappdeckel. Nußbaum. Wien, um 1790. H 80, Ø 45 **800,–/1200,–**

272 Louis-XVI-Stuhl. Leicht gebogte Beine, Sitz gepolstert. Lehne mit Mittelzunge in Form einer Urnenvase. Deutsch, um 1780. **380,–/450,–**

Lüsterweibchen

In den Renaissance-Bürgerstuben beliebter Beleuchtungskörper, in Form einer Frauenbüste, oft ein Wappenschild haltend. Rückseitig angebrachte Hirschstangen mit schmiedeisernen Kerzentüllen. Auch in den im 19. Jh. kopierten Renaissance-Stilzimmern der 70er und 80er Jahre war diese Lüsterform beliebt.

273 Lüsterweibchen. Holz bemalt. Süddeutsch, wohl um 1870. L 80
800,–/1 200,–

273

Lütticher Möbel

Im ausgehenden 17. und während des 18. Jhs. war Lüttich ein Zentrum für die Herstellung edler Eichenmöbel mit reichen Reliefschnitzereien. Sehr verwandt sind die *Aachener Möbel* (siehe dort), und die Unterscheidung ist oft sehr schwer, weswegen man oft von den Aachen-Lütticher Möbeln spricht.

274 Aufsatzschrank. Acht Klauenfüße, in der Mitte Uhrenkasten, flankiert von je einer Tür, darüber Schublade, oben verglaste Türen. Die Ecken säulenartig herausgearbeitet. Das Kranzgesims mit Behangornamenten. In der Mitte über der Uhr Rundbogen von Reliefschnitzerei. Eiche. Lüttich, 18. Jh. H 236, B 163, T 40 **28 000,–/35 000,–**

274

275

276

275 Kaminumrahmung mit reicher Reliefschnitzerei: Eichenzweige und Rocaillen. Oben an den abgeschrägten Ecken durchbrochene Voluten. Eiche. Lüttich, 18. Jh. H 133, B 180, T 33
4500,–/5000,–

276 Teil einer Wandvertäfelung. Profilierte Füllung mit sehr eleganten Reliefschnitzereien, Rocaillen und Behangzweigen. Eiche. Lüttich, 18. Jh. H 180, B 345 **10000,–/15000,–**

Mainfränkische Möbel

Mainfranken mit den Zentren Bayreuth, Ansbach und Würzburg war eine der kreativsten deutschen Kunstregionen im späten 17. und vor allem im 18. Jh. Auch auf dem Gebiet der Möbelkunst zeugen heute noch Beispiele von einer unvergleichlichen Kultur. Die fürstlichen Höfe zogen eine große Anzahl bedeutender Ebenisten an. Aber auch die einheimischen Schreiner fertigten kunstvolles, sich an die großen Vorbilder anlehnendes Mobiliar. Der französische Einfluß wird nicht sklavisch nachempfunden, sondern geht in eigenständigen Formen harmonisch auf.

277

277 Kommode. Leicht ausgestellte Füße, gebogte Zarge. Drei Schubladen mit dunkel abgesetzten intarsierten Einfassungen und Ovalreserven. Dreiseitig geschweift und gebaucht, Platte mit sehr schönen Blumenintarsien. Nußbaum. Bayreuth, wohl Umkreis der Gebrüder Spindler, 18. Jh. H 81, B 127, T 60
12000,–/15000,–

278 Aufsatzschreibtisch. Gebogte, in schneckenförmige Voluten endende Beine. Diese und die bewegte Zarge mit reichem Schnitzwerk. Darüber drei Schubladen. Schreibpult, darüber von je vier Schubladen flankierte Tür. Die Schweifung der Tür wiederholt sich im profiliertem Gesims und wird von Rocaillenschnitzereien bekrönt. Nußbaum und Wurzelholz. Mainfranken 18. Jh. H 175, B 140, T 55 **28 000,–/38 000,–**

279 Rokoko-Kommode. Geschweifte Füße und gebogte Zarge mit Reliefschnitzereien. Drei Schubladen, abgeschrägte Ecken. Dreiseitig geschweift. Nußbaum mit Wurzelfüllungen in Linieneinlagen. Rokoko-Bronzebeschläge. Würzburg, 18. Jh. H 85, B 138, T 60 **11 000,–/14 000,–**

280 Barockkommode. Geschweifte Volutenfüße, dreiseitig geschweifter Korpus mit abgeschrägten Ecken. Zwei Schubladen. Nußbaum mit ornamentalen Linieneinlagen auf Wurzelfurnier. Würzburg, 1750. H 80, B 95, T 60 **7 500,–/8 500,–**

281 Barockkommode. Halbhohe, gebogte Beine, ausgebogte Zarge mit Schnitzerei, zwei durchgehende, darüber zwei nebeneinanderliegende Schubladen. Die Seiten nach vorne verjüngend geschweift, linienumrahmte Wurzelfüllungen. Nußbaum. Mainfranken, 18. Jh. H 91, B 114, T 52 **4 500,–/6 000,–**

277, 281: Ruef, München (Himpsl)

278

279

280

281

282

283

284

285

286

282 Barockkommode. Halbhohe, geschweifte Füße und gebogte Zarge mit feinen Rocaillen-, Ranken- und Muschel-Schnitzereien. Zwei Schubladen mit gebogt geschweiften Seiten, bandelwerkartige Intarsien, glatte Seiten mit Linieneinlagen. Nußbaum. Würzburg, 18. Jh. H 84, B 117, T 65
9 500,–/10 000,–

283 Eleganter Eckschrank mit Vitrinenaufsatz. Reliefgeschnitzte Zargen mit drei kleinen Volutenfüßen. Die abgeschrägten Ecken sind in profilierte ornamental intarsierte Pilaster ausgebildet, die jeweils oben und unten in eingerollten Akanthus-Voluten enden. Das Unterteil hat eine leicht gebauchte Tür, deren Rahmung mit Filetfurnier eine schön gemaserte, ornamental intarsierte Füllung umschließt. Darüber Zwischenfach, oben verglaste Tür mit entsprechender Filetfurnierung. Nußbaum. Würzburg, um 1730. H 190, B 60, T 55
20 000,–/28 000,–

284 Barockschrank. Ausladender Sokkel auf fünf gedrückten Kugelfüßen. Zwei Türen, abgeschrägte Ecken und Seiten mit rocaillenreliefierten, leistenumrahmten Wurzelfüllungen. Entsprechend ausladender Kopf mit Profilgesims. Eiche und Nußwurzelfurnier, spätere Louis-XVI-Beschläge. Mainfranken, 18. Jh. H 193, B 220, T 70 **13 000,–/15 000,–**

285 Louis-XVI-Schrank. Vierkantspitzfüße, zweiteiliger Korpus mit abgeschrägten Ecken, verkröpftes Profilgesims. Türen mit rautenförmiger Marketerie und Heiligen- bzw. Stern-Intarsien. Kirschbaum mit Nußfurnier, Messingbeschläge. Mainfranken, 18. Jh. H 200, B 167, T 63 **6 000,–/7 000,–**

286 Schrank. Dunkel, geschweiftes, profiliertes Gesims, zweitürig, geschnitzte Füllungen und Pilastervorlagen mit Rocaillendekor. Eiche. Mainfranken, Mitte 18. Jh. H 224, B 208, T 70 **8 500,–/9 500,–**

Marburger Finkentruhe

In der Gegend um Marburg hat sich im ausgehenden 18., vor allem aber in der ersten Hälfte des 19. Jhs. eine charakteristische, regional klar bestimmbare Truhenform herausgebildet. Der in der Mitte meist ornamental ausgesägte Sockel hat links und rechts ein kleines Schubfach. Die Seiten und der Deckel, vor allem aber die Front, sind reich mit den vielfältigsten Motiven intarsiert, wobei die Vogeldarstellungen für den Namen »Finken«-Truhe verantwortlich sind.

287

287 Marburger Finkentruhe in typischer Ausführung, die Einlagen in verschiedenen Obsthölzern. Marburg, um 1840. H 75, B 144, T 65 **7000,–/8000,–**

287: Scheike, Gemmingen

Marketerie

Das Aufleimen aus verschiedenen Holzfurnieren zusammengesetzter Ornamente, z. B. *Würfelmarketerie* (siehe dort).

288

288 Louis-XVI-Schrank. Vierkantspitzfüße. Zwei Türen mit Würfelmarketerie-Füllungen. Anschlagleiste und abgeschrägte Ecken mit abgesetzten Lisenen. Gebogter Kopf mit profiliertem Zahnschnitt-Profil. Kirschbaum. Oberschwaben, um 1780. H 215, B 170, T 65 **6500,–/7000,–**

289

Modellkommode

Solche Miniaturausführungen von Möbelstücken wurden einerseits als Muster oder Modelle gefertigt, andererseits waren es aber auch beliebte Gesellenstücke. Seit dem 18. Jh., vor allem im Biedermeier, wurden sie auch als Kinderspielzeug in einfacherer Ausführung hergestellt.

289 Modellkommode. Gedrückte Kugelfüße, dreischübige, doppelgeschweifte Front. Filetkanten, Linieneinlagen. Nußbaum. Ulm, 18. Jh. H 30, B 49, T 27
300,–/600,–

Zum Größenvergleich: Zinnleuchter, 18.Jh. H 40

290

Nachttisch

Im späten 18. und vor allem im 19. Jh. erhielt das dem Bett beigestellte Kleinmöbel seine endgültige, typische Form. Halbhohe Beine tragen einen Kastenkorpus, unten mit einer Tür, darüber eine Schublade. Damit man bei Nacht die auf der Platte abgelegten Dinge (Taschenuhr, Ringe u. ä.) nicht so leicht hinunterwerfen konnte, verlief an drei Seiten der Plattenkante eine überstehende Leiste.

290 Nachttisch. Abgesetzte, kannelierte Vierkantspitzfüße. Typische Form: Tür, darüber Schublade mit ornamentalen Linienintarsien. Platte dreiseitig mit überstehender Leisteneinfassung. Nußbaum. Deutsch, um 1780. H 78, B 40, T 35
1 300,–/1 800,–

Nähtisch

Der im England des ausgehenden 18. Jhs. entwickelte »worktable« hat sich schnell in Europa verbreitet und war im Biedermeier besonders beliebt, wovon die unterschiedlichen Ausführungen zeugen. Gemeinsam ist allen das handliche Format und die Schubladen oder Einsätze mit zahlreichen Unterteilungen zur Aufnahme der verschiedenen Utensilien.

290a Nähtisch in Form eines Globus. Auf y-förmiger Sockelplatte, drei nach innen gebogte Beine, unten mit Klauenfüßen, oben mit Löwenköpfen. Kugeliger Korpus (auf der Abb. aufgeklappt) mit reicher Inneneinrichtung. Schwarz gelackt und ziervergoldet. Wien, um 1825. H 110 **3000,–/5000,–**

291 Nähtisch. Vier bronzedekorierte, schwarzgelackte Säulen mit geschwungener x-förmiger Querverstrebung. Zarge mit Ausziehbrett, an welchem der Stopfsack hängt. Schublade, Nußbaum.Deutsch, um 1800. H 74, B 63, T 40 **500,–/700,–**

290 a

Nasenschrank

Der typische Frankfurter Wellenschrank erfuhr in der Form des Nasenschrankes eine spezielle Ausführung. Bei ihm sind die abgerundeten Ecken zu wulstartigen, hervortretenden »Nasen« ausgebildet, die diesem Möbel seinen Namen gegeben haben (siehe auch unter *Frankfurter Schrank*).

292 Nasenschrank. Gedrückte Kugelfüße, ausladender Profilsockel. Zwei Türen mit Kassettenfüllungen. Die Ecken mit den typischen vorgewölbten Profil-»Nasen«, ausladendes Profilgesims. Birnbaum. Frankfurt, Anfang 18. Jh. H 223, B 220, T 80 **12000,–/13000,–**

292: Ruef, München (Himpsl)

291

292

Norddeutsche Möbel

Als Ursprung des eigenen Möbelstils im Norden Deutschlands muß ein traditionsbewußtes Bauerntum angesehen werden. So finden wir zwar regional differenzierte, insgesamt aber charakteristische Bauernmöbel in Eiche gearbeitet, meist dunkel gebeizt, selten partiell bemalt. Daneben entwickelte sich in den Hansestädten ein vom wohlhabenden Bürgertum getragener, bürgerlicher Einrichtungsstil, der in reichen Patrizierhäusern manchmal fürstliche Ausmaße annehmen konnte, dabei aber immer zurückhaltend vornehm und schlicht geblieben ist.
Einflüsse sind von Holland, England und aus Dänemark erkennbar. Als typische Möbelformen sind der *Hamburger Schapp* (siehe dort), der barocke *Danziger Tisch* und *Schrank* (siehe dort) besonders hervorzuheben. Vor allem in der Empire- und Biedermeierzeit wird englischer Einfluß deutlich. Als Holz findet vorwiegend Eiche Verwendung, auch bei furnierten Möbeln. Daneben sind Nußbaum und mit Ausweitung des überseeischen Handels auch exotische Hölzer, vor allem Mahagoni, als Furnierhölzer erwähnenswert.

293 Geschirrschrank. Profilsockel auf Kufenfüßen. Zwischen drei Lisenen mit Bastionfüllungen zwei Türen mit ebensolchen Füllungen. Unter der Zarge Inschrift: Brunckelurs – Anno 1784. Aufsatz mit Tellerbord, ausladender profilierter Kopf, vorn von Säulen gestützt. Eiche. Norddeutsch, 18. Jh. H 195, B 175, T 50
4500,–/5500,–

294 Norddeutscher Aufsatzschrank (Geschirrschrank). Kugelfüße, seitliche Lisenen, dazwischen zwei Türen mit Füllungen, getrennt durch breite Unterteilung mit Schubfach. Ausladender Profilabschluß. Zurückgesetzter Regalaufsatz mit entsprechendem Profilgesims. Reich mit floralem Rankenrelief geziert. Eiche. Weser-Ems-Gebiet, 18. Jh. H 210, B 170, T 56 **3000,–/3500,–**

295 Barockschrank. Gedrückte Kugelfüße, Sockel mit zwei Schubladen. Zwei Türen mit Bastionfüllungen. Mächtiges Profilgesims mit geschnitztem Giebelfeld: Blütenranken und Spiegelmonogramm. Eiche. Norddeutsch, 18. Jh. H 230, B 205, T 75 **4000,–/5000,–** ▷

295: Arnold, Frankfurt (Englert)

293

294

296 Norddeutsche Eckvitrine. Kugelfüße, eintüriges Unterteil mit geschnitzten Seitenpilastern. Türfüllung mit Heiligenrelief unter muschelförmigen Rundbogen. Verglaster, eintüriger Aufsatz. Profilgesims. Eiche. Norddeutsch, 18. Jh. H 165, B 75, T 53 **1800,–/2500,–**

297 Kommode. Stollenfüße, dreifach geschweifte, kantig gebrochene dreischübige Front. Nußbaum mit Wurzelfüllungen. Bronzebeschläge. Norddeutsch, um 1740. H 80, B 105, T 60 **4500,–/4800,–**

298 Aufsatzsekretär. Gedrückte Kugelfüße. Dreischübiges, doppelt geschweiftes Kommodenteil, Schreibklappe. Aufsatz mit Schublade, darüber Mitteltür intarsiert mit Göttin Flora, umgeben von Ranken, Blumen und Gehänge. Flankiert von je fünf Schubladen, geschweift, mit abgesetztem gebogtem Profilgesims. Nußbaum mit Blumen- und Ornamenten-Einlagen. Norddeutsch, 18. Jh. H 217, B 116, T 63 **9000,–/10000,–**

295

296

297

298

299

300

299 Schreibkommode. Kleine Füße und gebogte Zarge, leicht geschweiftes Kommodenteil mit rocaillenreliefierten Füllungen und kartuschenartigen Schlüsselschildfeldern. Schreibklappe, flankiert von kleinen Schüben. Esche. Norddeutsch, um 1770. H 105, B 130, T 61
5000,–/7000,–

300 Eckschrank. Glatte Front. Unter- und Oberteil mit je zwei Türen, leicht erhaben abgesetzte Füllungen. Die oberen Türen vollziehen den Schwung des gebrochenen Profilgesimses. Es endet in einer Volute mit erhabener Bekrönung. Mahagoni. Norddeutsch, Ende 18. Jh.
H 245, B 80, T 84 **3000,–/4000,–**

301

302

Nürnberger Schrank

Wie auf allen kunstgewerblichen Gebieten hatte die alte Reichsstadt auch gute Tischler und Schreiner. Zu den markanten Möbeln gehören die Nürnberger Schränke des 16. bis 18. Jhs. Vor allem im Barock entwickelte sich ein charakteristischer Typus. Meist auf fünf Kugelfüßen war ein kleines Sockelgeschoß angedeutet. Den abgeschrägten Ekken und zwischen den Türen waren häufig kunstvoll gewunden gedrehte Säulen auf Akanthusvolutenbasen vorgesetzt. Die erhabenen Türfüllungen im Bastionstil waren oft von aufgesetzten Rankenreliefs umgeben und von geflügelten Puttenköpfen bekrönt. Der Kranz hat ein ausladendes Profilgesims.

301 Nürnberger Schrank in typischer Ausführung. Eiche und Nußholz. Ende 17. Jh. H 216, B 188, T 70 **5000,–/9000,–**

302 Nürnberger Schrank. Scheibenfüße, Sockel mit zwei Schubladen. Zwei Türen mit Bastionfüllungen umgeben von aufgesetztem Rankenrelief. Seitlich und zwischen den Türen gewunden gedrehte Säulen auf Akanthusbasen. Kopf mit ausladendem Profilgesims. Nußbaum. Nürnberg, um 1700. H 220, B 176, T 68 **5400,–/10000,–**

301, 302, 305: Ruef, München (Himpsl)

303

304

Österreichische Möbel

In den meisten, allgemein gehaltenen Möbelstilkunden ist das österreichische Möbel übersehen. Aber gerade während der Blütezeit des Habsburger Reiches zeigt sich hier eine ausgeprägt eigene Möbelkultur. Der »Maria-Theresia-Tabernakel« ist ebenso wie der »Josefinische Schrank« als Typenbezeichnung Beweis dafür. Bereits in gotischer Zeit war Tirol für seine Truhen und Schränke aus Weichholz mit Flachschnitzereien bekannt. Salzburg als geistliche Residenz beherbergte zu allen Zeiten gute Kunsthandwerker, und immer wieder taucht solides Mobiliar von dort auf. Wien als Metropole beeinflußte auch die Länder der Donaumonarchie, wie Ungarn. Besonders zwischen *Böhmen* (siehe dort) und Österreich bestand eine ersprießliche Wechselbeziehung. Im Biedermeier wurde Wien, welches Mitteleuropa beeinflußte, Zentrum für die Möbelkultur der Restauration. Und in der Mitte des 19. Jhs. spricht man nicht umsonst vom »Wiener Rokoko« oder »Wiener Barock« in bezug auf diese historische Stilwiederholung.

303 Schrank. Gequetschte Kugelfüße. Sockel mit zwei Schüben. Zwei Türen mit profilierten Füllungen, deren Ecken abgeschrägt und mit Kerbmuster ausgefüllt sind. Abgeschrägte Ecken ebenfalls mit Füllungen. Überall Flammleisten zur Konturierung. Kopf mit schmalem, ausladendem Gesims. Salzburg (Österreich), um 1680. H 195, B 186, T 70
5000,–/7000,–

304 Tiroler Schrank. Gedrückte Kugelfüße. Zwei Türen zwischen geschnitzten Säulen mit Akanthus-Kapitellen und ebensolcher Anschlagleiste. Von Flammleisten umrahmte Füllungen mit aufgesetzten Schnitzornamenten, Profilgesims. Weichholz. Österreich, um 1700. H 200, B 250, T 72 **2800,–/3000,–**

305 Schrank. Sockel auf fünf gedrückten Kugelfüßen. Zwei Türen, abgeschrägte Ecken, Kopf mit Profilgesims. Nußbaum mit reichen Linieneinlagen in Art der Beschlagwerk-Ornamente. Österreich, um 1740. H 223, B 220, T 70 **8500,–/9500,–**

306 Tabernakel-Aufsatzsekretär. Dreischübige Schreibkommode mit Schreibklappe, flankiert von kleinen Schüben. Tabernakel-Aufsatz mit Mitteltür umgeben von kleinen Schubladen. Linienintarsierte wurzelfurnierte Füllungen. Nußbaum mit Original-Bronzebeschlägen. Die Schlüsselschilder der Kommode in Form von bekrönten Doppeladlern. Österreich, um 1740. H 192, B 130, T 63 **14000,–/18000,–**

307 Tabernakel-Aufsatzsekretär. Gedrückte Kugelfüße, geschweifte vierschübige Kommode. Reich intarsierte Schreibplatte, von Schüben flankiert. Aufsatz: Mitteltür mit Vogel auf Baum eingelegt. Seitlich kleine Schübe. Originalbeschläge in Form von bekröntem Doppeladler. Nußbaum. Österreich, 18. Jh. H 197, B 115, T 66 **15000,–/20000,–**

305: Ruef, München (Himpsl)

305

306

307

308

309

310

311

308 Tabernakel-Aufsatzsekretär. Gedrückte Kugelfüße. Drei Schubladen mit kantig gebrochener Schweifung. Schreibklappe flankiert von zwei Schüben. Aufsatz mit Mitteltür, flankiert von je drei Schubladen, über drei nebeneinanderliegenden Schubladen. Entsprechend kantig gebrochene Schweifung. Abgetreppter Kopf, seitlich mit kleinen Schüben. Nußbaum mit Linieneinlagen und Wurzelfüllungen. Österreich, um 1770. H 173, B 134, T 72
13000,–/15000,–

309 Schrank. Auf gequetschten Kugelfüßen, abgeschrägte Ecken, zwei Türen mit reichen, ornamentalen Einlagen, profilierter, abgetreppter Kopf. Eiche. Österreich, 18. Jh. H 232, B 170, T 67
1200,–/1800,–

310 Vitrinen-Aufsatzkommode. Kannelierte Rundfüße, geschweiftes, kantig abgesetztes, dreischübiges Kommodenteil. Auf Etagèrensockel zurückgesetzter, zweitürig verglaster Aufsatz mit abgeschrägten Ecken und gebogt abgesetztem Profilgesims. Nußbaum mit Linieneinlagen. Louis-XVI-Bronzebeschläge. Wien (Österreich), um 1780. H 216, B 125, T 65 **7000,–/8000,–**

311 Vitrinen-Aufsatzkommode. Halbhohe Vierkantspitzfüße. Drei Schubladen, drei verglaste Türen. Nußbaum mit Intarsien, typischen Louis-XVI-Girlanden. Wien (Österreich), um 1780. H 174, B 84, T 49 **4500,–/5500,–**

Ofenschirm

Nachdem die Räume im Empire und Biedermeier bürgerliche Ausmaße angenommen hatten, wurde der Ofenschirm allseits beliebt. Ein Rahmengestell auf gespreizten Füßen war meist mit einer Textilbespannung versehen. Hatten zuvor figürlich ausgestaltete Kaminvorsätze oder Funkengitter die offenen Kamine abgeschirmt, so schützte man sich gegen Ende des 18. Jhs. und in der ersten Hälfte des 19. Jhs. durch die Ofenschirme vor der Hitze von Kamin und Ofen.

312 Ofenschirm. Mit gegiebeltem Gestell und Textilbespannung mit aufgemalter Figurenszene nach antikem Vorbild. Deutsch, um 1810. H 148, B 88
1 000,–/1 200,–

313 Ofenschirm. Gestell mit reichem Bronzebeschlag. Norddeutsch, um 1800. H 136, B 120 **1 600,–/1 800,–**

312

313

Pfeilerkommode

Schmale, hohe Kommode, die zwischen Fenstern oder an Pfeilern aufgestellt wurde. Ein Kommodentyp, der vor allem seit der Mitte des 18. Jhs. sehr beliebt war und oft paarweise gefertigt wurde.

314 Pfeilerkommode. Gebogte Füße mit ebensolcher Zarge. Allseitig leicht geschweift, zwei große, eine schmale Schublade, liniengefaßte Wurzelfüllungen. Nußbaum. Süddeutsch, 18. Jh. H 81, B 70, T 45 **3 500,–/4 500,–**

314: Ruef, München (Himpsl)

314

315

315 Pfeilerkommode. Halbhohe geschweifte Bocksbeine, geschnitzte Zarge, zwei doppelte geschweifte Schubladen, entsprechende Platte. Nußbaum mit linienumrahmten Füllungen mit figürlich intarsierten Birkenmedaillons. Ostdeutsch (Böhmen), 2. Hälfte 19. Jh. H 72, B 65, T 47 **4500,–/5500,–**

316 Paar Pfeilerkommoden, wie sie als Ensemble seit dem Rokoko beliebt waren. Vierkantspitzfüße. Drei Schubladen mit Bandeinlage. Typische Bronzeschlüsselschilder mit Schleifenrelief. Nußbaum. Süddeutsch, um 1780. H 91, B 57, T 42 **6500,–/10000,–**

316

Poudreuse

Die Poudreuse (siehe auch *Frisiertisch*) zählte zu den im Rokoko beliebten, galanten Möbeln. Schreibtischartig im Aussehen, haben diese Frisier- oder Toilettentische unten kleine Schubladen, während die oberen Schubladen nur Attrappen sind, hinter denen sich Fachkästen verbergen, an die man durch Aufklappen der dreigeteilten Platte herankommt. Den mittleren, innen verspiegelten Teil klappt man nach hinten auf und hat damit einen Standspiegel. Die flankierenden Klappdeckel öffnen sich zur Seite, wodurch man praktische Abstellflächen für die im Innern aufbewahrten Flakons, Puderdosen und Cremetöpfchen erhält. Bekannte Ebenisten wetteiferten in der Erfindung von raffinierten Inneneinrichtungen und Scheinfächern.

317

317 Poudreuse. Auf hohen, geschwungenen Geißbeinen. In der Mitte Fußkasten, flankiert von je einer Schublade, darüber Mittelschublade, flankiert von Scheinschubladen, leicht geschweift mit linienumrahmter Filetfüllung. Dreifache Klappdeckel. Nußbaum. Süddeutsch, um 1760. H 80, B 95, T 50
15000,–/16000,–

318

318 Poudreuse. Schreibtischform, in der Mitte aufklappbarer Spiegel, seitlich Fächer mit Klapplatten, innen Rolladenverschluß. Mittelschublade flankiert von je drei Schüben, durch Innenriegel verschließbar. Geschweifte Füße, ebensolche Zarge und Fußkasteneinfassung. Nußbaum mit ornamentalen Linieneinlagen. Mitteldeutsch, Ende 18. Jh. H 80, B 95, T 55 **6500,–/7500,–**

319

319 Poudreuse. Abgesetzte Vierkantspitzfüße. Entsprechende Einteilung, jedoch schlichte, bürgerliche Ausführung. Eiche mit sparsamen Stern- und Linieneinlagen. Deutsch, Ende 18. Jh. H 75, B 90, T 44 **2000,–/2500,–**

317: Scheike, Gemmingen

320

Prie-Dieu

(Siehe auch *Betschrank*). Der dieses Möbelstück charakterisierende Sokkel zum Niederknien kommt auch als Schublade ausgestaltet vor. Optisch sieht man dem nebenstehend abgebildeten Betschrank seine sakrale Verwendung nicht an. Die sehr prächtige Ausführung beweist, daß es sich hier um ein Erzeugnis für eine hochgestellte Persönlichkeit handelt. Nicht nur für das stille Gebet, sondern auch für Andachten, zu denen der Priester ins Haus kam, wurden solche Betstühle verwandt – ein weiterer Beweis für die Bedeutung der Auftraggeber solcher Möbel.

320 Prie-Dieu. Zargensockel mit herausziehbarer, als Schublade kaschierter Kniebank, darüber Tür, oben Schublade. Abgerundete Ecken, allseits reiche meisterliche Intarsien mit Rocaillen und Blumen aus farbigen und gefärbten Hölzern. Eine Arbeit des zu den wenigen namentlich bekannten Bonner Ebenisten zählenden Johann Wenzel Pencz. Pencz hat u. a. für die Residenz des Kurfürsten von Köln, Schloß Brühl, gearbeitet. Bonn, um 1766. H 87, B 66, T 44
60 000,–/65 000,–

320: Klein, Köln

Pultmöbel

(Frz. sécrétaire en pente). Zunächst wurde die schräge Platte der Pultmöbel als Schreibplatte benützt, wobei sie ein so hohes Unterteil hatte, daß im Stehen geschrieben werden mußte. Bald wurde sie aber auch in Sitzhöhe gefertigt, wobei häufig auch an der herausgeklappten Pultklappe gearbeitet wurde.

321 Pultschränkchen. Geschweifte geschnitzte Füße. Schublade, darüber zwei Türen, schräges Klapp-Pult. Nußbaum mit Linien- und Bandeinlagen. Österreich, 18. Jh. H 100, B 93, T 35 ▷
1 000,–/1 200,–

322 Pultschreibtisch. Kannelierte Vierkantspitzbeine. Zarge mit drei Schubladen. Pultaufsatz mit schräger Schreibklappe. Im Mittelfeld Würfelmarketerie. Buche mit Nußbaum. Württemberg, um 1780. H 102, B 100, T 52 **2 800,–/3 500,–** ▷

323 Pultsekretär. Zweipassig geschweifter Rechtecksockel auf Stützen mit Querverstrebung. Pultkasten mit schräger Schreibplatte. Inneneinrichtung mit sechs Schüben. Zwei klappbare seitliche Schubkästen. Birkenfurnier, schwarz gelackte Zierleisten. Neuwied, um 1800. H 90, B 116, T 65 ▷
1 700,–/2 500,–

321

322

323

324 Renaissanceschrank. Zweigeschossig, zweitüriges Unterteil auf Stollenfüßen. Seitlich gegliederte Lisenen mit aufgesetzten Zierhalbsäulen und Reliefornamenten. Füllungen reich gestaltet und mit verschiedenen Hölzern eingelegt. Entsprechender dreitüriger Aufsatz mit profiliertem Kranz. Seitenteile: aus dem Vollen gearbeitete Relieffüllungen. Eisenbeschläge. Eiche. Holland.
H 214, B 170, T 65 **8000,–/10000,–**

Renaissance

Ebenso wie das gotische Mobiliar findet man Renaissancemöbel im Kunsthandel heute nur sehr selten. Neben dem Kabinett, der Anrichte und Truhe sind es vor allem verschiedene Schranktypen, denen man im Handel und auf Auktionen begegnet. Sitzmöbel haben sich – von Einzelstücken abgesehen – selten erhalten, während die wuchtigen Tische hin und wieder auftauchen. Auf antike Formen und Ornamente zurückgreifend, gliedert die Renaissance das Mobiliar streng mit einer Betonung der Horizontalen. Hierbei finden Profilleisten und Gesimse mit Zahnschnitt, Eierstab und anderen klassischen Ornamentenborten Anwendung.

Die senkrechte Gliederung übernehmen Säulen nach antiken Vorbildern, Karyatiden und Pilaster. Auch figürliche Schnitzereien am Rahmenwerk und vor allem in den Füllungen verraten oft ihre antiken Vorbilder.

Ihren Ursprung nahm die Renaissance in Italien, wo sie auch ihre Höhepunkte erfuhr. Erst nach 1500 begann man nördlich der Alpen, das Formengut der italienischen Renaissance aufzunehmen. In Augsburg, Nürnberg und Ulm entstanden Herstellungszentren für Mobiliar der deutschen Renaissance. In Deutschland erreichte die als »Kunst der deutschen Reformation« (1500–1530) bezeichnete Epoche der Frührenaissance eine Hochblüte mit Hilfe von Ornamentenstichen. Teils in Büchern zusammengefaßt, finden die neuen Ornamente und Formen (Arabesken, Baluster, Grotesken, Mauresken u. a.) schnell weite Verbreitung.

325

326

327

325 Renaissance-Halbschränkchen. Klauenfüße, Sockel mit geschnitzten Blatt- und Pfeifenornamenten. Eine Tür mit Wappen in Rollwerk-Kartusche, flankiert von Engel-Karyatiden. Oben Schublade mit Maskaronknauf, seitlich Blattvoluten. Profilierte Platte. Nußbaum. Italien, um 1600. H 100, B 94, T 39
3000,–/3800,–

326 Spätrenaissance-Armstuhl. Pfostenbeine vorne mit ornamental ausgebogter Querstrebe und Zarge. Entsprechende Rückenlehne. Die Stützen enden in Akanthus-Voluten. Nußbaum. Italien, um 1600. **2500,–/2800,–**

327 Renaissance-Truhe. Klauenfüße, Ecken mit vorgesetzten weiblichen Karyatiden. Front mit meisterlicher Ornamentenintarsie; Allianzwappen flankiert von Greifen mit Ranken. Deckel mit abgetrepptem profiliertem Mittelteil. Nußbaum. Italien, Anfang 17. Jh. H 65, B 180, T 65 **5000,–/6000,–**

Rocaille

Die Rocaille, die dem Rokoko-Stil seinen Namen gegeben hat, ist ein schwungvoll gebogtes Muschelornament.

328 Rokoko-Schrank auf gekerbten Kugelfüßen. Zwei Türen mit gebogt profilierten Scheinfüllungen, oben und unten mit reichen Rocaillen-Reliefs. Die pilasterartig ausgebuchteten Ecken ebenfalls mit reichen Rocaillen-Schnitzereien. Das gebogte und gebrochene Profilgesims von Rocaillen-Kartusche bekrönt. Eiche. Aachen, um 1750. H 241, B 170, T 70 **38000,–/40000,–**

Rokoko

Den Abschluß der Barockepoche bildet der faszinierende Stil des Rokoko. War die Silhouette des Barockmobiliars noch statisch klar, so drängte das Möbel des Rokoko zu einem bewegten äußeren Umriß. Bewegte Konturen, Schweifungen der Form ersetzten durch das Spiel von Kurven und Gegenkurven den tektonischen Charakter der Möbel. Aus den scheinbar unter dem Gewicht der Barockmöbel gequetschten Kugelfüßen schuf das Rokoko den geschweift gebogten Geißfuß. Das asymmetrische Muschelornament der Rocaille wird bestimmend und namengebend.

329 Rokoko-Sekretär. Zweischübige Kommode auf halbhohen Beinen. Schreibpult mit zweitürigem Aufsatz. Nußbaum. Mitteldeutsch, Mitte 18. Jh. H 192, B 98, T 60 **6000,–/8000,–**

328: Krings, Köln
329: Arnold, Frankfurt (Englert)

328

329

Rolladenverschluß

In der zweiten Hälfte des 18. Jhs. kam der sogenannte Rolladenverschluß auf. Außer Schreibschränken wurde es üblich, auch Vitrinen und kleine Ziermöbel durch diese aus auf Leinen aufgeleimten Holzlamellen gebildeten Flächen zu verschließen. Beim Öffnen wird der Rolladen in einem je an den Seiten angebrachten Falz in einen im Möbelkorpus angebrachten Zwischenraum weggeschoben. Das Schließen funktioniert umgekehrt.

330 Vitrine. Halbhohe Vierkantspitzfüße. Seitlich wegzuschiebender Rolladenverschluß, dahinter zwei verglaste Türen. Nußbaum. Deutsch, um 1780. H 130, B 83, T 41 **500,–**

331 Rolladen-Schreibkommode. Geöffnet und mit geschlossener Schreibfläche. Auf acht Vierkantfüßen, links und rechts je drei Schubladen über dem Fußkasten, Mittelschublade. Inneneinrichtung mit Schüben. Bronzebeschläge. Nußbaum mit Linieneinlagen. Süddeutsch, 1780. H 100, B 120, T 60 **4000,–/5000,–**

330

331

332

Rollschreibkommode

Dies ist der landläufige Ausdruck für *Zylinderbureaus* (siehe dort). Dieser Schreibmöbeltyp fand vor allem im ausgehenden 18. Jh. seine variantenreiche Ausführung. Häufig ist damit auch das Herausrücken der ausziehbaren Schreibplatte kombiniert.

332 Rollschreibkommode (siehe richtig unter Zylinder-Bureau). Gegliederte Vierkantspitzfüße. In der Mitte Fußkasten, flankiert von je zwei Schubladen. Oben drei nebeneinanderliegende Schubladen. Darüber Rollschreibklappe. Ornamental intarsierte Linieneinfassung mit Wurzelfüllungen. Nußbaum mit Original-Bronzebeschlägen. Deutsch, um 1780. H 103, B 127, T 65 **5000,–/6000,–**

333

Saarländische Möbel

Durch die Nachbarschaft mit Frankreich, Deutschland sowie durch Strömungen aus Belgien und den Niederlanden war die saarländische Möbelherstellung so unterschiedlich beeinflußt, daß sich kein Stil ausprägen konnte. Den politischen und wirtschaftlichen Verhältnissen entsprechend hat sich gelegentlich der eine oder andere Einfluß stärker bemerkbar gemacht.

333 Aufsatzsekretär. Vierkantfüße. Drei Schubladen, deren Mittelteil optisch zu einem gemeinsamen Feld intarsiert wurde. Schreibklappe mit Inneneinrichtung. Glatter zweitüriger Aufsatz mit Balustradengesims. Reiche Würfelmarketerie und ornamentale Intarsien. Nußbaum und Obstholz. Saarland, um 1780. H 232, B 130, T 65 **18000,–/20000,–**

333: Peretz, Saarbrücken

Säulen

Säulen zählen zu den wichtigen architektonischen Formen, die auch zur Gliederung und Gestaltung von Möbeln verwandt werden. Vor allem die Fassadenschränke der Renaissance bedienten sich dieser Elemente, aber auch im Barock blieben sie beliebtes Gestaltungsmittel.

334

335

334 Barockschrank. Auf gequetschten Kugelfüßen, zwei intarsierte Türen, flankiert von gedrehten, gewundenen Säulen unten mit Balusterbasen, oben mit entsprechenden Kapitellen. Nürnberg, 18. Jh. H 216, B 188, T 70 **5400,–/6000,–**

335 Portalumrahmung. Gegliederte Sockelbasen mit je zwei Säulen, Akanthuskapitellen, verkröpften Gesimskränzen mit aufgesetzten Puttenköpfen. In der Mitte Rundbogen mit Profilgesims und geflügelten Puttenköpfen. Eiche. Norddeutsch, um 1700. H 220, B 180 **3500,–/4800,–**

336

337

338

Sakristeischrank

Für die Kirchenbuch-Eintragungen war es üblich, in der Sakristei einen Schreibschrank aufzustellen, dessen Tabernakelaufsatz auch zur Aufnahme von Meßgerät und kleineren Utensilien diente. In den Schubladen hatten Bibeln und Gesangbücher Platz.

336 Sakristei-Tabernakelsekretär. Auf Kugelfüßen vierschübiges Kommodenunterteil. In der Mitte nach innen eingezogen, damit man beim Sitzen an der Schreibklappe die Beine besser unterbrachte. Seitlich der Schreibklappe je zwei Schubfächer. Tabernakelaufsatz mit verspiegelter Mitteltür, dekoriert mit Kruzifix. Umgeben von kleinen Schubladen. Der abgetreppte Kopf wird von einem Uhrenkasten bekrönt. Eiche. Salzburg, Ende 17. Jh. H 225, B 129, T 70 **15000,–/18000,–**

337 Sakristei-Tabernakelsekretär. Eingeschnürte Stollenfüße. Geschweifte und kantig gebrochene Front mit Mitteltür, flankiert von je drei Schubladen, darüber drei nebeneinanderliegende Schubladen. Schreibklappe flankiert von je zwei Schüben. Tabernakelaufsatz, unten zwei mal drei nebeneinanderliegende Schubladen, oben Mitteltür flankiert von zwei Schubladen. Abgetreppt, gebogter Kopf. Wurzelfurnier mit Rankenintarsien, Nußbaumfüllungen. Österreich, 18. Jh. H 180, B 110, T 70 **8500,–/9500,–**

338 Sakristeischrank. Stollenfüße, die sich in rankenreliefierten Lisenen fortsetzen. Unten Mitteltür, darüber zwei Türen mit Relief eines bretonischen Fischerpaares und durchbrochenem Christus-Monogramm JHS. Ausladendes Profilgesims mit durchbrochenem Balustergitter. Reich ornamental und floral geschnitzte Oberfläche. Eiche, Eisenbeschläge. Bretonisch, um 1800. H 203, B 126, T 48 **6000,–/6500,–**

338: Peretz, Saarbrücken

Satztische

Zwei bis drei über- oder ineinandergeschobene Beistelltische, die zusammengeschoben wie ein Tisch wirken und auch nur für einen Tisch Platz benötigen, bei Bedarf aber zwei oder drei Tische ergeben (siehe Nr. 228). Neben den ineinandergeschobenen gebräuchlichen Satztischen gibt es auch ausgefallene Typen.

339 Table à la Bourgogne. Sonderform der Satztische, die zu den zahlreichen neuentwickelten, ausgefallenen Möbelformen des Rokoko gehört. Geschwungene Beine, Zargenschublade, passig gebogte Plattenfläche mit erhöhter Kante. Die Ecken sind so ausgespart, daß sich die niedrigen Beine des kleinen Aufsatztisches dort einfügen. Palisander und Edelhölzer mit Rankenmarketerie. Paris, signiert Dullin. H 67,5, B 62,5, T 35
9000,–/10000,–

339: Ruef, München (Himpsl)

339

Schnitzereien

gehören zu den zahlreichen Dekorationsmitteln bei der Ausschmückung von Möbeln. Vor allem die Reliefschnitzerei war in ganz Europa beliebt. Besonders hervorzuheben sind hierbei die Giebelfüllungen bei Hamburger und Danziger Barockschränken, das Maßwerk bei den spätgotischen Eichenmöbeln besonders in den Niederlanden, die Rocaillenreliefs der Aachen-Lütticher Möbel, die stilisierten Blumen und Ornamente rustikaler norddeutscher Geschirr- und Halbschränke sowie Truhen und die temperamentvollen Schnitzereien bayerischer Bauernmöbel.

340 Eckhänge-Vitrinenschrank. Eintürig verglast. Reiche Rankenreliefschnitzerei. Geschwungener Kopf mit Voluten- und Rankenschnitzerei. Weichholz. Bayern, 18. Jh. H 124, B 88, T 43
4000,–/4500,–

341 Gotischer Kastenschrank. Die Seitenwände gehen in die spitz ausgesägten Wangenfüße über. Einfacher, kastenförmiger Korpus mit zwei Türen mit ausgesägtem Kreisornament. Nußbaum. Tirol, um 1500. H 162, B 72, T 37
5500,–/6000,–

341: Ruef, München (Himpsl)

Schrank

Zu den ältesten Kastenmöbeln zählt der Schrank. In der Gotik war es zunächst ein primitiv zusammengefügter Kasten, der in spätgotischer Zeit zu einer von Füllungen geschlossenen Rahmenkonstruktion weiterentwickelt wurde. In der Renaissance erfuhr vor allem die Gliederung der meist zweitürigen Front eine reiche Ausgestaltung; es entstand der Fassadenschrank. Der Braockschrank, zunächst noch massiv wuchtig, entwickelt sich allmählich zum leichteren Rokokoschrank und schließlich zum kleineren Louis-XVI-Schrank. Dem Zeitgeschmack entsprechend ist der Empire- und Biedermeierschrank von eleganter Schlichtheit, wobei ersterer oft noch durch reiche Beschläge belebt ist. Im Historismus werden alte Formen wieder kopiert. War der mittelalterliche Schrank zunächst ein unzerlegbarer Kasten, bestand der spätgotische oder Renaissance-Doppelschrank aus zwei truhenartig aufeinandergestellten Geschossen, was seine Mobilität bei Bränden wesentlich erhöhte. In der Renaissance entwickelte sich die Konstruktion des Sockels mit zwei eingesetzten, in der Mitte senkrecht unterteilten Schrankhälften und abschließend aufgesetztem Kranzgesims. Im 18. Jh. wurde es üblich, den Schrank aus Sockel, Seiten, Türen und unterteilter Rückwand sowie Kopf zusammenzusetzen. Im Louis-XVI wurden häufig zwei senkrecht unterteilte Schrankhälften gefertigt und nach dem Zusammenstellen am Boden und Kopf verkeilt. Das Empire und Biedermeier kennt größere, völlig zerlegbare sowie meist kleine, einteilige eintürige, Schränke.

342

343

342 Spätgotischer Schrank. Stollenfuß-Rahmenkonstruktion mit Füllungen, wobei die Füllungen der Front – unten zwei große, darüber zwei kleine Türen – mit Reliefbüsten in Groteskenumrahmungen dekoriert sind. Eisenbeschläge. Eiche. Flandern, 16. Jh. H 180, B 140, T 57 **10 000,–/12 000,–**

343 Spätgotischer Schrank. Stollenfüße. Rahmenkonstruktion mit Füllungen, seitlich mit Faltwerk, die beiden Türen mit Rankenreliefs. Eiche. Flandern, 1. Hälfte 16. Jh. H 201, B 169, T 64 **8 000,–/10 000,–**

344

345

346

344 Renaissanceschrank. Abgetreppter, ausladender Sockelfuß. Zwischen drei kannelierten Lisenen zwei Türen mit ornamentierten Rundbogen. In den Zwickeln Rankenrelief, entsprechende Seiten. Gegliederter ornamentierter Kopf mit ausladendem Profilgesims. Eiche. Nordisch, 16. Jh. H 210, B 180, T 60
10000,–/12000,–

345 Fassadenschrank. Sockel mit Schublade auf gedrückten Kugelfüßen. Eine portalartig gestaltete Tür mit reich floral intarsiertem Rundbogenfeld, oben gegiebelt. Seitlich Säulen auf rechteckigen Basen. Kopf mit ausladendem Profilgesims. Verschiedene Hölzer auf Weichholz. Ulm, 17. Jh. H 196, B 94, T 53
5000,–/7000,–

346 Fassadenschrank. Zweischübiges Sockelgeschoß mit je einem Schubladenpaar, flankiert von Schüben. Zwischen drei Säulen zwei Türen mit reich gestalteten, portalartigen Aedikulen. Kopf mit ausladendem Profilgesims. Eiche mit Eisenbeschlägen. Süddeutsch, um 1600. H 240, B 220, T 80 **6000,–/9000,–**

347

348

347 Barockschrank. Gedrückte Kugelfüße. Sockel mit zwei Schüben. Mitte und seitlich Lisenen mit Akanthuskapitellen. Zwei Türen mit gewellter Randeinfassung. Verkröpftes, ausladendes Profilgesims. Nuß- und Wurzelholz. Mainz, 18. Jh. H 218, B 210, T 80
15000,–/18000,–

348 Spät-Barockschrank. Gedrückte Kugelfüße, nach innen eingezogener Sockel. Seiten, abgeschrägte Ecken und zwei Türen mit passig gebogten, mit Rocaillenrelief eingefaßten Nußwurzelfüllungen. Entsprechender Kopf mit ausladendem, einfachem Gesims. Nußbaum, spätere Beschläge. Eiche. Main-Franken, um 1750. H 193, B 220, T 70
13000,–/14000,–

349 Schrank. Stollenfüße, Sockel mit drei Schubladen, drei Türen mit reich profiliertem, teils geschweiftem Rahmenwerk. Füllungen mit Sternintarsien. Eiche mit Nußbaum. Westdeutsch, 18. Jh.
H 205, B 310, T 74 **5000,–/6000,–**

349

350

351

352

350 Barockschrank. Gedrückte Kugelfüße, eintüriger, glatter Korpus. Profilgesims. Nußbaum mit linienumrahmten Wurzelfüllungen. Süddeutsch, um 1720. H 183, B 125, T 62 **10000,–/12000,–**

351 Barockschrank. Fünf balusterförmige Stollenfüße, die sich nach oben in Lisenen fortsetzen. Sockel mit zwei Schubladen, darüber zwei Türen, oben gebogt geschwungene Bandeinlagen, abgeschrägte Ecken. Kopf mit weit ausladenden verkröpften Profilecken. Gebogter, gesprengter Giebel. Eiche mit Nußbaumeinlagen. Norddeutsch, 18. Jh. H 240, B 210, T 75 **15000,–/16000,–**

352 Schrank. Ornamental gebogt ausgesägter Zargensockel. Darüber durchgehende Schublade. Abgeschrägte Ekken mit aufgesetzten Reliefschnitzereien, entsprechende Anschlagleiste. Zwei oben gebogte Türen mit profiliert abgesetzten Füllungen. Mächtiges, gesprengtes Profilgesims in zwei Voluten auslaufend. Eiche. Schleswig, um 1760. H 230, B 200, T 70 **12000,–/13000,–**

350: Scheike, Gemmingen
355: Ruef, München (Himpsl)

353

354

353 Barockschrank. Gewellter, ausladender Sockel, vorne auf gedrückten Kugelfüßen, hinten Stollenfüße. Abgeschrägte Ecken und zwei Türen mit Wellen-Profilierung. Türfüllung mit Bandeinlagen und feiner figürlicher Marketerie. Eiche mit Nußbaum. Wohl Frankfurt, um 1740. H 240, B 220, T 70

18 000,–/20 000,–

354 Schrank. Kugelfüße, Sockel mit zwei Schubladen zwischen Fratzenmaskarons, darüber bewegte Volutenlisenen. Zwei Türen mit vier Kissenfüllungen, oben in der Mitte und unten mit aufgelegten Reliefschnitzereien: geflügelte Puttenköpfe und Rankenvoluten. Gegliedertes, teils verkröpftes Profilgesims. Wohl Nürnberg, 18. Jh. H 215, B 215, T 77

2 800,–/4 000,–

355 Schrank. Muschelreliefierte Stollenfüße, gewellter Sockel. Breite Lisenen mit abgeschrägten Ecken und wuchtigen Reliefschnitzereien. Entsprechende Anschlagleiste. Zwei oben gebogte Türen, Wellenfüllungen. Reich geschnitzter gesprengter Kopf. Eiche. Bremen, um 1740. H 236, B 220, T 71

18 000,–/20 000,–

355

356

357

358

359

356 »Frankfurter« Barockschrank. Gedrückte Kugelfüße, ausladender Sokkel, zwei Türen mit quer furnierter Profilierung, Füllungen mit Wurzeleinlagen, ausladender Kranz. Hessen, 18. Jh. H 200, B 157, T 64 **5500,–/6500,–**

357 Schrank. Stollenfüße, Profilsockel, Mittellisene und abgeschrägte Ecken mit schlanken Intarsienfüllungen. Zwei Türen und Seiten mit gitterartig intarsierten Füllungen, darüber passig konturierte Füllungen mit sehr feiner Blumenmarketerie. Ausladendes, teils verkröpftes Profilgesims. Messingbeschläge mit reichen Einlagen in verschiedenen Hölzern. Franken, um 1740. H 222, B 240, T 75 **6500,–/9500,–**

358 Barockschrank. Fünf gedrückte Kugelfüße, profilierter Sockel, Korpus mit abgeschrägten Ecken, zwei Türen mit halbrunder Anschlagleiste, intarsierte Füllungen. Ausladend profilierter Kranz. Nußbaum mit Linieneinlagen, Eisenschlüsselschilder. Süddeutsch, 18. Jh. H 198, B 200, T 69 **5800,–/6500,–**

359 Barockschrank. Gedrückte Kugelfüße, abgetreppter profilierter Sockel, Korpus mit abgeschrägten Ecken, zwei Türen mit Anschlagleiste. Ausladender profilierter Kopf. Nußbaum mit Linieneinlagen, Messingschlüsselschilder. Süddeutsch, 18. Jh. H 194, B 160, T 68 **3500,–/4500,–**

360

361

362

363

360 Barockschrank. Wellensockel, zwei Türen. Abgeschrägte Ecken und Seiten mit Füllungen. Ausladendes Profilgesims. Eiche. Hessen, 18. Jh. H 200, B 190, T 65 **2500,–/3000,–**

361 Spätbarockschrank. Fünf Kugelfüße, Sockel mit zwei Schubladen, oben gebogte Türen mit entsprechenden Füllungen. Abgerundete Ecken. Profilgesims. Nußwurzel auf Erle furniert. Westdeutschland, um 1750. H 220, B 182, T 54 **5000,–/6000,–**

362 Louis-XVI-Schrank. Profilierter Sockel, auf Vierkantspitzfüßen, abgeschrägte Ecken mit aufgesetzten, gegliederten Lisenen mit Akanthuskapitellen. Ebensolche Mittelstrebe zwischen den beiden gebogten Türen. Reich profiliert, mit sog. »Kissen«-Füllungen. Geschweifter, profilierter Kopf. Nußbaum, Original-Messingbeschläge. Süddeutsch, um 1780. H 222, B 200, T 75 **4800,–/5000,–**

363 Schrank. Gedrückte Kugelfüße, geschwungenes Gesims, abgeschrägte Ecken. Zwei Türen, darunter Schublade. Eiche, mit Intarsien: Hirsch und Jäger. Verzinkte Eisenbeschläge. Böhmen, Ende 18. Jh. H 187, B 117, T 42 **1800,–/2800,–**

361: Scheike, Gemmingen

364

365

366

364 Louis-XVI-Kleiderschrank. Abgeschrägte Ecken, profiliertes Gesims mit geschweiftem Mittelteil. Zwei Türen, Füllungen mit Kerbschnitzereien. Eiche. Banat, Ende 18. Jh. H 205, B 120, T 53
1200,–/1800,–

365 Empireschrank. Stollenfüße. Sockel mit zwei Schubladen, zwei Türen mit glatten Füllungen. Kopf mit profiliertem Zahnschnitt-Gesims. Mahagoni auf Eiche. Norddeutsch, um 1820. H 220, B 187, T 64 **3500,–/4000,–**

366 Frühbiedermeier-Schrank. Eintürig mit Rundbogenfüllung, flankiert von Lisenensäulen. Profilierter Kopf. Kirschbaum mit Wurzelholz und floralen Intarsien. Wien, 1. Hälfte 19. Jh. H 180, B 125, T 55 **1500,–/2800,–**

367 368

Schreibmöbel

(Schreibtisch, Schreibkommode, Schreibschrank, Bureau, Sekretär, u. a.). Aus den Kabinetten des 16. Jhs. und frühen 17. Jhs., deren meist nach vorne herabfallende Klapptür als Schreibklappe benützt wurde, entwickelte sich im Laufe des 17. Jhs. ein ganz neuer Möbeltyp. In Frankreich nannte man die auf tischartigem Unterteil stehenden Schreibmöbel mit zurückgesetztem »Kabinett-Aufsatz« »bureau«. Mit schrank- oder kommodenartigem Unterteil und schräger Schreibklappe entwickelte sich vor allem in Deutschland der Schreibschrank bzw. die Schreibkommode. Am häufigsten kommt dieses Möbel mit einem Aufsatz als Aufsatzsekretär vor. Auch in Deutschland wurden zunächst Schreibmöbel in Art der Kabinette gearbeitet.

367 Schreibkabinett in Boulle-Technik. Vorne konische, hinten gewunden gedrehte Beine auf Kugelfüßen mit Querverstrebung. Schreibtisch mit übereinanderliegenden Schubladen in Boulle- und Contre-Boulle-Technik. Aufsatz mit verspiegelter Mitteltür umgeben von neun Schubladen. Reiche Marketerie mit Ranken- und Rollwerk aus Schildpatt, Messing und Zinn. Gesims mit Spitzgiebel. Nußbaum. Süddeutsch, 17. Jh. H 205, B 144, T 55 **10000,–/15000,–**

368 Aufsatzschreibtisch. Ergänzte Beine, Schreibschublade. Front vorn aufzuklappen, Deckel nach hinten zu schieben, wodurch die Schreibplatte geöffnet wird. Aufsatz reich gegliedert. Allseitig mit sehr reichen gravierten Zinneinlagen, teils ornamental, teils mit Szenen aus den Türkischen Kriegen intarsiert. Augsburg, um 1700. H 138, B 98, T 62 **5000,–/5500,–**

367: Christie's, London (Cooper)

370

369

371

369 Bureau. Nach dem im 17. Jh. in Frankreich entworfenen Möbeltyp wurde dieser elegante Schreibtisch mit fünf Schubladen und zurückgesetztem, zierlichem Aufsatz gefertigt. Das mit Zeder und Palisander furnierte Möbel zeigt den französischen Einfluß auf das deutsche Möbel im 18. Jh. Würzburg, um 1740/50. H 130, B 106, T 64
32 000,–/35 000,–

369: Almas, München (Himpsl)

370 Bureau. Nach französischen Vorbildern mit tischartigem Gestell wurde dieses Schreibmöbel gefertigt. Das vierbeinige Gestell mit Querverstrebungen hat eine dreischübige Zarge, bereits eine schräge Schreibklappe, flankiert von kleinen Schüben. Der kabinettartige Tabernakel-Aufsatz mit Mitteltür, flankiert von Schubladen, ist oben abgetreppt. Reiche volutenartige Einlagen auf linienintarsierten Füllungen. Wurzelfurnier. Wohl Bayreuth, 1. Hälfte 19. Jh. H 160, B 103, T 66 **8 500,–/9 000,–**

371 Schreibtisch (siehe auch Bureauplat). Geschweifte Beine, mit Bronzebeschlag, gebogte Zarge mit drei Schubladen. Tischplatte mit Messingkante. Mahagoni, Nußbaum und Edelhölzer mit reichen Blumen- und Ornamenten-Intarsien. Nach Rokoko-Vorbild. Frankreich, 19. Jh. H 75, B 113, T 74 **5 000,–/6 000,–**

372

373

372 Schreibschrank mit Vitrinenaufsatz. Zweitüriger Halbschrank auf gedrückten Kugelfüßen. Darüber Schreibklappe mit seitlich je zwei Schüben. Zweitüriger, verglaster Aufsatz mit gebogtem Profilgesims. Typische Wellenfüllungen und Wellengliederung. Nußbaum und Wurzelholz. Frankfurt, um 1740. H 190, B 119, T 67 **10000,–/12000,–**

373 Vitrinenaufsatz-Sekretär. Gedrückte Kugelfüße, zwei Türen, darüber zwei Schubladen. Zurückgesetzte Schreibklappe, flankiert von je zwei Schüben. Zweitüriger – wohl später bleiverglaster – Aufsatz, unten mit drei nebeneinanderliegenden Schubladen. Eiche mit Ornamenten- und Sterneinlagen, verzinkte Eisenbeschläge. Böhmen, Ende 18. Jh. H 215, B 121, T 68 **4000,–/5000,–**

372: Ruef, München (Himpsl)

374

375

376

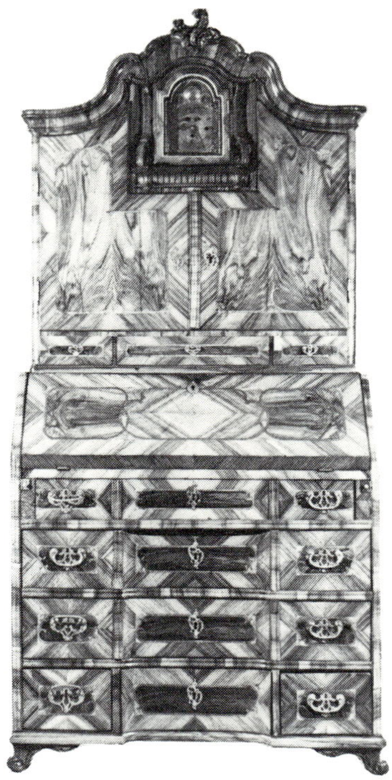

377

374 Aufsatzsekretär »à trois corps«. Kommodenteil mit zwei durchgehenden und zwei nebeneinanderliegenden Schubladen. Mittelteil mit drei nebeneinanderliegenden Schubladen, darüber Schreibklappe mit reicher Inneneinrichtung. Aufsatz mit zwei oben gebogten, portalartigen Türen. Unten zwei Ausziehbretter für Kerzenhalter. Wurzelfurnier, Band- und Zinnlinieneinlagen. Durch Rundleisten auf den Aufsatztüren angedeutete Füllungen. Bronzebeschläge. Norddeutsch, 18. Jh. H 200, B 140, T 60
20000,–/22000,–

375 Aufsatz-Schreibkommode. Ausgebogte Eckzargenfüße, drei geschweifte Schubladen, mit ebensolcher Schreibklappe mit Inneneinrichtung. Aufsatz mit zwei Rundbogentüren, reiche Inneneinrichtung: Mitteltür flankiert von Schüben, darüber gebogte Facheinteilung mit vergoldeter Monatsbeschriftung, dahinter Geheimfach. Doppelt gebogter, profilierter Gesimskranz. Nußbaum. Berlin, 18. Jh. H 206, B 100, T 63
14000,–/15000,–

376 Aufsatz-Schreibkommode. Unterteil in der Mitte etwas zurückversetzt, mit vier Schubladen. Schreibklappe, zweitüriger Aufsatz mit geschweiftem profiliertem Kopf. Sehr schöne, reiche Einlegearbeiten in Edelhölzern. Nußbaum. Norddeutsch, wohl Schleswig, 18. Jh. H 214, B 115, T 58
16000,–/18000,–

377 Aufsatz-Schreibkommode. Kleine Volutenfüße, vier in der Mitte leicht eingezogene Schubladen. Schreibklappe. Aufsatz mit drei Schüben und zwei Türen und eingelassener Uhr. Bewegtes Profilgesims. Nußbaum mit Bandintarsien. Uhr mit reich graviertem und reliefiertem Messingzifferblatt. 18. Jh. H 220, B 104, T 52 **25000,–/28000,–**

378 Aufsatz-Schreibkommode. Kommodenteil, geschweift mit drei Schüben, darüber Schreibklappe mit unterteilter Inneneinrichtung. Abgesetzter, geschweifter Aufsatz mit Mitteltür, flankiert von je fünf Schüben. Nußbaum mit reichen Bandel-Intarsien. Originalbeschläge. Mitteldeutsch, um 1760. H 205, B 127, T 73 **5000,–/8000,–**

379 Aufsatz-Schreibkommode. Dreischübiges, geschweiftes, eckiges Kommodenteil. Gebogte Schreibklappe. Aufsatz mit großer Mitteltür mit intarsierter Justitia, flankiert von je fünf Schubladen. Gebogtes Profilgesims. Nußbaum. Deutsch, 18. Jh. H 213, B 141, T 82 **18000,–/22000,–**

380 Aufsatz-Schreibkommode. Stollenfüße, mehrfach geschweifte, dreischübige Kommode, wellenförmig geschweifte Schreibklappe mit feinen Blumenintarsien. Aufsatz mit großer Mitteltür und figürlich staffierter Rocaillen-Reserve. Umgeben von elf Schubladen. Kopf abgesetzt mit Volutengesims, von Muschelrocaille bekrönt. Nußbaum auf Fichte. Hessen, wohl Frankfurt, um 1750. H 230, B 126, T 69 **17000,–/18000,–**

381 Aufsatz-Sekretär. Geschweifte Füße und Zarge. Doppelt geschweifte dreischübige Kommode. Kleine Schreibklappe, flankiert von je zwei Schubladen, darüber zurückgesetzter abgetreppter Aufsatz: Mitteltür mit gebogtem Profilgesims, flankiert von je zwei Schubladen. Obstholz mit Wurzelfüllungen, Blumen- und Linieneinlagen. In der Aufsatztür intarsierte Ornament-Raute. Deutsch, 18. Jh. H 175, B 130, T 60 **4500,–/5800,–**

378

379

380

381

380: Ruef, München (Himpsl)

382

382 Tabernakel-Sekretär. Dreischübige Kommode mit nach innen zurückgesetzter Mitte. Schreibklappe mit Papageien-Intarsien. Tabernakelaufsatz, die Mitteltür mit stilisiertem Blumenbukett. Nußbaum furniert mit reicher Marketerie. Süddeutsch, um 1750. H 173, B 131, T 74
19000,–/20000,–

383 Aufsatzsekretär. Stollenfüße, Kommode mit drei nach innen kantig geschweiften Schubladen, flankiert von je drei Schüben. Schreibklappe und seitlich je zwei Schübe. Dreifach geschweifter Tabernakelaufsatz auf Fächersockel. Nußbaum mit ornamentalen Linieneinlagen. Franken, 18. Jh. H 160, B 115, T 57 **10000,–/12000,–**

384 Aufsatz-Schreibkommode. Gedrückte Kugelfüße. Kommodenteil mit vier Schubladen. Schreibklappe mit Inneneinrichtung. Aufsatz mit zwei verspiegelten Türen. Reich geschwungenes, profiliertes Gesims. Original feuervergoldete Beschläge. Schön gemaserter Nußbaum mit Bandintarsien. Norddeutsch, 1. Hälfte 18. Jh. H 210, B 113, T 58
13500,–/15000,–

383

384

385

385 Schreibkommode mit Vitrinenaufsatz. Geschweifte Füße, dreischübiges, gegliedertes Kommodenteil, Schreibklappe mit Inneneinrichtung, zweitüriger Vitrinenaufsatz aufgestellt, Sockel. Nußbaum mit Wurzelfüllung. Österreich, um 1780. H 230, B 120, T 70 **4800,–/5500,–**

386 Rollschreibkommode (Zylinderbureau) mit Aufsatz. Dreischübiges Unterteil auf gestauchten Kugelfüßen, Rollschreibklappe mit Inneneinrichtung, zweitüriger Aufsatz, geschweiftes Gesims, Kassettenfüllungen. Originalbeschläge. Süddeutsch, Ende 18. Jh. H 227, B 126, T 75 **3800,–/5000,–**

387 Schreibkommode. Auf sechs Vierkantspitzfüßen. Aus dem schrankartigen Korpus tritt unten das zweischübige Kommodenteil mit der Rollschreibklappe hervor. Dahinter eine reiche Inneneinrichtung mit Geheimfächern. Darüber zwei Türen. Die pilasterartig gestalteten Ecken mit Akanthuskapitellen. Gittergesims von Urnenvasen bekrönt. In der Mitte wird das Möbel von einer eingebauten Uhr bekrönt. Nußbaum mit Birkenfurnier, ornamentale Intarsien, bemalte Emailbeschläge. Ostfrankreich/Westdeutschland, um 1780, H 220, B 136, T 65 **28000,–/30000,–**

388 Schreibkommode. Viereckige Balusterfüße. Nußwurzel mit aufgelegten, geschwungenen Rundstableisten, Original-Bronzebeschläge mit Frauenmaskarons. Italien, 18. Jh. H 120, B 110, T 50 **12000,–/15000,–**

389 Schreibkommode. Ausgestellte Füße, allseitig geschweiftes, dreischübiges Kommodenteil, dreiseitig abgeschrägter Schreibaufsatz, geschwungene Schreibklappe mit vierschübiger Inneneinrichtung, abgetreppter Kopf mit verstecktem Schubfach. Nußwurzel mit reichen Bandeleinlagen, Bronzebeschläge. Italien, 18. Jh. H 125, B 123, T 65 **15000,–/17000,–**

390 Barock-Schreibkommode. Halbhohe Füße mit ausgebogter Zarge, zwei Schubladen, Schreibklappe mit Inneneinrichtung. Allseitig konkav-konvex geschweift. Nußwurzel furniert. Wohl Pfalz, um 1750. H 102, B 122, T 63 **22000,–/25000,–**

382, 390: Scheike, Gemmingen
387: Peretz, Saarbrücken

386

387

388

389

390

391

392

393

394

395

396

391 Schreibkommode. Dreischübiges Unterteil, auf abgerundeten Scheibenfüßen, abgeschrägte Ecken, Schreibklappe von zwei Schubladen flankiert. Bandeinlagen, Nußbaum. Franken, 18. Jh. H 120, B 130, T 72 **3800,–/4800,–**

392 Schreibkommode. Drei Schubladen, seitlich geschwungener Aufsatz mit Schreibklappe und Inneneinrichtung. Linearumrahmte Füllungen. Nußbaum, Original-Messingbeschläge. Süddeutsch, um 1780. H 105, B 130, T 67 **2400,–/4000,–**

393 Zier-Schreibkommode. Gequetschte Kugelfüße mit Sockelgestell. Vorne stilisierte Bocksbeine in geschweifte rocaillenreliefierte Zarge übergehend. Hinten durchgehende Rückwand. Gegliedertes Kommodenteil, teils geschweift, teils gebrochen mit drei Schüben. Oben kleine Schreibklappe mit Inneneinrichtung und Verriegelung der seitlichen und oben angeordneten acht Schübe. Nußwurzelfüllungen mit stilisierten Blumenintarsien. Nußbaum. Böhmen, 18. Jh. H 102, B 82, T 42 **6000,–/7500,–**

394 Louis-XVI-Schreibkommode. Ausgestellte Vierkantspitzfüße. Drei Schubladen, Schreibklappe flankiert von zwei Schüben. Nußbaum mit ornamentalen Linieneinlagen, stilisierten Blüten und Vögeln. Nußbaum, Bronzebeschläge. Deutsch, um 1780. H 113, B 127, T 57 **3500,–/5000,–**

395 Schreibkommode. Vierkantfüße, zwei Schubladen optisch zu drei Feldern intarsiert, darüber drei nebeneinanderliegende Schubladen. Schräge Schreibklappe mit Inneneinrichtung. Nußholz mit Obstholzintarsien, Messingbeschläge. Saarland, um 1780. H 110, B 128, T 62 **9000,–/10000,–**

396 Aufsatz-Schreibkommode. Vierkantspitzfüße. Dreischübige Kommode, schräge Schreibklappe. Kleiner Aufsatz mit vier Schubladen und vier Schüben. Nußbaum mit Linieneinlagen. Württemberg, um 1780. H 129, B 125, T 58 **2000,–/2500,–**

395: Peretz, Saarbrücken
397: Ruef, München
398: Arnold, Frankfurt (Englert)

397 Schreibkommode. Stollenfüße, kleiner Fußkasten, flankiert von zwei Schüben, darüber zwei durchgehende Schubladen. Seitlich der beiden oberen nebeneinanderliegenden Schubladen herausziehbare Auflagestützen, welche beim Gebrauch die nach vorne aufklappbare Schreibplatte tragen. Nußwurzel mit Linieneinlagen, Messingbeschläge. England, 18. Jh. H 85, B 86, T 49
3500,–/4000,–

398 Schreibkommode. Gedrückte Kugelfüße, drei Schubladen, Schreibpult. Eiche mit Füllungsdekor in Flachschnitzerei. Deutsch, 18. Jh. H 118, B 105, T 58
1800,–/2300,–

399 Damensekretär. Tischartiges Untergestell auf geschweiften Beinen, ebensolche Zarge mit reichen Reliefschnitzereien. Ein Schubfach, gebogte Platte. Aufsatz mit nach innen gebauchter Schreibklappe. Darüber kleine Tür, flankiert von vier Schüben. Nußbaum, teilweise Wurzelfurnierung, Original-Messingbeschläge. Würzburg, 18. Jh. H 128, B 94, T 60 **5500,–/6000,–**

397

398

399

400

401

400 Damenschreibtisch (französisch: »sécrétaire-en-pente«). Dieser auf hohen Beinen mit Zargenschubladen ausgestattete Schreibtisch verbirgt hinter der schrägen Platte, die heruntergeklappt als Schreibfläche dient, meist terrassenförmig angeordnete Fächer und Schübe. Als typische Erfindung des französischen Rokoko um 1750 erfreute es sich im 18. und 19. Jh. als graziöses und elegantes Salonmöbel großer Beliebtheit. Hohe geschweifte Beine, Zarge mit zweipassig gebogten Schubladen. Schräge Schreibklappe, dahinter reiche Inneneinrichtung. Nußbaumfurniert mit Einlagen. Süddeutsch, 2. Hälfte 18. Jh. H 100, B 96, T 50 **3000,–/3500,–**

401 Bonheur du Jour. Leicht geschweifte Beine, einschübiger Schreibtisch mit feiner Marketerie. Aufsatz mit Schreibklappe und reicher Inneneinrichtung. Dreiseitig mit feiner Blumenmarketerie. Bronzebeschläge, metallgefaßte Kanten, Tisch und Kopf mit Messing-Karnies. 18. Jh. H 120, B 84, T 48 **10000,–/11000,–**

402 Schreibtisch. Mit zylindrischem Aufsatz. Kannelierte Vierkantfüße, oben mit Wellenbandschnitzerei. Schublade, darüber imitierte Schublade, Zugang durch klappbare Schreibplatte. Aufsatz mit Rolladen, flankiert von zwei Schüben, darüber Fach mit Schiebeverschluß. Reiche ornamentale Linienintarsien. Birnbaum. Westdeutsch, um 1770. H 115, B 113, T 83 **6500,–/7000,–** ▷

402

403

404

405

406

403 Rolladensekretär, Louis-XVI. Acht profilierte Vierkantspitzfüße, Fußkasten flankiert von je zwei Schüben, darüber drei Schübe. Aufsatz mit Rolladenverschluß und reicher Inneneinrichtung. Nußbaum mit Linieneinlagen, Bronzebeschläge. Deutsch, um 1780. H 110, B 156, T 71 **5800,–/6500,–**

404 Rollschreibkommode. Mit in Akanthusrelief geschnitzten Füßen. Schmale Zarge mit geschnitztem Endloswellenband. Zwei Schubladen, durch reiche Schnitzereien optisch zusammengefaßt. Darüber flache, reich ornamental geschnitzte Schublade. Seitlich geschnitzte Säulen. Rollschreibklappe mit geschnitzten Streifen. Nußbaum, blau-grün gefaßt. Frankreich, um 1770. H 117, B 120, T 58 **6000,–/7000,–**

405 Rollschreibkommode, auch Zylinderbureau. Halbhohe Vierkantspitzfüße. Zwei hohe, eine schmale Schublade, gegliedert mit Linienintarsien und längsgerillten Rautenfeldern. Rollschreibklappe mit reicher Inneneinrichtung. Mahagoni und andere Hölzer. Wohl Frankreich, um 1780. H 110, B 102, T 60 **4500,–/5000,–**

406 Damen-Klappsekretär. Geschweifte Füße. Unten zwei Türen, darüber Schreibklappe. Rahmenwerk in Filetart furniert, Füllungen mit Wurzelholz, Marmorplatte. Frankreich, 18. Jh. H 130, B 65, T 35 **7000,–/8000,–**

401: Christie's, London (Cooper)

407

408

409

410

407 Klappsekretär. Vierkantspitzfüße, drei Schubladen, Schreibklappe, oben weitere Schublade. Allseitig mit dunkel eingefaßten, mit Filetlinien-Einlagen umrahmte Füllungen. In der Schreibklappe eingelegtes Medaillon mit Musikemblemen, Schleife und Ranken. Palisander, Rosenholz und Edelhölzer, grauweiße Marmorplatte. Frankreich, um 1780. H 146, B 95, T 40 **8400,–/9000,–**

408 Klappsekretär. Stollenfüße, vorne in die abgeschrägten Ecken übergehend. Unten zwei Türen, darüber Schreibklappe, oben Schublade. Filetfurnierte Umrandungen, Marketeriefüllungen mit figurenstaffierten Architekturlandschaften sowie Blumen in Urnenvasen. Nußbaum. Sign. P. Roussel. Paris, 1770. H 135, B 80, T 39 **8000,–/12000,–**

409 Klappsekretär. Stollenfüße, drei verschieden große Schubladen, die mittlere mit Polygon-Füllung. Schreibklappe mit reicher Inneneinrichtung, darüber Schublade, flacher Spitzgiebel und abgetreppter Kopf. Mahagoniwurzelholz. Deutsch, um 1810. H 163, B 104, T 53 **3500,–/4500,–**

410 Empire-Klappsekretär. Stollenfüße in schwarze Lisenen übergehend. Sonst charakteristischer Aufbau. Nußbaum. Süddeutsch, um 1810. H 149, B 96, T 48 **900,–/1800,–**

408: Ruef, München (Himpsl)

Sitzmöbel

Zu den ältesten Sitzmöbeln zählt der aus dem einfachen Hocker entwickelte Stuhl. Bereits aus der Antike sind verschiedene Typen wie Falt-, Kasten- oder gedrechselte Stühle bekannt. Aber selbst von gotischen Beispielen haben sich nur in Museen Stücke erhalten. Auf dem Kunstmarkt tauchen selten Renaissance-Stühle auf, während Sitzmöbel aus dem 18. Jh. und vor allem aus dem 19. Jh. immer wieder offeriert werden. Im 16./17. Jh. waren vor allem drei Stuhlformen beliebt: Der italienische Sgabello, mit zwei schräg zueinander stehenden Brettstützen, einem Brettsitz und einer entsprechenden Rückenlehne, wobei die Frontstütze und die Lehne meist reich geschnitzt sind. Später fand dieser Möbeltyp in den rustikalen, sog. Brettstühlen Nachfolger.
In ganz Europa gebräuchlich war der einfache Stuhl, bei welchem meist die Vorderbeine rund gedrechselt sind, während die eckigen Hinterbeine in die Streben der Rückenlehne übergehen. Die Querstreben sind unterschiedlich als Gitter oder brettartig gestaltet.
Als dritter Typ muß der auf das antike Faldistorium (Faltstuhl) zurückgehende »Dante«- oder »Savonarola«-Stuhl erwähnt werden. Dabei handelt es sich jedoch bereits um eine Art Armstuhl, denn Füße und Armlehnen werden durch eine große Anzahl parallel verlaufender, geschwungener und x-förmig zusammengefaßter Holzleisten gebildet. Die Rückenlehne bildet ein breiter Lederstreifen oder ein eingesetztes Brett. Ursprünglich zusammenklappbar wurde die beliebte Form bald feststehend gefertigt. Während Renaissance-Stühle meist Brettsitze, selten einen Ledersitz haben, wird im Barock zunächst der Sitz, später auch die Rückenlehne gepolstert. Weiterhin bleibt aber auch im 18. und 19. Jh. die ornamental aus Holz gestaltete Rükkenlehne im Gebrauch. Hat sich die Gestellform im Spätbarock (Rokoko) ganz in Schweifungen und gebogte Linien aufgelöst, so wird ab 1770 wieder die statisch geradlinige Konstruktion angewandt. Die jeweiligen Stilornamente dokumentieren sich deutlich auch an den Sitzmöbeln. Der *Armstuhl* (siehe dort) war zunächst in Anlehnung an die strenge, steife Stuhlform ebenfalls geradlinig und mit senkrechter Rückenlehne. Während des französischen Louis XIII entsteht der mit geflochtenem Sitz und Rükkenlehne ausgestattete Lehnstuhl, der sog. »*Fauteuil*« (siehe dort). Das 18. Jh. bringt die vollgepolsterte »*Bergère*« (siehe dort) und eine Vielzahl verspielter Stühle und Sessel hervor.
Als letztes wichtiges Sitzmöbel ist noch die *Bank* (siehe dort) zu erwähnen. Als Kanapee oder Sofa kommt die gepolsterte Bank als Einzelmöbel oder als Bestandteil der *Garnitur* (siehe dort) vor. Eine Erfindung des 19. Jhs. ist der Schaukelstuhl.

411 Renaissance-Stuhl. Pfostenbeine. Front und Rückenlehne mit ornamental ausgebogten Querstreben. Rückenstützen in Akanthus-Volute endend. Nußbaum. Italien, um 1600. **1 500,–**

412 Einer von sechs Stühlen (Typ des sogenannten Rubensstuhls). Gedrehte Balusterbeine durch ebensolche Stege verbunden. Niedrige gerade Rükkenlehnen auf kurzen Balusterstützen. Eiche. Sitz und Rücken mit geprägtem und bemaltem Leder. Flandern, 1. Hälfte 17. Jh. H 87 zusammen **10 000,–/14 000,–**

412: Lempertz, Köln

411

412

413

414

415

416

413 Drei von sechs Barockstühlen. Geschnitzte, gegliederte Beine mit Kreuzverstrebung, am Schnittpunkt plastische Trauben, Sitz und Rücken gepolstert mit Pointbezügen: Szenen aus russischen Märchen. 18./19. Jh.
zusammen **3000,–/6000,–**

414 Barockstuhl. Kugelklauenfüße, gebogtes Gestell, Mahagoni furniert mit reichen floralen, ornamentalen und Wappen-Einlagen. Sitz gepolstert. Holland, 18. Jh. **1400,–/1500,–**

415 Einer von vier Barockstühlen. Reich geschnitztes Gestell mit weiß-goldener Fassung. Gepolstert, mit späterem Bezug. Potsdam, 18. Jh.
zusammen **10000,–/12000,–**

416 Zwei von sechs Stühlen. Geschweifte Frontbeine. Querverstrebung, passig gebogte Rückenlehne. Sitz mit Riedgeflecht. Süddeutsch, 18. Jh.
zusammen **8000,–/10000,–**

415: Almas, München (Himpsl)
416, 418: Ruef, München (Himpsl)

417 Vier verschiedene Stühle. Teils sehr reich geschnitzt, teils schlicht. Deutschland/Holland, 18. Jh.
je **500,–/900,–**

418 Zwei von sechs Stühlen. Geschweifte Beine mit Kreuzverstrebung. Rückenlehne mit gegeneinandergestelltem Volutenschwung und gegliederter Mittelzunge. Franken, Mitte 18. Jh.
zusammen **6000,–/8000,–**

419 Vier verschiedene Louis-XVI-Stühle. Sie geben einen Eindruck vom Reichtum der einzelnen Stile in der Ausgestaltung eines in seiner Grundkonstruktion einfachen Möbels. Deutsch, um 1780/1790. je **550,–/800,–**

417

418

419

420

421

422

423

424

425

426

427

420 Stuhl. Kannelierte Rundbeine. Ornamental geschnitztes Gestell mit passigem Medaillonrücken. Sitz und Rücken gepolstert. Grau/weiß gefaßt. Deutsch, um 1780. **500,–/1 000,–**

421 Einer von zwei Louis-XVI-Stühlen. Kannelierte Rundbeine. Zarge und Lehne mit Ornamentenkante. Gefaßt. Süddeutsch, um 1780.
zusammen **1 000,–/1 500,–**

422 Louis-XVI-Stuhl. Vierkantspitzbeine. Sitz gepolstert. Schildförmige, ornamental durchbrochene Rückenlehne. Buche. Deutsch, um 1780. **400,–/600,–**

423 Louis-XVI-Stuhl. Gegliederte kannelierte, konische Säulenbeine. Zarge und Rückenlehne profiliert. Mittelzunge durchbrochen mit Blattrelief. Buche. Um 1780. **350,–/600,–**

424 Louis-XVI-Stuhl. Leicht geschweift, ausgestellte Beine. Sitz gepolstert. Ornamental gestaltete Rückenlehne mit Messingrosetten-Zierat. Buche. Deutsch, um 1780. **400,–/600,–**

425 Frühbiedermeier-Stuhl. Ausgestellte Vierkantbeine, Sitz gepolstert. Rückenlehne mit verschiedenen Querverstrebungen, die breite mittlere davon mit Rautenintarsie, Messingzierleiste. Deutsch, Anfang 19. Jh. **400,-/600,–**

426 Frühbiedermeier-Stuhl. Vierkantspitzbeine, Sitz gepolstert, Rückenlehne mit gegliederter Verstrebung. Nußbaum. Deutsch, um 1830. **300,–/400,–**

427 Biedermeier-Stuhl. Vierkantspitzbeine, Rückenlehne mit gebogtem Querbrett. Kirschbaum. Um 1820. **300,–/400,–**

431: Dr. Schwarze, Wuppertal
421, 433: Ruef, München (Himpsl)

428 Biedermeier-Stuhl, sog. Schaufelstuhl. Vierkantspitzfüße, Sitz gepolstert, oben breite Lehne, seitlich volutenartig abgerundet (Schaufel). Nußbaum mit eingelegtem Sternmedaillon. Deutsch, um 1830. **400,–/700,–**

429 Biedermeier-Stuhl. Vierkantspitzbeine. Sitz gepolstert, Rückenlehne gegliedert, in Art der Schaufelstühle, jedoch wegen der schmalen Lehne Ochsenkopf genannt. Deutsch, um 1830. **400,–/600,–**

430 Frühbarock-Sessel. Geschnitztes Gestell mit ornamental durchbrochener frontaler Querstrebe; in Voluten endende Armlehnen. Sitz und Rücken gepolstert mit Pointstickerei-Bezug. Frankreich, 17. Jh. **3800,–/4500,–**

431 Ohrenbackensessel. Geschweiftes, profiliertes Gestell mit den namengebenden seitlichen »Ohren« an der Rückenlehne. Deutsch, 2. Hälfte 18. Jh. **2500,–/3000,–**

432 Armstuhl. Reich geschnitztes, gebogtes Eichengestell. Sitz, Rücken und Armlehnen gepolstert. Lüttich, um 1720. **3500,–/4000,–**

433 Paar Fauteuils. Geschweifte Beine mit Volutenfüßen und Zarge, sowie Arm- und Rückenlehne mit feinen Reliefschnitzereien. Buche. Paris (Zeichen: stilisierte Lilien = Bourbonen-Lilie). Régence, um 1710. **15000,–/16000,–**

428

429

430

431

432

433

434

435

436

437

438

439

434 Barocksessel. Gebogtes Gestell mit sehr feinen Akanthusblattschnitzereien. Nußbaum. Franken, um 1750. **6000,–/7000,–**

435 Louis-XVI-Sessel. Kannelierte Rundbeine. Profiliertes Gestell mit Schleifenschnitzerei. Medaillon-Rückenlehne, abgenützte Fassung; Sitz, Rücken und Armlehnen gepolstert. Süddeutsch, um 1775. **1500,–/2000,–**

436 Sessel. Kannelierte Rundbeine, profiliertes Gestell, Fassung grau/weiß. Sitz, Rücken und Armlehnen gepolstert. Deutsch, um 1780. **1200,–/1500,–**

437 Louis-XVI-Armstuhl. Kannelierte Rundbeine, Gestell profiliert und kanneliert. Sitz, Rücken und Armlehnen gepolstert. Deutsch, um 1780. **1200,–/1500,–**

438 Sessel. Kannelierte Rundfüße, Buchengestell mit Band-Kerbungen. Sitz, Rücken und Armlehnen gepolstert. Deutsch, um 1770. **1200,–/1500,–**

439 Empire-Armstuhl. Leicht ausgestellte Vierkantbeine. Armlehnen mit geschnitzten Löwenbüsten, schaufelartige Rückenlehne, Sitz gepolstert. Kirschbaum. Deutsch, um 1820. **800,–/1500,–**

434: Almas, München (Himpsl)
433, 440: Ruef, München (Himpsl)

440

441

442

443

440 Zwei Sessel. Klassizistische Mahagoni-Gestelle. Die Armlehnen vorne in Form von Delphinköpfen endend, gepolstert. Frankreich, um 1800. Ein Stuhl signiert: Bidard.
zusammen **2000,–/2500,–**

441 Sessel und Stuhl. Geschweifte Bocksbeine, gebogte Zarge mit Muschelrelief. Lehnen mit durchbrochener, ornamentaler Mittelzunge. Oben mit Rocaillenkartusche. Profilkanten. Sitze gepolstert. Buche. Deutsch, um 1760.
zusammen **1500,–/2500,–**

442 Drei Stühle und Sessel. Ausgestellte Vierkantbeine. Sitz gepolstert mit Stilbezügen. Rückenlehne mit Rundbogenausschnitt und Goldsilhouetten von Greifvögeln. Schwarzgelackt. Berlin, um 1800, nach Entwürfen von Schinkel.
zusammen **4000,–/6000,–**

443 Barock-Stil-Garnitur: Sitzbank und vier Armlehnstühle. Reich geschnitzte, vergoldete Gestelle. Sitz, Armlehnen und Rücken gepolstert und mit feinsten, beschädigten Gobelinbezügen. Frankreich, Mitte 19. Jh. **4000,–/5000,–**

444

445

446

447

448

444 Sitzbank und zwei Armstühle. Gebogtes, reich geschnitztes Buchengestell. Sitz, Armlehnen und Rücken gepolstert. Die Rückenlehnen waren ursprünglich mit Rohrgeflecht bespannt. Späterer Bezug. Süddeutsch, 18. Jh. **5000,–/7000,–**

445 Sofa (Sitzbank). Gebogtes Buchengestell mit reichen Ranken, Rocaillen und Muschelschnitzereien. Vollpolsterung mit Auflagekissen. Süddeutsch, um 1740. **3800,–/4800,–**

446 Sitzbank. Vierkantbeine, vorne in antikisierende Büsten als Lehnenauflagen übergehend. Mahagoni mit Bronzezierat. Seiden-Stil-Bezug. Frankreich, um 1800. **2000,–/2500,–**

447 Empire-Sitzbank. Gestell Nußbaum mit reichen Intarsien: Girlanden und Urnen. Gestreifter gelber Bezug. Norddeutsch, um 1800. L 160 **2200,–/2500,–**

448 Sofa. Zarge mit Volutenfüßen, abgerundete Lehne. Grüne Vollpolsterung. Um 1830. L 183 **500,–/900,–**

Spiegel

Vor allem im 18. Jh. hat die Mode, in Zimmern Spiegel aufzuhängen, ihre Hochblüte erlebt. Dabei wurden überlebensgroße Spiegel verwandt, ja sogar ganze Räume wurden mit Spiegeln ausgestattet; man nennt sie Spiegelkabinette. Berühmtestes überdimensionales Beispiel ist der Spiegelsaal von Versailles. In Verbindung mit Konsoltischen war der Spiegel eine beliebte Pfeilerverkleidung (siehe *Trumeau*).

449 Rokokospiegel. Typischer, reich geschnitzter Spiegelrahmen mit Blattwerk und Rocaillen. Holz vergoldet. Süddeutsch, 18. Jh. H 52 **2400,–/3500,–**

450 Konsoltisch. Sockel, vorn Vierkantspitzbeine mit antikisierenden Büsten. Verspiegelte Rückwand. Zargenschublade, Marmorplatte, Pfeilerspiegel (Trumeau), seitliche Pilaster mit Spitzgiebel. Mahagoni mit Bronzezierat. Deutsch, um 1800. H 220, B 78, T 35

800,–/1500,–

451

452

Spieltisch

Der Manie des 18. Jhs., für sämtliche Lebensäußerungen spezielle Möbelformen zu entwickeln, verdanken wir auch den Spieltisch, der in vielerlei Ausführungen bis ins 19. Jh. – später als Schachtisch – beliebt blieb. Die ursprüngliche Form war ein zierlicher, leicht transportabler Tisch, dessen Platte zum Spielen aufgeklappt wurde, wobei sinnreiche Konstruktionen für entsprechende Stabilität sorgten. Unter der Platte im Zargenkasten waren oft intarsierte Felder für das Tric-Trac-Spiel, sonst gab es Vertiefungen für Spielsteine oder Chips. Auch die Platte selbst hatte oft eingelegte Spielfelder, z. B. für Schach oder Dame. In den meist ausgebogten Ecken befanden sich Vertiefungen für das Spielgeld. Als Luxusmöbel war es meist sehr elegant ausgeführt.

451 Spieltisch. Auf hohen geschweiften Beinen. Zarge mit Schubfach. Die Klapp-Platte hat in den Ecken und in den Seitenmitten Vertiefungen für Spielgeld. Nußbaum mit Bandeinlagen. Süddeutsch, 18. Jh. H 75, B 95, T 95
2500,–/3500,–

452 Spieltisch. Geschweifte Geißbockbeine. Zarge mit Schublade. Klapp-Platte dreiseitig passig gebogt. Mit Bandel- und Schachbrett-Einlagen (zusammengeklappt). Innen Filzbezug für Kartenspiele. Deutsch, 18. Jh. H 80, B 72, T 36
3500,–/4000,–

453 Spieltisch. Vierkantspitzfüße in Messingschuhen. Klapp-Platte mit reichen ornamentalen Intarsien. Innseitig filzbespanntes Mittelteil und muldenartige Vertiefungen für das Spielgeld. Mahagoni mit reichen Intarsien verschiedenster Edelhölzer, Metallperlkanten. Rußland, Ende 18. Jh. H 75, B 93, T 48
6000,–/9000,–

454 Spieltisch. Vierkantspitzbeine und Zargenschublade, reich mit Blumenranke intarsiert. Aufklappbare Platte mit eingelegtem Schachbrett und Spielkarten. Wohl Holland, 18./19. Jh. H 77, B 83, T 41 **3000,–/5000,–**

453 (Klapp-Platte)

453

454

Stollenschrank

In der Spätgotik (siehe unter *Gotik*) entstandenes Prunkmöbel, das sich aber bis ins 19. Jh. ständiger Beliebtheit erfreute. Der Name stammt von den hohen Beinen, den »Stollen«, auf welchen die Korpusfront steht.

455

456

455 Spätgotischer Stollenschrank. Vorne Stollenfüße mit festem Sockelbrett, feste Rückwand mit flächigem Faltwerk. Korpus mit Mitteltür. Profiliertes Gesims. Flandern, 16. Jh. H 144, B 169, T 49
8000,–/10000,–

456 Stollenschrank. Stollenfüße in Form gewundener Säulen mit geschwungenem x-förmigem Verbindungssteg. Zwischenteil mit zwei schmalen Schubladen, zweitüriger Aufsatz, ausladendes Profilgesims. Typische Wellengliederung des Korpus, wie sie für die Frankfurter Wellenschränke charakteristisch ist. Nußwurzel querfurniert. Frankfurt, um 1700. H 200, B 150, T 55
40000,–/50000,–

456, 458: Scheike, Gemmingen

Stollentruhe

Diese Truhenform aus der Gotik war lange Zeit selbst in landschaftlich weit auseinanderliegenden Gegenden von gleicher Konstruktion. Dicke Eckbohlen dienten als Füße und nahmen die in sie eingespannten, aus einem oder mehreren Brettern bestehenden, Seitenwände auf. Diese traditionelle Konstruktion hat sich regional über Jahrhunderte hinweg gehalten.

457 Stollentruhe. Hohe Stollenfüße, reich ornamental geschnitzte Front mit Inschrift »ANO 1737«. Großes spätgotisches Eisenschloß. Eiche. Norddeutsch, 18. Jh. H 100, B 185, T 67 **2500,–/3000,–**

457

Süddeutsche Möbel

Durch die Vielfalt der Einflüsse von außen und die Beeinflussungen der einzelnen Gebiete untereinander ist es oft schwer, süddeutsche Möbel exakt zu lokalisieren. Typisch sind Möbel wie beispielsweise der Nürnberger oder Ulmer Schrank. In der Literatur wie auch in Auktionskatalogen wird in solchen Fällen der Sammelbegriff »süddeutsch«, manchmal mit möglichen Zuweisungen wie »wohl München« angegeben.

458 Barockkommode. Halbhohe Geißfüße mit Akanthus- und Muschelrelief, entsprechende Zarge. Zwei Schubladen leicht geschweift und gebrochen. Die abgeschrägten Ecken mit aufgesetzten Widderköpfen. Die Seiten stark nach innen eingezogen. Nußbaum mit Wurzel. Süddeutsch, wohl München, um 1720. H 103, B 152, T 67 **15000,–/16000,–**

458

459

460

461

462

459 Kommode auf gedrückten Kugelfüßen. Drei doppelt geschweifte Schubladen mit rocaillenintarsierten Füllungen von Linieneinlagen eingefaßt. Nußbaum, Bronzebeschläge. Süddeutsch, 18. Jh. H 83, B 127, T 74 **2500,–/3000,–**

460 Kommode. Gedrückte Kugelfüße. Drei stark geschweifte Schubladen mit abgeschrägten Ecken und eingezogener Mitte. Reiche Bandelwerk-Einlagen. Ebensolche intarsierte Platte und Seiten. Nußbaum, Bronzebeschläge. Süddeutsch, um 1720. H 80, B 116, T 62 **8500,–/9000,–**

461 Kommode. Auf geschweiften, halbhohen Füßen, ebensolcher Zarge mit Profilkante. Zwei Schubladen mit Bandeleinlagen. Nußbaum, Bronzebeschläge. Süddeutsch, um 1750. H 94, B 120, T 64 **2800,–/3800,–**

462 Kommode. Geißfüße, gebogte Zarge mit Profilkante. Drei Schubladen mit passig durch Linieneinlagen konturierten Wurzelfüllungen. Nußbaum, sehr schöne Bronzebeschläge. Süddeutsch, 18. Jh. Auf der Kommode stehen zeitgenössische Frankfurter Zinnkannen in Silberart. H 82, B 129, T 65 **10000,–/12000,–**

463

464

465

465a

463 Kommode. Gebogte Volutenfüße und ebensolche Zarge mit Profilkante. Drei Schubladen mit ineinanderverschlungenen linienkonturierten Bandeinlagen. Nußbaum. Süddeutsch, 18. Jh. H 95, B 118, T 60 **2500,–/3000,–**

464 Barockkommode. Gedrückte Kugelfüße, dreischübige, doppelt geschweifte Front, mit passigen Wurzeleinlagen und Bandelwerk, ebensolche Platte, linienintarsierte Seiten. Nußbaum, Messingbeschläge. Württemberg, 18. Jh. H 75, B 118, T 62 **3800,–/4800,–**

465 Schreibkommode. Gedrückte Kugelfüße, gebogt nach innen, geschweifte, dreischübige Kommode. Schräge Schreibplatte mit Inneneinrichtung. Nußbaum mit Wurzelfüllung. Süddeutsch, 18. Jh. H 100, B 108, T 57 **6800,–/7500,–**

465a Kommode. Kugelfüße, leicht doppelt geschweifte, dreischübige Front. Nußbaum mit Linien-Intarsien. Bronzebeschläge. Um 1740. H 77, B 126, T 61 **3800,–/4800,–**

Tabernakelmöbel

Man versteht unter Tabernakel einen Aufsatz mit einer von kleinen Schubladen umgebenen Mitteltür. Ursprünglich ein sakrales Möbel, wurde der Tabernakelaufsatz in Verbindung mit der Schreibkommode zum beliebtesten Möbel des frühen 18. Jhs., dem Tabernakelsekretär. Aber auch in Verbindung mit anderen Unterteilen, wie Halbschrank oder Kommode, kommt der Tabernakel als *Aufsatzmöbel* (siehe dort) vor.

466 Tabernakel-Schreibkommode. Geißfüße mit geschnitzter Zarge. Unterteil mit zwei Schubladen. Rollschreibklappe mit Christusmonogramm und Maria-Inschrift reliefiert; flankiert von zwei Schüben. Tabernakelaufsatz. Insgesamt reich geschnitzt. Eiche. Bodensee, Mitte 18. Jh. H 180, B 120, T 60 **9500,–/18000,–**

466a Tabernakelsekretär »à trois corps«. Dreischübige, geschweifte Kommode auf gedrückten Kugelfüßen. Zurückgesetztes Mittelteil mit Schreibklappe. Tabernakelaufsatz mit Mitteltür, flankiert von je fünf Schubladen. Gebogter Giebel mit kleiner verspiegelter Bogentür. Nußbaum mit Bandeleinlagen. Württemberg, 18. Jh. H 193, B 122, T 72 **8000,–/9000,–**

466

466a

467 Tabernakelsekretär. Geschweiftes, dreischübiges Kommodenteil auf birnförmigen Füßen. Schreibklappe mit seitlichen Schubladen. Tabernakelaufsatz mit gebogten, seitlichen Schubladen und kantig doppelt gebrochener Mitteltür, darunter und darüber Schublade. Abgetreppter Kopf. Nußbaum mit Linien- und Bandeleinlagen sowie Wurzelfüllungen. Böhmen, 18. Jh. H 184, B 130, T 65
14000,–/16000,–

468 Tabernakel-Aufsatzsekretär. Gedrückte Kugelfüße, geschweifte, abgesetzte, dreischübige Kommode. Zurückgesetzte Schreibklappe, flankiert von zwei Schubladen. Typischer Tabernakelaufsatz mit abgetrepptem Kopf. Nußbaum mit Wurzelfüllungen von rocaillenartigen Bandeinlagen umrahmt. Bronzebeschläge. Österreich, um 1740. H 195, B 130, T 68 **8000,–/10000,–**

469 Tabernakelsekretär. Dreischübiges Kommodenteil auf niederen geschwungenen Füßen. Reich intarsierte Schreibklappe flankiert von Schüben. Typischer Tabernakelaufsatz: mit Bandelwerk intarsierte Mitteltür umgeben von zahlreichen kleinen Schubladen. Linieneingefaßte Wurzelfüllungen, teils mit Würfelmarketerie. Böhmen, 2. Hälfte 18. Jh. H 170, B 100, T 45 **10000,–/12000,–**

467

468

469

Tisch

In frühgotischer Zeit bestand der Tisch meist nur aus einem auf Böken aufgelegten Brett, so daß er nach Gebrauch leicht weggeräumt werden konnte. Daher stammt der noch heute gebräuchliche Ausdruck »die Tafel aufheben«.
Im Gegensatz zu anderem Mobiliar, das wir auf frühen bildlichen Darstellungen finden, sind die wenigen gezeigten Tische unter langen, auf den Boden hängenden Tischtüchern versteckt. Aus spätgotischer Zeit haben sich die ersten kastenartigen Tische erhalten. Zwei durch Querverstrebungen verbundene Wangenfüße tragen einen Zargenkasten, den man durch Wegschieben oder Hochklappen der fast quadratischen Tischplatte öffnet. Bald wird in den Kasten eine Schublade eingebaut, und die rustikalen Nachfahren dieses Tischtypus hängen unter den Zargenkasten eine weitere Schublade. Auch der italienische Renaissancetisch steht auf reich geschnitzten, oft figürlich ausgestalteten Wangen. Die Zarge ist allerdings schmäler, meist ohne Schublade, und das Ausmaß des Tisches ist wuchtiger und langgestreckt. Bald wird auch der Tisch mit vier Pfostenbeinen, oft in Form von Balustern, gebräuchlich. Sinnvolle Konstruktionen ermöglichen bereits ein Ausziehen der Tischplatte. Der runde Tisch kommt schon in der Renaissance in Mode, auch wenn er bis zum 19. Jh. ein wenig beachtetes Dasein führt und erst als Biedermeiertisch wirklich populär wird. In Deutschland bleibt der Kastentisch die bevorzugte Form in der Renaissance. England entwickelt in dieser Zeit schon technisch ausgeklügelte Klapptische, die zu allen Zeiten in Mode blieben und heute auch auf dem Kontinent begehrte Sammlerstücke sind.
Im französischen Barock kommt als neue Sonderform der *Konsoltisch* (siehe dort) hinzu. Das 18. Jh. erfindet zahlreiche neue Formen, wie beispielsweise den *Schreibtisch* (siehe dort), den *Spieltisch* (siehe dort), den Beistell- und Etagèren-Tisch, aus welchem der Nähtisch entwickelt wird. Der niedrige Couchtisch ist ein Stilmöbel, das erst mit den kopierten Damen- und Herrenzimmern aufkommt.

470 Wangentisch. Seitlich reich geschnitzte Wangenfüße mit Rollwerk, Vegetabilien und Maskarons. Querverbindung mit Rundbogen. Zarge mit Pfeifenrelief, glatte Platte. Nußbaum. Norditalien, um 1600. H 75, L 110, B 60
5000,–/8000,–

470

471 Wangentisch. Die seitlichen Wangenfüße reich geschnitzt, in Form von stilisierten Fabeltieren. Wuchtige Querverstrebung ebenfalls mit entsprechenden Fabeltierschnitzereien. Reliefierte schmale Zarge, ausziehbare glatte Platte. Nußbaum. Italien, um 1600. H 75, L 125, B 60 **5000,–/7000,–**

472 Kastentisch. Seitliche, ausgebogte Wangenbeine mit verkeilter Querverstrebung, große Schublade, Zargenkasten, der durch seitliches Wegschieben der Tischplatte zu öffnen ist. Buche mit ornamentalen Intarsien. Rhön, 18. Jh. H 73, L 127, B 97 **2800,–/4500,–**

473 Montafoner Tisch. Ausgestellte, gedrechselte Balusterbeine mit Querverstrebungen und Schublade. Zarge mit Schubfach. Achteckige Platte mit eingelegter Schieferplatte. Kirsch- und Nußbaum. Montafon, 18. Jh. H 80, L 90, B 90 **3800,–/4800,–**

474 Barocktisch. Stollenfüße mit umlaufender Fußleiste, gegliederte Balusterbeine. Zarge mit Schublade, reich geschnitztes Rankenrelief. Tierkopfmaskaron als Zuggriff. Intarsierte Platte. Buche und Obstholz. Hessen, Anfang 18. Jh. H 76, L 139, B 83 **3000,–/3500,–**

470: Koller, Zürich
471: Lempertz, Köln

471

472

473

474

475

476

477

478

475 Rokokotisch. Geschweifte Beine und ausgebogte Zarge mit Schnitzerei. Schublade. Passig gebogte Tischplatte mit reicher ornamentaler Einlage. Nußbaum. Süddeutsch, 18. Jh. H 79, L 106, B 69 **2800,–/3800,–**

476 Verwandlungstisch. Maltischchen für eine Dame. Geschweifte Beine, Zarge mit einer Schublade, im Innern Gefächer für Fläschchen etc. Platte mit abgerundeten Ecken zurückschiebbar, im Innern ein aufstellbares Pult. Sparsam eingelegt mit stilisierten Rocaillen. Rosenholz auf Tanne. Dieses Stück wird Wenzel Joh. Pentz (Schüler der Röntgen-Werkstatt, Neuwied, Hofebenist des Kurfürsten Clemens August von Köln) zugeschrieben. Bonn, um 1760. H 72, B 76, T 50 **25000,–/30000,–**

477 Spieltisch. Geschweifte Beine, ausgebogte Zarge mit würfelintarsiertem Medaillon, flankiert von feinen Blumeneinlagen. Mahagoni, Palisander und Ebenhölzer. Passig gebogte Klapp-Platte. Frankreich, um 1750. H 80, L 75, B 32,5 (75 ausgeklappt) **6000,–/8000,–**

478 Nierentisch. Zwei durchbrochene Wangen auf Kufenfüßen, durch geraden Steg verbunden. Gerade Zarge mit einer Schublade. Nierenförmige Platte, dekoriert mit geometrischer Marketerie. In großem, mittlerem Rechteckfeld Ansicht von Petersburg. Palisander und Rosenholz auf Eiche. Rußland, Ende 18. Jh. H 73, B 93, T 49 **14000,–/16000,–**

479

480

481

482

479 Salontisch. Graziöses, geschweiftes Buchengestell, reich mit Blütengehängen, Rocaillen und die Zarge mit durchbrochenem Flechtwerk geschnitzt. Grün-weiße Marmorplatte. Frankreich, um 1780. H 78, L 105, B 64
3 500,–/3 800,–

480 Louis-XVI-Tisch. Fein gerillte Rundbeine. Ornamentierte Zarge. Platte mit Ornament-Intarsien. Nußbaum mit verschiedenen Hölzern. Süddeutsch, um 1780. H 75, L 90, B 45 **1 500,-/2 000,–**

481 Empiretisch. In der Mitte des runden Sockels Bronze-Pinienzapfen. Sechs Säulenbeine schwarzgelackt mit reichem Bronze-Zierbeschlag. Glatte Zarge mit Rosengirlande im Bronzerelief. Marmorplatte. Deutsch, um 1800. H 80,5, Ø 90
1 500,–/2 500,–

482 Biedermeiertisch. Y-förmiger Sockel, kantige Mittelsäule auf drei ausgestellten, schwarzgelackten Volutenbeinen. Glatte Zarge, runde Platte. Kirschbaum. Deutsch, um 1830. H 78, Ø 73
800,–/1 200,–

476, 478: Lempertz, Köln
479: Ruef, München (Himpsl)
479: Peretz, Saarbrücken

483

484

485

Truhe

Die Truhe zählt zu den ältesten Möbeln. Sie war bereits in der Antike bekannt. Im Handel tauchen hin und wieder frühe gotische Stücke auf. Zunächst von einfacher Kastenform, bildeten sich seit der Spätgotik regional differenzierte Typen aus. Durch unterschiedliche Holzarten, den jeweiligen Dekor und Konstruktionsmerkmalen lassen sich Truhen lokal bestimmen. Neben regional charakteristischen Typen, wie beispielsweise den Marburger *Finkentruhen* (siehe dort), gibt es auch überregional vorkommende Sonderformen, so z. B. die *Koffertruhen* (siehe dort) oder die *Stollentruhen* (siehe dort). Ansonsten hat sich auch die Truhe in ihrer Ausgestaltung dem jeweiligen Zeitgeschmack und -stil unterworfen.
Bei der zeitlichen Bestimmung muß man allerdings berücksichtigen, daß frühe Formen in ländlichen Gegenden oft aus Tradition lange Zeit unverändert hergestellt wurden.

483 Gotische Truhe. Kastenform. Die Front mit sehr feiner Maßwerk-Flachschnitzerei. Nußbaum. Schloßplatte in Form eines Doppeladlers. Tirol, 15. Jh. H 68, B 160, T 65 **5000,–/8000,–**

484 Tiroler Truhe. Stollenförmige Sockelfüße, ebenso wie Seitenstützen und Deckelkanten mit reichen Laubwerk-Flachschnitzereien. Glatte Frontfüllung und Seiten. Weichholz. Original-Eisenschloß. Tirol, um 15. Jh. H 95, B 190, T 60 **3800,–/5000,–**

485 Truhe. Kastenform auf untergestellten Kufenfüßen. Front mit gotischem Schnitzwerk. Drei Eisenschlösser. 16. Jh. H 70, B 170, T 63 **6000,–/7000,–**

486

486 Truhe. Auf ausgebogtem Sockelfuß. Front mit Profilleisten, eingefaßten Feldern. Glatter Deckel. Ornamental und figürlich bemalt. Venedig, um 1600.
H 54, B 176, T 44 **8500,–/9500,–**

487 Renaissancetruhe. Klauenfüße. Von zwei Maskarons flankiert. Füllung: Vögel- und Rankendekor, in der Mitte Wappenschild. Originalschloß mit Schlüssel. Italien, um 1600. H 49, B 108, T 50
3800,–/5000,–

488 Koffertruhe mit gewölbtem Deckel. Eiche mit reichem, ornamental verzinktem Eisenbeschlag mit zwei Wappen und ebensolchem Schloß. Datiert 1624. Deutsch, 17. Jh. H 68, B 113, T 59
3500,–/6000,–

487

488

486: Ruef, München (Himpsl)

489

490

491

489 Barocktruhe. Stollenfüße, reich gegliederte Front mit zwei Kassetten-Füllungen und Wellenrelief-Fries. Deckel ergänzt. Eiche, seitlich eiserne Traggriffe. Flandern, 17. Jh. H 70, B 120, T 58
3000,–/3500,–

490 Truhe. Stollenfüße, Rahmen mit Schuppenmuster und Füllungen mit Rosetten in Flachschnitzerei. Hessen, 18. Jh. H 70, B 140, T 60 **1800,–/2600,–**

491 Schuppentruhe. Gegliederter Sockel. Front mit zwei Rundbogenfeldern von schuppenreliefierten Füllungen umrahmt. Klappdeckel. Rotbrauner Fond mit hellgrauer, schwarz konturierter Bemalung. Salzburg, datiert 1731. H 98, B 154, T 68 **3500,–/5000,–**

490: Arnold, Frankfurt (Englert)
493: Ruef, München (Himpsl)

492 Truhe. Kufenfüße. Kastenform. Front mit zwei profilierten Füllungen. Kerbschnitzereien. Eiche, seitliche Eisengriffe. Niederrhein, 18. Jh. H 60, B 110, T 55 **1 100,–/1 500,–**

493 Truhe. Kastenform mit gegliederter Front. Die kassettenartigen Füllungen von Flammleisten umrahmt, teils einteilig aufgelegte, stilisierte Floralornamente. Zirbelholz. Tirol, um 1700. H 67, B 178, T 65 **950,–/1 200,–**

492

493

Trumeau

Pfeilerspiegel. Hoher schlanker Spiegel, der seit dem Rokoko zur Gestaltung schmaler hoher Wände verwandt wurde und durch deren Spiegelung neue Raumwirkungen erzielt wurden.

494 Trumeau. Von rocaillenreliefierter Profilleiste umrahmter Wandspiegel, oben von vergoldeter Rocaille bekrönt. Die Senkrechte wird noch durch aufgesetzte, vergoldete Blattstäbe betont. Vorgesetzt ist ein typischer, reich geschnitzter, vergoldeter Konsoltisch. Württemberg, um 1760. **8000,–/10000,–**

Tür

Türen dienten seit altersher zum Verschließen nicht nur von Häusern, sondern auch von Behältnissen. Spätestens seit der Spätgotik läßt ihre Ausgestaltung stilistische Rückschlüsse auf die Entstehung oder Epoche zu. In der Möbelkunst erfuhr vor allem die Schranktür reiche stilistische Variationen. Vor allem seit Einführung der schreinermäßigen Konstruktion mit Rahmen und Füllungen im 15. Jh. waren dem Tischler und Schreiner die technischen Möglichkeien zu vielfältigster Ausführung gegeben.

495

496

495 Spätgotische Tür. Aus Eichenbohlen zusammengefügt und mit reichem Eisennagelbeschlag. Sie ist in ihrer archaischen Form das Beispiel für die einfachste Türkonstruktion. 16. Jh. H 107, B 75 **800,–/1200,–**

496 Paar Schranktüren. Auf Gehrung geschnittene Rahmen mit profilumrahmten, glatten Füllungen. Eiche, Messingbeschläge. Um 1780. H 220, B je 180 zusammen **2000,–/3000,–**

a b c d e f g h i

497 Zimmertüren. 18./19. Jh.: von links nach rechts:

a Sakristeitür mit reich geschnitzten Füllungen. Eiche. H 218, B 91
2000,–/2500,–

b Tür. Zwei profilierte Füllungen, oben geschweift gebogt. H 200, B 84
400,–/600,–

c Doppeltür mit ungleichen Kassettenfüllungen. H 194,5, B 99 **500,–/900,–**

d Tür mit senkrechten und querliegenden Füllungen passig gebogt, profiliert. H 225, B 116 **600,–/900,–**

e Tür, ähnlich wie die zweite von links (b), jedoch mit tief profilierten Füllungen. H 194, B 73 **500,–/900,–**

f Tür mit neun Kassettenfüllungen.
1000,–/1500,–

g Doppeltür entsprechend der zweiten Tür von links (b). **1000,–/1500,–**

h Tür ähnlich wie die zweite Tür von links (b), jedoch mit zweifach gebogter oberer Füllungskante. **400,–/800,–**

i Tür ähnlich wie die vierte Tür von links (d). **600,–/900,–**

Überbauschrank

Aufbauschrank, der den Stollenschrank ablöste. Während dort die Schaustücke im Bodenfach ausgestellt wurden, kann man beim Überbauschrank auf dem schmalen Absatz vor dem zurückgesetzten Oberteil Schaustücke aufstellen (siehe auch *Aufbauschrank*).

498 Überbauschrank. Zweitüriger Schrank auf verkröpftem Sockelgeschoß und Ballenfüßen. Darüberliegendes Schubladengeschoß. Zurückspringender Aufsatz mit zwei flankierenden Türen und feststehendem Mittelteil. Von kannelierten Säulen getragener, vorspringender Architrav. Verkröpftes Gebälk. Zahnschnitt. Die unteren Türen dekoriert mit eingelegten Blumenvasen in Rundbogenarkaden. Die oberen Türen mit profilierten Rechteckfüllungen mit eingelegten Wappen. Architrav und das Schubladengeschoß mit eingelegten Blumenranken. Eiche mit verschiedenen Einlegehölzern. Schweiz, um 1600. H 183, B 160, T 68
15000,–/20000,–

Uhrengehäuse

Auch die Gehäuse für die großen Standuhren wurden von Schreinern angefertigt. Vor allem seit dem 18. Jh. wurden große Zimmer-Standuhren gebräuchlich. Die Gehäuse sind dadurch ebenso wie das übrige Mobiliar jeweils am zeitgenössischen Stil zu erkennen (und zu bestimmen).

499 Standuhr mit reich geschnitztem Eichengehäuse. Aachen, 18. Jh. H 285
9000,–

500 Drei Standuhren. Verschieden gestaltete Eichengehäuse. England 18./19. Jh. je **500,–/1200,–**

499

500

501

Vertäfelung, Wandverkleidung

Bereits vor der Spätgotik war es gebräuchlich, Räume durch Verschalen mit Holz wohnlicher zu machen. Während man in der Renaissance die Wände bis knapp unter die Decke verkleidete, waren im 18. Jh. halbhohe, leichtere Vertäfelungen beliebter, oft durch darübergesetzte Spiegel noch belebt. Mit Ausnahme vor allem in der Neo-Renaissance in den 70er Jahren des 19. Jhs. kam die Wandverkleidung im 19. Jh. aus der Mode.

501 Teil einer halbhohen Wandverkleidung mit rocaillenreliefierten Füllungen. Aachen-Lüttich, 18. Jh. ca. 12 × 0,95
8000,–/10000,–

502

503

502 Aufsatzvitrine. Stollenfüße. Profiliertes Sockelgesims, abgeschrägte Ecken. Zwei Türen mit profilierten, gebogten Füllungen, mit reichen Rocaillenschnitzereien. Die verglasten zwei Türen des Aufsatzes mit geschweiften Streben, in der Mitte Rocaillenkranz. Gebogtes Profilgesims mit durchbrochener Rocaillenkartusche. Eiche. Aachen, 18. Jh.
H 200, B 120, T 55 **6000,–/6500,–**

503 Aufsatzvitrine. Ausgebogte Eckstollenfüße. Profiliertes Sockelgesims. Rahmen und zwei Türen mit passig gebogten, profilierten Füllungen. Entsprechender verglaster, zweitüriger Aufsatz. Gebogtes, spitzkantig abgesetztes Profilgesims. Deutsch, 18. Jh. H 210, B 150, T 60 **4000,–/5000,–**

Vitrine

Nachdem bereits das Bodenfach des spätgotischen Stollenschrankes zur Schaustellung von Metallgefäßen gedient hatte, war es eine zwangsläufige Entwicklung, daß auch spezielle Möbel zur Ausstellung entwickelt wurden. Die Sammelleidenschaft im 16. und vor allem im 17. Jh. ließ sog. »Sammlungsschränke« entstehen. In den vielfältigsten Ausführungen entstanden verglaste Ausstellungsschränke, Vitrinen, seit dem 18. Jh. und blieben zu allen Zeiten beliebte Einrichtungsgegenstände.

504

◁ **502 Aufsatzvitrine** (Seite 212)

◁ **503 Aufsatzvitrine** (Seite 212)

504 Vitrinenschrank. Halbrunder Halbschrank von rankenreliefierten Lisenen flankiert. Türfüllungen mit reich geschnitzten floralen Voluten. Die Einfassung mit Wellenborte. Aufsatz mit gebogter, verglaster Tür. Die Seiten konvex gewölbt, verglast. Seitlich Pilaster mit Reliefornamenten und Volutenkapitellen. Reich geschnitztes Profilgesims. Eiche. Paris, um 1770. Entwurf von Richard Lalonde. H 260, B 160, T 76,5
17000,–/19000,–

504: Ruef, München

505

506

507

505 Eckvitrine. Zweitüriger Halbschrank auf profilierten Kugelfüßen. Zweitüriger, verglaster Aufsatz auf Etagèrensockel, vorne mit Volutenecken. Kopf abgesetzt und gebogt. Nußbaum mit Wurzelfüllungen und bandelwerkähnlichen Einlagen. Fränkisch, um 1740. H 205, B 110, T 75

8000,–/9000,–

506 Eckvitrine. Unterteil mit Tür und Schublade, geschweifte Vierkantfüße. Verglaster, eintüriger Aufsatz auf Etagèrensockel. Nußbaum mit Wurzelholz. Österreich, um 1780. H 196, B 72, T 50

8000,–/10000,–

507 Vitrine. Vierkantspitzfüße, verglaste Tür mit lyraförmigen, schwarzgelackten Sprossen. Seitlich schlanke, schwarze Säulen mit Bronzezierat, Kopf mit Schublade. Kirschbaum mit schwarzgelackten Zierleisten. Bronzebeschläge. Deutsch, um 1810. H 170, B 65, T 45

2000,–/3000,–

508

509

508 Aufsatzvitrine (Vitrinen-Aufsatzschrank). Gedrückte Kugelfüße. Halbschrank mit abgeschrägten Ecken. Mit Blumen intarsierte Türfüllungen, von breiten Bandeinlagen umrahmt. Entsprechender, verglaster, zweitüriger Aufsatz auf Etagèrensockel. Ausladendes Profilgesims. Nußbaum. Fränkisch, um 1700.
H 218, B 127, T 58 **8000,–/9000,–**

509 Vitrinen-Aufsatzkommode. Volutenfüße. Dreischübiges, geschweiftes Kommodenteil. Zweitüriger, verglaster Aufsatz auf Etagèrensockel mit drei schmalen Schubladen. Gebogtes Profilgesims. Nußbaum mit Linieneinlagen und Wurzelfüllungen. Deutsch, 2. Hälfte 18. Jh. H 210, B 120, T 65
5000,–/7000,–

510 Vitrinen-Aufsatzkommode. Kurze Füße mit gebogter Zarge. Leicht geschweifte, dreischübige Kommode. Zweitüriger Aufsatz mit abgerundeten Ecken, verglast. Gebogtes Profilgesims. Ausgesuchtes Nußbaumfurnier mit linienumrahmten Wurzelfüllungen. Louis-XVI-Beschläge. Württemberg, um 1770. H 200, B 150, T 60 **5000,–/7000,–**

511 Vitrinen-Aufsatzkommode. Kugelklauenfüße. Doppelt gebauchte, dreischübige Front, ebensolche hervortretende Ecken, glatte Seiten. Zweitüriger Aufsatz, dreiseitig verglast. Kopf abgetreppt mit gebogtem Profilgesims und Volutenkonsolen zum Aufstellen von Delfter Vasen. Nußwurzel. Holland, 18. Jh. H 229, B 180, T 50 **15000,–/18000,–**

512 Vitrinen-Aufsatzkommode. Vierkantspitzfüße. Zur Mitte gebogtes, dreischübiges Kommodenunterteil mit linienumrandeten Füllungen. Zurückgesetzter Aufsatz mit zwei verglasten Türen. Abgeschrägte, kannelierte Ecken. Profilgesims. Nußbaum. Louis-XVI-Bronzebeschläge. Süddeutsch, um 1780. H 210, B 130, T 60 **2800,–/3500,–**

513 Vitrinen-Aufsatzsekretär. Kugelige Füße, doppeltgeschweifte dreischübige Kommode, Schreibklappe flankiert von zwei Schubladen. Aufsatz mit zwei Türen über vier nebeneinanderliegenden Schubladen. Gebrochen abgesetztes Profilgesims. Nußbaum mit Wurzelfüllungen und Linieneinlagen. Deutsch, um 1770. H 205, B 122, T 65 **13000,–/14000,–**

511

512

513

Wellenschrank

Der Wellenschrank ist ein charakteristisches Frankfurter Möbelstück. Die wellenartig gegliederte Oberfläche mit Kehlen und Wülsten hat diesem Schranktyp seinen Namen gegeben. Während die herrschaftlichen Stücke für reiche Frankfurter Bürger mit ausgesucht schönem, oft wurzelgemaserten Nußbaum furniert sind, wurden etwas rustikalere Exemplare im umliegenden Hessenland in Natureiche ausgeführt (siehe *Frankfurter Schrank*).

514 Wellenschrank (siehe Frankfurter Schrank). Wuchtiger, ausladend abgetreppter Sockel auf Scheibenfüßen. Zwei Türen, abgerundete Ecken, typisch gegliedert. Gebogtes, mächtiges Profilgesims. Nußbaum. Frankfurt, um 1730.
H 217, B 200, T 80 **9500,–/12000,–**

514: Ruef, München (Himpsl)

Wiege

Im Mittelalter dominierte die an der Decke befestigte Hängewiege. Später stand das Kinderbett auf gebogten Kufen, so daß es hin- und hergeschaukelt werden konnte. Diese Schaukelbewegung beruhigte das in der Wiege liegende Kind. Über die Entstehung der Wiege ist wenig bekannt. Im Klassizismus kam die Ständerwiege auf, bei welcher der Bettkasten zwischen zwei feststehenden Pfosten freischwingend aufgehängt ist.

515

516

517

515 Wiege. Gebogte Kufen mit Vierkantspitzfüßen. Bettkasten mit seitlichem Stabgitter. Zusammenklappbarer Baldachin. Weichholz. Süddeutsch, Ende 18. Jh. L 100 **1000,–/1200,–**

516 Wiege. Gebogte Kufen. Schildförmiges Kopf- und Fußteil. Seiten mit Stabgitter und Porzellanknöpfen zum Befestigen von Kreuzbändern für die Zudecke. Weichholz. Süddeutsch, 1. Hälfte 19. Jh. L 90 **800,–/1000,–**

517 Empire-Wiege. Zwischen zwei Säulen freihängender, halbrunder Bettkasten. Die Säulen stehen auf seitlich ausladenden, floral geschnitzten Füßen und sind oben von plastischen Schwänen bekrönt. Ein typisch die Empirezeit charakterisierendes Möbel. Kirschbaum. Süddeutsch, um 1800. L 120 **2000,–/3000,–**

518

519

520

521

Würfelmarketerie

Aus drei unterschiedlich getönten Holzarten zusammengesetztes Furniermuster, das optisch den Eindruck von aufeinandergeschichteten Würfeln vermittelt (18. Jh.).

518 Kommode. Gebogter Zargensockel. Dreischübiger, leicht geschweifter Korpus. Die bandumrahmten Füllungen mit Würfelmarketerie. Nußbaum mit verschieden getönten Hölzern. Bronzebeschläge. Süddeutsch, 18. Jh. H 85, B 116, T 62 **6000,–/7000,–**

519 Kommode. Gedrückte Kugelfüße. Drei mehrfach geschweifte Schubladen. Nußbaum mit linienumrahmten Füllungen mit Würfelmarketerie. Franken, 18. Jh. H 95, B 130, T 73 **5500,–/6500,–**

520 Louis-XVI-Schreibkommode. Halbhohe Vierkantspitzfüße. Zwei Schubladen mit abgeschrägten Ecken. Schräge Schreibklappe mit Inneneinrichtung. Linieneingefaßte Füllungen mit Würfelmarketerie. Nußbaum mit Bronzebeschlägen. Süddeutsch, um 1780. H 110, B 125, T 60 **3500,–/5000,–**

521 Eckvitrine. Zweitüriges Unterteil. Auf Etagèrensockel eintürig verglaster Aufsatz. Nußbaum mit Würfelmarketerie in den Füllungen. Süddeutsch, 18. Jh. H 200, B 86, T 60 **10000,–/12000,–**

Zylinderbureau

Das Zurückschieben des zylinderförmigen Deckels bewirkt gleichzeitig das Vorrücken der ausziehbaren Schreibplatte. Vor allem seit 1770 sehr beliebte Mechanik für Schreibmöbel.

522

523

522 Zylinderbureau. Kommodenunterteil auf acht gegliederten Vierkantspitzfüßen. Fußkasten mit seitlich je zwei, darüber durchgehende Schublade. Zylinder-Rollschreibklappe mit Inneneinrichtung. Oben Abschluß durch Wellen-Endlosband. Auf der Rollklappe drei linienumrahmte Felder mit Würfelmarketerie sowie eingelegten Schreibutensilien. Eiche und Nußbaum. Süddeutsch, um 1780. H 120, B 140, T 60 **3000,–/5000,–**

523 Zylinderbureau. Auf kannelierten Balusterbeinen, zweischübiges Kommodenteil. Rollklappe mit Inneneinrichtung. Geometrisch intarsiert. Nußbaum. Deutsch, Ende 18. Jh. H 90, B 120, T 65 **2500,–/4000,–**

524

525

524 Zylinderbureau. Hohe Vierkantspitzfüße, durchgehende Zargenschublade. Zylindrische Rollschreibklappe mit ausziehbarer Schreibplatte. Oben zwei nebeneinanderliegende Schubladen. Ornamentale Linienintarsien. »Bois de Chypre«. Frankreich, um 1770. H 116, B 130, T 67 **10000,–/12000,–**

525 Zylinderbureau. Mit Vitrinenaufsatz. Zweischübiges, leicht geschweiftes Kommodenunterteil auf geschwungenen, halbhohen Beinen. Darüber Rollklappe. Beim Öffnen dieses Zylinderbureaus wird das Walzensegment so in das Möbelstück eingeschoben, daß dadurch gleichzeitig die innenliegende Schreibplatte herausgedrückt wird. Zweitüriger Vitrinenaufsatz mit gebogtem Kopf. Nußbaum mit Linieneinlagen. Süddeutsch, um 1770. H 200, B 130, T 60 **7000,–/10000,–**

521: Peretz, Saarbrücken

»Die Kunst, mit der Kunst, von der Kunst, für die Kunst, zu leben« Dieses Wortspiel ist der Titel einer kleinen Festschrift*, die wir anläßlich unseres 50-jährigen Firmenjubiläums 1974 veröffentlichten. Dieses Wortspiel charakterisiert auf kurze und treffende Weise unsere Tätigkeiten: »Mit der Kunst«, d.h. durch die treuhänderische Vermittlung von Kunstobjekten verdienen wir unsere seit 50 Jahren nicht erhöhte Provision und leben somit »von der Kunst«. Außerdem finanzieren wir auch zahlreiche Aktivitäten »für die Kunst«. Das heißt, wir unterstützen und veranstalten aufklärende Vorträge (u. a. an den Volkshochschulen Stuttgart und Biberach, Europäische Bildungsgemeinschaft) und finanzieren Publikationen, um dem jungen Sammler und den Kunstfreunden neue Sammelgebiete und Kunstsparten zu erschließen und näherzubringen. Neben zahlreichen Aufsätzen und Artikeln über kunstgeschichtliche Themen und Kunsthandelsfragen haben wir die Herausgabe folgender Bücher unterstützt: Hans Erdner / Gert K. Nagel, **Die Fayencefabrik zu Schrezheim*** (214 S. 430 Abb., 11 Farbtafeln, DM 72.–); eine umfassende Darstellung der Geschichte, Erzeugnisse und Marken dieser bedeutenden süddeutschen Fayence-Manufaktur. – Gert K. Nagel, **»Schwäbische Maler, Bildhauer, Kunstgewerbler und Architekten«*** (252 S., 300 Abb., 6 Farbtafeln, DM 18.–), ein illustriertes Lexikon von schwäbischen Künstlern der letzten 200 Jahre in Taschenbuchformat. – Frieder Aichele / Gert K. Nagel, **»Netsuke«*** (176 S., 200 Abb., DM 4.80) ein Taschenbuch über das reizvolle Sammelgebiet kunstvoller japanischer Gürtelknöpfe. Auch die nun vom Battenberg-Verlag vorgelegten, bzw. in Vorbereitung befindlichen Antiquitäten-Kataloge: Gert K. Nagel, **»Fayencen«**, Frieder Aichele, **»Zinn«**, Gert K. Nagel, **»Möbel«** und Doris Eder, **»Orientteppiche«** haben wir durch umfangreiches Bildmaterial und unsere Mitarbeit unterstützt. Dem Kunstfreund und Sammler stehen wir mit unserer über 50-jährigen Erfahrung durch **Beratung** in allen Kunstfragen gern zur Verfügung. **Taxationen** zu Versicherungszwecken und Nachlaßauflösungen, **Vermittlung** von Antiquitäten, Gemälden, antiken Möbeln, Orientteppichen u. a. Kunstgegenständen werden von uns in korrekter und gewissenhafter Form durchgeführt. Beim **Aufbau von Sammlungen,** ebenso wie bei der **Auflösung von Nachlässen,** stellen wir unser Fachwissen und unsere Kenntnisse gern in Ihre Dienste. Denn es hat sich schon vielfach bewiesen, wir beherrschen

DIE KUNST, MIT DER KUNST, VON DER KUNST, FÜR DIE KUNST ZU LEBEN.

*Die erwähnten Veröffentlichungen sind durch uns zu beziehen.

Westfalenhof
Kunst und Antiquitäten

Georg Freiherr von Graes

4790 Paderborn
Mühlenstraße 5 Telefon 05251/28508

4300 Essen 1
Admiral-Scheer-Straße 16 Telefon 0201/223252

Tel. Voranmeldung erbeten

Möbel — Zinn — Tongeschirr — Keramik
Gemälde — Teppiche
Taxationen — Gutachten

Ständige Ausstellung und Messen
Regelmäßige Kunstauktionen